TU CUERPO, TU HOGAR

La longevidad depende de ti

RAFAEL GUZMÁN GARCÍA

TU CUERPO, TU HOGAR
La longevidad depende de ti

Los hábitos determinan nuestra salud
hoy y mañana

ESPASA

Espasa, sello editorial de Editorial Planeta, S. A.
Avda. Diagonal, 662-664, 08034 Barcelona
www.planetadelibros.com
www.espasa.com
Diseño de la cubierta: Planeta Arte & Diseño
© Shutterstock

Primera edición: febrero de 2024
Quinta edición: noviembre de 2024

ISBN: 978-84-670-7224-2
Depósito Legal: B. 497-2024
Preimpresión: Safekat, S. L.
Impresión: Unigraf, S. L.
Printed in Spain - Impreso en España

PEFC Certificado
Este libro procede de bosques gestionados de forma sostenible
PEFC
PEFC/14-38-00305
www.pefc.es

A los que habéis marcado mi vida,
que me habéis hecho ser como soy,
os dedico este libro.

Índice

Para inducir un cambio hay que entender el porqué

Querido lector: ante todo, gracias por comprar este libro, por confiar en mi criterio y en mi forma de entender la salud. Gracias de corazón. Te lo agradezco porque creo que el acto de agradecimiento es uno de los gestos más sencillos que podemos realizar para cuidar de nosotros mismos. Es necesario que cada cierto tiempo nos detengamos y, desde la consciencia, valoremos aquello que damos por sentado. Cosas como tener comida, agua, un lugar donde vivir o un lector que siente curiosidad por lo que escribes. Agradecimiento por las cosas grandes e importantes que nos ocurren, pero también por las pequeñas e insignificantes. Gracias. Como comenta Lewis Howes en *La escuela de la grandeza*, es importante crear una mentalidad agradecida.

Todo esto no solo lo digo yo, sino que la neurociencia confirma mi teoría; están demostrados científicamente los beneficios que nos aporta mantener una actitud consciente de agradecimiento. Entre ellos destacan los siguientes:

- Las personas agradecidas son más felices y saludables.
- La gratitud mejora el sueño, los procesos inflamatorios, la presión arterial y hasta los niveles de glucosa en sangre.

— Ser agradecido enriquece las relaciones personales, incluidas las que mantenemos con la pareja.
— La resiliencia aumenta cuando mantenemos una actitud agradecida.

Así que no dudes en dar las gracias. Es salud gratuita.

Soy consciente del aluvión de libros de salud, autoayuda, alimentación, etc., que abarrotan las estanterías de las librerías y los portales de Internet, por eso voy a procurar que este vademécum sea muy claro y directo con respecto a lo que quiero mostrarte —los conceptos básicos para tener una salud óptima—, por lo que lo haré de una manera sencilla, pero con fundamentos científicos. Realmente, no voy a enseñarte nada que no sepa tu subconsciente o tu inconsciente, y nada que no esperen recibir tus genes, ya que se trata de aprender a vivir en un mundo digital y virtual, pero dentro de un cuerpo ancestral que ya tiene toda la información que necesitas. Solo debes aprender a escucharlo; el cuerpo nos habla y ahora yo voy a convertirme en su altavoz.

Si estás leyendo este libro es porque eres un buscador. Por un momento tu dopamina te ha dominado y ha suscitado tu curiosidad de querer encontrar la solución a cualquier tipo de problema que tengas; o quizás, simplemente, deseas aumentar tu calidad de vida y mantener una actitud preventiva ante la salud. Sea como fuere, yo estoy feliz de que esa dopamina bañe tu cerebro en estos momentos porque ella me ayudará a que me acompañes hasta la última página. ¡¡Gracias, dopamina!!

Quizás te preguntes por qué me decidí a escribir el libro. Desde hace muchos años recibo en consulta pacientes con patología crónica. La naturaleza de dichas patologías es de lo más variopinta, desde alergias, enfermedades autoinmunes, depresión o dolor de espalda hasta cáncer.

En mi afán por acercarme a la causa primaria del origen de la enfermedad y de alejarme de la visión fármaco-centrista de la medicina convencional, comencé la búsqueda de una solución más acertada y, sobre todo, más respetuosa con el paciente.

Con más de dos décadas de consulta dopaminérgica —de búsqueda— a mis espaldas, he llegado a la conclusión de que la solución a la patología crónica es el respeto. Respeto por las leyes fundamentales de la vida, del cuerpo, de las distintas entidades que gobiernan el funcionamiento biológico. Por fortuna, nos encontramos en la era del reencuentro entre mente y alma que en su momento separó Descartes —y que tanto daño nos ha hecho—, aunque, por desgracia, la medicina ortodoxa aún sigue siendo reticente a esta visión integral de la salud y, por tanto, continúa parcelada y segmentada corporal y facultativamente hablando. Es muy comprensible que, para el estudio profundo de cada uno de los órganos y sistemas, recurramos a la división y fragmentación del cuerpo para, de esta manera, favorecer su entendimiento. Pero una vez desgranado y analizado este rompecabezas, la ciencia debería de tener en consideración la reconexión de las partes, porque el todo es la suma de las partes.

Vivimos en la época de los «ólogos». Hemos llegado a un punto de parcelación que, si tienes molestias en la tripa, hay que afinar muy bien a la hora de reservar una cita con un doctor en la materia: si sientes dolor en la parte final del aparato digestivo, debes ir a un proctólogo, y si es en la zona algo más alta, a un gastroenterólogo. Si te duele una rodilla debes visitar a un traumatólogo especializado en miembro inferior y no en hombro; si te duelen las articulaciones en general, al reumatólogo. ¿El corazón?, al cardiólogo. Y así podría dedicar la mitad de mi libro a nombrar a todos los «ólogos» que conforman el cuadro médico de un centro de especialidades o de un hospital.

Lo peor es que si vas, por ejemplo, al traumatólogo —especializado en miembro superior— porque tienes un dolor en el hombro derecho, él nunca lo va a relacionar con un problema hepático; te mandará una radiografía, una resonancia o una ecografía, pero no te preguntará si has tenido las transaminasas altas en las últimas analíticas o si el color de tus heces ha cambiado últimamente. Ese dolor, que puede ser de origen hepático, es probable que genere una pérdida de tu calidad de vida o incluso una baja laboral —con el gasto económico que esto conlleva—, pero el sistema sanitario parcelado no tiene herramientas para solventarlo por su falta de visión integral de la salud.

Por todo el mundo es conocido que, cuando a alguien le da un infarto al corazón, puede sufrir dolor referido al hombro y brazo izquierdos. De la misma manera, cada órgano tiene capacidad de generar un dolor referido: el hígado, al hombro derecho; el intestino delgado, a la zona alta de la región lumbar; los ovarios, a la cara interna de las rodillas; el estómago, al cuello, etc.

Esta cartografía del dolor visceral está perfectamente descrita y detallada, pero… queda en el olvido. Te podría poner cientos de ejemplos de asuntos que quedan en el olvido y que, por desgracia, generan un intenso sufrimiento a muchos pacientes y un gasto sanitario insostenible. En este caso, ¿es culpa del traumatólogo? ¡¡No!!, es culpa del sistema que, bajo mi criterio, necesita una urgente actualización.

Después de llevar muchos años atendiendo pacientes, la evidencia científica y clínica me ha enseñado que el origen de las patologías radica, en más del 95 % de los casos, en no respetar los conceptos básicos que pretendo mostrarte en este libro. Estos conceptos son las reglas del juego de la vida del ser humano.

Si te saltas un semáforo y te ve la policía, te multa y lo pagas. Es así de sencillo. Has trasgredido una ley y eso tiene consecuencias. En la naturaleza todo obedece a leyes y el organismo no está exento de ellas. Si te saltas la ley de respetar el sueño, lo pagarás hoy, mañana o dentro de siete años, pero lo terminarás pagando. Si te saltas la ley del movimiento y el ejercicio físico, la consecuencia la tendrás asegurada. Si te saltas la ley de no expresar un sentimiento nocivo, como la culpa o la ira, lo pagas. Si no te expones a la luz solar, lo pagas. Y así hasta el final de una larga lista. Las infracciones graves contra las leyes básicas del funcionamiento psicoemocional y físico del ser humano son las que nos hacen enfermar.

Te darás cuenta cuando termines el libro —si no te aburres antes— de que conservar la salud y prevenir enfermedades es, además de barato, mucho más fácil de lo que piensas, puesto que las leyes que no has de infringir están en ti. Son leyes humanas, solo que nuestro contexto de vida, nuestra sociedad, se ha encargado de distorsionarlas de tal manera que ahora consideramos normal y natural lo estadísticamente frecuente. Por ejemplo, hemos normalizado ir caminando con unos zapatos con suela de goma que nos aíslan de la tierra; pasear con unos auriculares que funcionan con microondas —*bluetooth*— que no nos permiten escuchar los sonidos del entorno; tener a cinco amigos al lado y no hablar con ellos porque estamos chateando con otros cinco que quizás ni conocemos —y a los que llamamos amigos porque nos han dado un *like* en las redes, aunque están a kilómetros de nosotros—; comer una hamburguesa con decenas de aditivos sintéticos a las once de la noche, en una hamburguesería repleta de luces blancas de led y con la cabeza inclinada hacia abajo porque estamos escribiendo a la vez que comemos...

En unas pocas horas quebrantamos más leyes en el organismo que todas las infracciones recogidas por una pareja de la Policía Municipal en la M-30 madrileña en una noche de sábado.

El objetivo de este libro es darte a conocer las leyes que rigen la vida, tu cuerpo y tu mente para que las respetes. Porque, al igual que un letrado te puede decir en un juicio que el artículo 6 del Código Civil asegura que el desconocimiento de una ley no te exime de los cargos derivados de su no cumplimiento, tu cuerpo, a lo largo de la vida, en alguna ocasión te dirá lo mismo que el señor letrado. Solo que en este caso no está en juego una sanción económica, sino una penalización de tu organismo en forma de una drástica caída de tu calidad de vida, de diferentes enfermedades de mayor o menor importancia o, incluso, la muerte.

Después de leer este libro no tendrás la excusa del desconocimiento. En esta introducción te he hablado de dos conceptos fundamentales: la gratitud y el respeto. ¡No los olvides! Serán la base para continuar en esta apasionante aventura que es conocer el propio cuerpo, cuidarlo, mimarlo y disfrutar con plenitud de la vida.

¿Se puede vivir con salud en un cuerpo genéticamente primitivo en esta era tecnológica y digital? ¡Se puede! Y yo voy a enseñarte cómo debes hacerlo. Solo tienes que caminar conmigo.

Antes de seguir con la lectura, quiero advertirte que, si eres de esas personas que no quiere salir de su estado de confort; si no estás dispuesto a sacrificar algunas comodidades de la vida cotidiana como, por ejemplo, comer unas cinco veces al día —o cada vez que tengas hambre—; si estás obsesionado con no sentir nunca sed, frío, calor, y tu deporte favorito es pasar la tarde empotrado en el sofá jugando a la consola, leyendo —aunque sea este libro—, viendo la televisión y no hacer nada de ejercicio… Si eres de ese tipo de individuos que está dominado por estos factores antropogénicos —nuevos para el *Homo sapiens sapiens*— y no quieres renunciar a ellos de manera intermitente, te aconsejo que cierres el libro y ocupes tu tiempo en otra cosa. Con todo el dolor te digo que nuestra relación se ha terminado. Sin embargo, antes de irte, te explico el porqué de esta despedida: yo voy a hablarte de salud y la salud es incompatible con un estado de confort absoluto. Si, por el contrario, no te identificas con el estilo de vida arriba señalado, entonces solo puedo felicitarte por tu acertada decisión en cuanto a la prevención de muchas enfermedades, en la facilidad para encontrar el bienestar físico y anímico y en la cura de muchas patologías ocasionadas por nuestro estilo de vida —que provoca casi el 95 % de todas ellas—.

En este caso, si me lo permites, te abriré la puerta a un mundo muy conocido por el subconsciente, pero en ocasiones totalmente olvidado por el consciente. Bienvenido al inicio de este primer acercamiento a un nuevo, y a la vez casi ancestral, estilo de vida saludable. Procuraré que el libro sea un maravilloso viaje donde recorreremos juntos esta nueva vida. Intentaré enseñártelo de la manera más sencilla que pueda, pero sabiendo que, como todo en esta vida, detrás de un conocimiento en apariencia sencillo, siempre hay miles de horas de estudio y ciencia compleja.

Preparativos básicos para disfrutar de un gran viaje

Cuando hablo de mostrarte un nuevo estilo de vida no me refiero a realizar una dieta, ni mucho menos. Es más, me encantaría que desterrases la idea de «la dieta» de tu mente. La palabra «dieta» se ha desvirtuado tanto que el ciudadano de a pie no la entiende como un hábito, aunque el término procedente del griego (*díaita*) significaba eso: un estilo y un modo de vida.

Hoy en día, inmersos en un mundo *light*, el uso de este término se ha asociado al periodo de tiempo que estamos comiendo de cierto modo para alcanzar un fin. Y de esta manera escuchamos o leemos expresiones como «estoy haciendo una dieta de adelgazamiento, una dieta para bajar el colesterol...». Para la población en general este vocablo implica un día de comienzo y un día de finalización. Mi pregunta es: ¿solo queremos tener un peso óptimo o prevenir enfermedades cardiovasculares el tiempo que nos estemos sacrificando mientras hacemos el régimen?

Por otro lado, asociamos la dieta solo y exclusivamente a la comida. Gran error: ninguna patología es unifactorial. Ojalá fuese así. Creo que, si las patologías estuviesen ocasionadas por un solo factor, la medicina, tal y como la conocemos hoy día, sería innecesaria. Si fuese así, sería tan fácil...

Pensar en conseguir algo modificando un solo factor es muy atrevido. Por tanto, para comenzar este viaje, quiero que seas consciente de que deberás controlar varios aspectos de tu vida. Te podrá parecer, *a priori,* algo complicado, pero pronto te darás cuenta de que es mucho más fácil de lo que piensas.

Una vez que ya te has percatado de que este libro no solo va a tratar de nutrición —aunque constituye uno de los pilares básicos para la salud y, evidentemente, hablaremos de ella—, que no podemos ser reduccionistas y que vivir en estado de pleno confort es incompatible con la salud, ha llegado el momento de hablar de ciertos términos que necesitamos conocer bien para poder hacer más fácil este bonito viaje. Son complejos, aunque vamos a tratar de utilizarlos de manera sencilla.

Lo que pretendo con este manual es inducir un cambio en tus hábitos de vida, pero para ello tu cerebro necesita saber el porqué de las cosas, el porqué de estos cambios. Es por ello por lo que durante varios capítulos te explicaré cómo funciona el organismo y luego ya decides tú si debes cambiar tus costumbres. No olvides que no debes delegar tu salud en ningún médico, en ningún fármaco, en ninguna técnica de tratamiento o en el sistema de salud de tu país. El responsable de tu salud eres tú y, para conseguir lo que nunca has conseguido, has de hacer lo que nunca has hecho. Y esto es valorar tu maravillosa vida y por aquí hay que empezar. Debes ser consciente del infinito número de circunstancias que han tenido que confluir para que tú estés hoy aquí. El Dr. Ali Binzair dejó reflejado en un estudio publicado en un blog de Harvard, que la probabilidad de que hayas nacido es casi nula. No estás aquí por casualidad, estás por causalidad, estás por algún motivo, estás para y por un fin. Que todos tus progenitores hayan sobrevivido a las guerras, las enfermedades, el hambre, el frío..., que los miles de hombres y mujeres de las aproximadamente 150.000 generaciones anteriores a ti se hayan encontrado, que decidieran tener un hijo, que los espermatozoides escogidos de entre los cuatrillones de cuatrillones de espermatozoides alcanzasen a los millones de óvulos elegidos para que, finalmente tú estés hoy aquí, es algo verdaderamente insólito. Estadísticamente esto equivale a que dos millones de personas se junten, lancen cada una un dado al aire con 1.000 billones de caras y que, a los dos millones les salga el mismo número. Eso equivale a una probabilidad de 1 entre 10 elevado a 2.685.000 de que tú nazcas. Y aquí estás ¿no te resulta increíble? Cuida tu cuerpo, cuida tu vida, porque es única e irrepetible. ¡¡Déjame que te ayude!! Te especifico aquí el listado de preparativos necesarios para las primeras horas de este viaje. ¡Atención al equipaje!

— No olvides olvidar la comida.
— No prepares agua.
— No lleves ropa de abrigo.
— No eches un abanico a la maleta.
— Prepara zapatillas para hacer deporte o, si estás acostumbrado a caminar descalzo, olvida las zapatillas.
— Deja atrás el móvil y los dispositivos electrónicos.
— Lleva una mente abierta dispuesta a no prejuzgar sin antes informarte.
— Introduce todo el sentido común que quepa en los huecos libres de tu valija.
— Recuerda llevar tu versión más primitiva y antropológica.
— Olvida las vestiduras de gala y los zapatos de fiesta porque en este viaje tan solo te servirán para el engaño y la confusión.

El
Hardware humano

1

La enfermedad no es cuestión de mala suerte

A quien tiene malos hábitos
hay que desearle suerte,
tarde o temprano la va a necesitar.

Isabel Sedano Camacho

«He tenido mala suerte», «Me ha tocado». Estas frases son mucho más habituales de lo que pensamos para referirnos a lo que nos ocurre después de recibir un diagnóstico clínico complicado. Hasta hace muy poco tiempo se podía leer en los medios de comunicación —sobre todo, en lo relacionado con oncología— que sufrir un cáncer o padecer una enfermedad crónica era cuestión de mala suerte. Sin embargo, los últimos estudios científicos, particularmente los basados en epigenética, demuestran que sufrir una enfermedad nada tiene que ver con la fortuna o el destino. Lejos de esto, son los hábitos de vida los que promueven el inicio de una enfermedad.

Antes de continuar me gustaría dejar constancia de a qué me refiero con el concepto de epigenética, un término que deriva del griego *epi* —en o sobre— y *genética*. Es decir, lo que está por encima de la genética.

La epigenética está determinada por las marcas químicas que se añaden al material genético y permiten su correcta actividad. Y es que dependiendo del tipo de alimento que ingieras, las horas que duermas, el ejercicio que hagas, la exposición al sol que tengas, lo que pienses, rías, vivas y respires, se van a generar unas marcas u otras en tu ADN que van a determinar la expresión de los genes o no —que se «enciendan o apaguen»—. Van a mantenerte saludable o a enfermarte. A ti y a tus hijos y a tus nietos, porque estas marcas químicas se heredan.

El ejemplo más típico sería el de los gemelos monocigóticos: al nacer comparten la misma genética y la misma epigenética. Son absolutamente iguales, pero a lo largo de su vida pueden desarrollar enfermedades diferentes y fisonomías divergentes. ¿Cómo es posible si disponen del mismo material genético? Pues porque, aunque comparten el ADN, en cada individuo se regula de una manera determinada atendiendo a sus hábitos, a su ambiente.

Podemos encontrar otro ejemplo en la clonación de animales. Cuando un animal clonado crece, no es idéntico al animal del que proviene el material genético que se le ha transferido. Y eso ocurre por la misma razón: el ADN es igual, pero no su regulación. Aunque esto que explico se puede trasladar a muchas otras enfermedades —a la mayoría—, voy a poner el ejemplo de lo que sucede cuando se diagnostica un cáncer.

Si una persona ha padecido cáncer a partir de los treinta o treinta y cinco años, estos tumores se consideran tumores adquiridos: han sido sus hábitos los que han generado un ambiente idóneo para que los oncogenes se expresen y den lugar a la aparición del tumor. Cuando pensamos en un hábito de manera negativa, siempre se nos va la mente a cuestiones como fumar, beber, no hacer ejercicio físico…, pero los malos hábitos van mucho más allá; por ejemplo, un mal hábito es romper el biorritmo, es decir, no respetar las horas de sueño nocturno o dormir menos de siete horas siendo adulto. Pero hay muchos más: no exponerse a la luz solar, no tener contacto con la naturaleza, la falta de ejercicio físico y el sedentarismo en general, no mantener relaciones sexuales, la falta de sociabilización…

Aunque todos son importantes, uno de los peores hábitos de vida —aunque no el peor— que se puede practicar es el de alimentarnos de manera incorrecta, lo que nos puede llevar a tener un déficit de algún micronutriente, como el zinc, el selenio, el magnesio, la vitamina C o cualquier otro mineral, vitamina, oligoelemento... Esto es, que tengamos problemas de suministro de alguno o varios de los ladrillos básicos de la vida.

Las células no entienden de ibuprofeno, omeprazol o aspirina, ellas solo reconocen las moléculas de la vida —aminoácidos de las proteínas, ácidos grasos, vitaminas, minerales...—. ¿Cuál es el problema? Lo que sucede es que, en la actualidad, tenemos al alcance todo tipo de productos para comer, pero pocos para alimentarnos. Los cultivos de explotación masiva —con el uso de pesticidas e insecticidas— y las ganaderías intensivas dan lugar a una materia prima con una alta carencia de micronutrientes. Nos encontramos en un momento en el que las estanterías de los supermercados están repletas de productos, pero escasas de alimentos. A estos productos vacíos —pobres en nutrientes— los llamamos misceláneos, y huelga decir que debemos evitar consumirlos porque derivarán en una falsa sensación de nutrición, cuando en realidad estaremos mal nutridos.

El cáncer no surge de la nada. Las elecciones diarias tienen un impacto directo y medible en la salud. De hecho, los estudios evidencian que más de la mitad de los cánceres son evitables y algunos expertos advierten de que es posible que esa cifra se quede corta.

El riesgo de padecer la mayoría de los tipos de cáncer se puede reducir drásticamente mediante cambios en el estilo de vida de la persona. En definitiva, se trata de ser conscientes de que todo lo que hacemos —y lo que no hacemos—, incluso lo que pensamos, tiene una repercusión en la expresión de los genes.

Es posible que una persona haya heredado un gen que está dañado y que, si se expresa, dé lugar a una patología. No obstante, si tiene, por ejemplo, treinta y siete años y no ha sufrido hasta ese momento ninguna patología seria, pero ahora esta se ha desencadenado, debe plantearse por qué el organismo que tenía ese gen dañado silenciado ha dejado de mantener ese mecanismo de seguridad, o ha perdido esa capacidad de mantener ese gen silente, y ha dado lugar a su expresión y, por tanto, al inicio de la enfermedad.

Heredamos cientos de miles de genes mutados que nos predisponen a enfermar, pero serán los hábitos los que determinen si desarrollamos la enfermedad o no. El organismo tiene muchos mecanismos para silenciar los genes que están defectuosos o para expresar aquellos que son necesarios para producir sustancias que nos protegen contra la enfermedad. Solo tenemos que ayudarlo en esa tarea.

Modulando la expresión de los genes: sistemas reguladores

Son varios los sistemas que utilizan las células para regular en cada momento la expresión de los genes y posibilitar así la adaptación del organismo a la situación que vivamos en cada momento. Entre los más estudiados se encuentran la metilación, la acetilación, el silenciamiento génico mediado por ARN no codificante, el remodelado de cromatina dependiente de ATP, etc. Nos vamos a centrar en los dos primeros sistemas porque son los más importantes y usados por las células.

La metilación

Consiste en la adición de un grupo metilo ($-CH_3$) a una molécula. En el ámbito genético, la metilación actúa a modo de candado, ya que cierra o impide la lectura de los genes que están dañados o que, simplemente, no deben de ser expresados. Por tanto, cuando añadimos un grupo ($-CH_3$) a un gen lo silenciamos y de ese modo no puede expresarse.

Como sabes, en el núcleo de cada una de las células la mitad de los genes que tenemos nos los ha dado mamá y la otra mitad nos los ha dado papá, es decir, en todas y cada una de ellas —excepto en los glóbulos rojos— tenemos la información necesaria para formar el cuerpo. Así, por ejemplo, en las células de la retina de mi ojo tengo el manual de instrucciones para crear un Rafa; sin embargo, ahí, en el ojo, y más en concreto en mi retina, solo existen células de la retina que se encargan de la visión, es decir, solo se han expresado los genes encargados de fabricar las células de la retina. Pero ¿qué ocurre con el resto de los genes? Pues están metilados, están silenciados. ¿Te imaginas si en mi ojo se expresasen los genes del estómago? Pues literalmente me aparecería un estómago en el ojo y esto sería incompatible con la vida. Esto es uno de los motivos por los que en muchas ocasiones se producen abortos espontáneos en las primeras semanas de embarazo. La buena modulación de la expresión de los genes es fundamental para el desarrollo de la vida intra y extrauterina.

Como veremos más adelante, el cuerpo utiliza estos grupos metilo para otras muchas funciones muy distintas, entre ellas eliminar tóxicos del organismo. Cuando las células reciben cierto tipo de tóxicos o sustancias que deben eliminar de forma correcta, como el arsénico, los estrógenos, la histamina —que tanto amarga a los alérgicos—, ciertos fármacos, etc., les añaden un grupo metilo ($-CH_3$) a dichos tóxicos y los transforman en sustancias inocuas que podemos eliminar por las heces o la orina. Por tanto, cuanto más expuestos a tóxicos estemos, más grupos metilo utilizaremos en eliminarlos, con el consecuente aumento de la posibilidad de perderlos del material genético y, en consecuencia, permitir que se abran esos «candados» para dar lugar a la expresión de los genes dañados.

No hay que olvidar que la esperanza de vida está relacionada, entre otros factores, con la pérdida de grupos metilo. En el organismo prevalece la supervivencia. El cuerpo dice: «Yo sacrifico grupos metilo para eliminar tóxicos hoy porque de lo contrario muero, y si esto me genera mañana un cáncer, pues ya lucharé contra el cáncer, pero hoy te he salvado la vida». Para el cuerpo no existe el mañana, solo existe el hoy, aquí y ahora.

La acetilación

Es una reacción química en la que una molécula pequeña denominada grupo acetilo ($-COCH_3$) se une a otras moléculas. Cuando las células añaden un grupo acetilo a un gen, están «abriendo el candado» y posibilitando la lectura y la expresión de ese gen. La metilación cierra el candado y la acetilación lo abre. La acetilación de las histonas —estructuras que conforman el ADN— es imprescindible para la expresión de los genes y, por tanto, para la fabricación de sustancias.

Te expongo un ejemplo: cuando un patógeno nos ataca, los genes de las células del sistema inmune que se encargan de fabricar sustancias antibióticas para luchar contra dicho patógeno se tienen que acetilar para poder elaborar dichas sustancias.

La aspirina, el ácido acetilsalicílico, es un donador de grupos acetilo que provoca la puesta en marcha de algunos genes que facilitan la resolución de la inflamación. De forma general, se puede afirmar que la metilación se relaciona, la mayoría de las veces, con la represión de la expresión del gen, mientras que la acetilación se relaciona con el desempaquetado y transcripción; es decir, con la expresión del gen. Las células están veinticuatro horas al día «metilando» y «acetilando» genes —según nos convenga— para solventar problemas y adaptar el organismo al medio.

¡Cuidado!, no caigas en el error de pensar que esta adaptación al medio hace referencia a los cambios en la temperatura, humedad, luz, etc. —que también—, sino a todo lo que nos rodea, a todo lo que ocurre en nuestro interior, a todo lo que hagas y a todo lo que pienses y sientas. Una emoción, un ejercicio físico, una noche en blanco, una comida, un pensamiento, unas horas sentado... Todo, absolutamente todo, genera cambios en la expresión de los genes. Así que ojo con los hábitos. Aquí radica el porqué los hábitos de vida nos hacen enfermar o estar como un roble. Detrás de una enfermedad siempre hay o unos genes encendidos o unos genes apagados. Y tú tienes el interruptor en tus manos.

Al igual que la metilación, la acetilación también es un mecanismo mediante el que eliminamos ciertos tóxicos. Algunos fármacos antibióticos como las sulfamidas y las isoniazidas, algunos ansiolíticos como el clonazepam —benzodiacepina—, algunas sustancias químicas como la bencidina y las nitrosaminas de los embutidos son eliminadas gracias a la acetilación. Por tanto, debes tener en consideración procurar preservar y suministrar grupos metilo y acetilo de manera continua si quieres regular bien la expresión de los genes y a la vez tener la oportunidad de eliminar correctamente ciertos tóxicos. Para ello, te aconsejo que evites la exposición a tóxicos y que consumas de manera habitual, entre otros, los siguientes alimentos, de preferencia ecológicos si es posible:

— Remolacha, aguacate, verdura de hoja verde, granada, brócoli y yema de huevo porque son algunos de los alimentos que te aportan grupos metilo.
— Col, lombarda, coliflor, brócoli, zanahoria y cilantro porque te aportan grupos acetilo.

Si no lo haces por ti, hazlo por tus hijos y nietos.

La importancia de las etapas preembrionaria y embrionaria

Considero que ha quedado claro que los malos hábitos prolongados en el tiempo fulminan la teoría de la mala suerte con relación a la enfermedad. No obstante, también es importante tener en cuenta otro concepto. ¿Por qué algunos niños pequeños sufren leucemia o patologías crónicas que son mucho más comunes en adultos? Para entenderlo es fundamental trasladarnos a la etapa embrionaria.

Barker desarrolló en 1990 el paradigma «The Developmental Origins of Health and Disease» («Orígenes del desarrollo de la salud y la enfermedad»), en el que afirma que las condiciones previas y durante el embarazo, así como la lactancia y hasta los dos años de vida, constituyen el periodo más crítico en la vida de una persona. A esto se le conoce como la teoría de los mil días.

Ya en las primeras etapas del desarrollo —fases embrionaria y fetal— el organismo puede reaccionar a los agentes desencadenantes del entorno celular, molecular y bioquímico. Si ciertos estresores o estímulos dietéticos inducen esas reacciones, los cambios en el organismo permanecen incluso cuando el estímulo que los ha originado ha desaparecido. Así que, si eres adulto y tus hábitos de vida son medianamente saludables, pero sufres de obesidad, diabetes u ovario poliquístico, quizás debas preguntarte qué comió tu madre durante tu embarazo o a qué tóxico estuviste expuesto en los dos primeros años de vida.

En septiembre de 1944, los ferroviarios holandeses iniciaron una huelga con la esperanza de paralizar el transporte de las tropas alemanas. La huelga no solo fracasó, sino que tuvo terribles consecuencias para la población holandesa. Los nazis bloquearon el suministro de alimentos a gran parte del país y Holanda se sumió en la hambruna. Cuando los Países Bajos fueron liberados, y la Segunda Guerra Mundial terminó, más de veinte mil personas habían muerto en Holanda por inanición. Este triste episodio pasó a la historia como el «Invierno del hambre».

Las mujeres embarazadas fueron el sector de la población más vulnerable, y los niños nacidos durante ese periodo sufrieron durante el resto de sus vidas de obesidad, accidentes cardiovasculares, diabetes, esquizofrenia y otras enfermedades en un porcentaje muy superior al resto de la población. Según una teoría publicada en la revista *Sciences Advances*, los bebés de madres sometidas a una drástica restricción alimenticia «silenciaron» determinados genes y esta situación de represión génica perduró el resto de sus vidas.

Siempre recomiendo a mis pacientes que quieren ser papás que tengan en cuenta que lo que ambos coman, beban, piensen y hagan determinará el futuro de sus hijos. Ellos manejan, en cierta medida, los hilos de los genes de sus descendientes.

Puede ser que la alimentación que hayan tenido los padres en edades previas a la concepción predisponga la salud de ese niño el día de mañana. O quizás los niveles de estrés que haya sufrido la madre durante el periodo de gestación determinen la sensibilidad de ese niño a situaciones de estrés y altere sus ejes hormonales. También es posible que la exposición a tóxicos de la madre defina la salud de ese niño y lo predisponga a sufrir enfermedades. La alimentación y el estilo de vida de la madre durante el embarazo, así como la dieta de ambos progenitores antes de la concepción, dan lugar a cambios estructurales en los órganos del niño, en su expresión génica —modificaciones epigenéticas— y en el envejecimiento celular. Por tanto, quizás el verdadero factor de buena o mala suerte sea la conciencia de los padres, si están comprometidos con la salud de sus hijos o, simplemente, haber tenido la fortuna de nacer de unos padres que hayan accedido a información privilegiada en cuanto a medicina de estilo de vida.

Hasta hace poco tiempo los científicos pensaban que los marcadores epigenéticos que afectaban a los genes en la etapa embrionaria tenían un efecto duradero e irreversible en la salud y en el bienestar de la persona —tanto de modo positivo como negativo—. Por suerte, nuevos estudios confirman que esos marcadores epigenéticos siguen siendo flexibles en la edad adulta, lo que haría posible modificar la tendencia si las condiciones del entorno cambiaran favorablemente. Es decir, si vienes a este mundo con una mochila cargada de marcas epigenéticas que te predisponen a enfermar, pero cambias tus hábitos y vives en un entorno favorable, los genes te respetarán.

La enfermedad, sin lugar a dudas, no es cuestión de mala suerte. Tú eres el escultor de tu genética.

¡Aviso!

Si has leído desde el principio hasta aquí sin descansar, significa que llevas treinta y cinco-cuarenta minutos sentado, inactivo. Es hora de levantarse, de hacer algo de ejercicio; no te preocupes, bastará con un par de minutos.

Lo ideal es hacer unas flexiones, unas sentadillas, flexiones de brazos, pesas... Con esto conseguirás paliar el daño que le hace a tu organismo la sedestación. Engordarás menos, tu cabeza rendirá más, te cansarás menos y podrás prevenir enfermedades.

Recuerda siempre: el menor de los cambios genera la mayor de las respuestas. ¡Vamos! ¡A moverse!

P. D.: Si no lo haces, espero que te dé cargo de conciencia y te sientas mal. Recuerda: te has saltado una ley.

2

EL AMBIENTE SÍ IMPORTA

Antes de intentar curar a un paciente
hay que preguntarle si está dispuesto
a cambiar los hábitos que le han
llevado a la consulta.

HIPÓCRATES

ENTORNO Y GENÉTICA

El ADN. La herencia genética. Los genes, esos que nombramos con letras y números a modo de pequeños e inabarcables jeroglíficos, son los que de algún modo definen nuestro comportamiento. Se ha comprobado que mutaciones en los genes DRD2 y DRD4 se relacionan con el deseo de buscar nuevas experiencias. Estos genes están implicados en la funcionalidad de un neurotransmisor denominado dopamina. Dicha dopamina determina en cierta medida nuestra conducta y personalidad.

La motivación, la necesidad de relacionarse socialmente, de moverse, de viajar, el deseo de explorar nuevos lugares, la necesidad de iniciar nuevos proyectos, el tener mil inquietudes y poco miedo a las nuevas situaciones vienen dispuestos en gran medida por la actividad de los receptores de dopamina que son regulados por estos genes. Sin ellos no hubiésemos salido de África. No hubiésemos conquistado los cinco continentes; variantes en el gen KATNAL2 están asociadas con el cuidado y la autodisciplina; polimorfismos en los genes PCDH15 y WSCD2 pueden influir en la introversión, y variantes en los genes SLC6A4, AGBL2, BAIAP2, CELF4... predisponen a estados de ánimo más bajos o, incluso, a la depresión o a la ansiedad. Sin embargo, tal y como lleva por título este capítulo, el ambiente sí importa, claro que importa. Pero ¿cuánto? ¿Hasta dónde? Eso es lo que vamos a tratar de entender.

«Con catorce años ya tenía cargos por pequeños robos y por venta de marihuana, algo normal teniendo en cuenta el ambiente en el que se había criado». Es habitual escuchar o leer afirmaciones como esta, bien en nuestro entorno o en los medios de comunicación. Es innegable que el ambiente en el que un individuo crece puede determinar su personalidad y temperamento, si bien es cierto que cuando hay predisponentes genéticos es difícil inhibirse a repetir determinadas conductas, lo es menos aún si el entorno nativo genera mucha presión social. Y es que ambos conceptos, genética y ambiente, están íntimamente relacionados.

En los niños que viven en un ambiente adverso, de abuso, violencia infantil, drogas..., los genes que aumentan el riesgo de características temperamentales impulsivas pueden activarse —acetilarse—, mientras que un niño que crece en un ambiente positivo, en un hogar seguro y con protección por parte de sus padres, de su familia y rodeado de cariño, puede tener un temperamento más tranquilo debido, en parte, a que se activan un conjunto diferente de genes.

En este sentido, según una investigación de la Universidad de Washington (Seattle, Estados Unidos), la naturaleza de los entornos tempranos que envuelven a los niños tienen un impacto duradero en sus respuestas al estrés en su vida adulta, pero los efectos negativos de los primeros entornos pueden mitigarse; especialmente, antes de los dos años. No obstante, no solo las vivencias durante la primera infancia condicionan la activación de determinados genes. Como ya he comentado, durante el embarazo, en la vida intrauterina, el ambiente también determina el temperamento y carácter de un individuo. El estrés que haya sufrido la madre durante el embarazo va a decidir que el futuro bebé sea más o menos sensible al estrés —incluso de adulto—. Durante la gestación se desarrollan en la placenta unos mecanismos de seguridad para el niño. Por ejemplo, la placenta fabrica una enzima (11-beta-deshidrogenasa isoenzima 2) que va eliminando y regulando el paso de cortisol hacia la sangre del bebé. Esta enzima está diseñada para protegerlo ante situaciones de estrés agudo, y en ese caso funciona bien. Pero en situaciones de estrés crónico se colapsa, y el bebé queda bombardeado de cortisol, lo que va a determinar que desarrolle más o menos receptores para esta hormona y que, el día de mañana, su susceptibilidad a las situaciones de tensión sea mayor o menor.

Una de las últimas investigaciones sobre este tema se ha realizado en Alemania, concluyendo que los bebés procedentes de madres que habían padecido estrés durante la gestación y el primer año después del parto tenían un índice de masa corporal (IMC) más alto en los primeros cinco años de vida y, por tanto, un mayor riesgo de sobrepeso, con los problemas asociados que de él se derivan. Otros estudios señalan que, cuando la madre se encuentra en un estado de tensión permanente, el bebé tiene un crecimiento retardado. Son niños que nacen con una programación determinada y que estarán predispuestos a sufrir en mayor cuantía los estragos del estrés. Serán personas que huirán de las situaciones violentas, que tenderán a padecer con más frecuencia ataques de ansiedad, hipertensión arterial... Esto puede determinar, en cierta medida, su carácter y la manera de enfrentarse a los avatares de la vida. Así, nuevamente, el estrés agudo protege al ser humano —los genes se fraguaron en estos escenarios de estrés agudo—, pero el crónico nos predispone a enfermar ya desde la vida intrauterina.

La glicirricina es una sustancia que se encuentra en el regaliz e inhibe la acción de esta enzima (11-beta-deshidrogenasa isoenzima 2) que protege al bebé contra el exceso de cortisol, por lo que, si estás embarazada y sometida a estrés crónico —da igual del ámbito que sea: laboral, psicoemocional, etc.—, te aconsejo que no tomes regaliz. Incluso si no estás embarazada, pero estás sometida a un estrés crónico, te sugiero que no abuses de él.

Por otra parte, el lugar geográfico en el que nace o vive un sujeto determinará su salud y su comportamiento de la misma manera que lo puede hacer el ambiente social y familiar en el que ha sido criado. De este modo, el clima, la altitud, las horas de sol y luz, la presencia de mar o de montaña… nos puede condicionar mucho más de lo que podemos sospechar.

Si un ser humano crece en un ambiente tóxico, rodeado de drogas, abusos, maltrato… la posibilidad de que esa persona se convierta en peligrosa y potencialmente dañina para el resto de la sociedad se multiplica. Del mismo modo, a las células les ocurre lo mismo.

Este que sigue a continuación es el extracto de una noticia publicada en un periódico el 24 de octubre de 2022. El titular era «La delincuencia es el cáncer de la sociedad», y el artículo comenzaba así:

> Las células cancerígenas del cuerpo actúan igual que los delincuentes. En todas las sociedades hay delincuencia, pero cuando se organiza puede crear un gran problema. La misión del sistema inmunológico no solo es contener las infecciones externas, sino también contener a los criminales internos. Las células cancerígenas en el cuerpo consumen de 22 a 28 veces más energía que una célula sana. La delincuencia en una sociedad consume recursos de todo tipo, recursos que podrían ser utilizados para sectores como educación y salud.

El Instituto Nacional del Cáncer —NCI, por sus siglas en inglés— asegura que el microambiente celular puede afectar a la forma en la que un tumor crece y se disemina. Por todos es sabido que la exposición a tóxicos como tabaco, alcohol, aflatoxinas —producidas por hongos—, nitrosaminas, acrilamidas —procedentes de los alimentos fritos—… puede generar cáncer. El exceso de radicales libres, las alteraciones de pH, la presión parcial de oxígeno, la carencia de algunos micronutrientes, el exceso o el déficit en la segregación o liberación de algunas hormonas… una o varias combinaciones de esta larga lista pueden generar un ambiente celular desequilibrado y predispuesto a enfermar.

Otto H. Warburg, Nobel de Medicina en 1931 por descubrir el metabolismo de las células cancerígenas, apuntó que un alto déficit de oxígeno en el cuerpo provocaba la enfermedad. Según su estudio, las células cancerosas son capaces de sobrevivir sin oxígeno, mientras que una célula sana puede convertirse en cancerosa si mantiene un nivel de oxígeno menor al 35 % durante cuarenta y ocho horas.

El riesgo de sufrir cáncer también varía según el lugar donde se vive, aunque los motivos que subyacen a las diferencias geográficas suelen ser complejos y difíciles de entender, pues es probable que a esta variación geográfica se le sumen muchos otros factores: una combinación de genética, alimentación y medioambiente.

Todos los seres humanos nacemos con variaciones genéticas —polimorfismos— que nos predisponen a enfermar, pero no nos condenan. En este sentido, la única variable de la ecuación sobre la que se puede actuar son los hábitos de vida, que determinarán el microambiente celular y, por ende, la expresión o el silenciamiento de esos genes dañados.

La personalidad y la enfermedad son, entonces, la suma de la genética y la epigenética. Los genes y el ambiente. Pero ojo: la epigenética nos marca desde unas cuantas generaciones anteriores a la nuestra. Las marcas epigenéticas se heredan.

Puesto que no sabemos si los genes tienen la pistola cargada o no, no seas tan torpe de apretar tú mismo el gatillo.

Cuida tus hábitos.

3

La estimación del riesgo

«No me va a pasar nada»
son seis palabras,
dieciséis letras, una mentira
y un pensamiento
muy frecuente.

Rafael Guzmán García

¿Qué nos parece, *a priori*, más peligroso? ¿Viajar en avión o en automóvil? Ya te respondo yo: en avión, a pesar de que es el medio de transporte más seguro. ¿Qué genera más pánico? ¿Un atentado terrorista en el centro de Madrid, en el que han muerto quince personas, o un tsunami en la India en el que han fallecido setenta y cinco mil? El atentado en Madrid. Y eso es así porque nos afecta de manera mucho más intensa y exponencial lo que nos toca de cerca, pero también por otro factor que tiene que ver con nuestra manera de valorar el riesgo, que no es otra cosa, según la RAE, que la «contingencia o proximidad de un daño». Y es que las personas estimamos muy mal el peligro ya que estamos condicionadas por factores antropológicos, biológicos, sociales, políticos, económicos…

Los autores le ponen nombre a esta variabilidad aleatoria del juicio humano: ruido. Este ruido, junto con los prejuicios sociales y cognitivos, formados por experiencias previas y emociones, nos llevan a tomar atajos mentales que pueden impedirnos valorar la mejor decisión posible.

¿Cuáles son, entonces, los factores determinantes para el ser humano en la estimación del riesgo? En este capítulo trataremos los diez más importantes, los que más «ruido» hacen y que tendremos que aprender para tener en cuenta y valorar.

No tentar a la suerte

El nivel de energía corporal

Como veremos más adelante, el consumo de azúcares puede determinar una estimación del riesgo correcta o nefasta. Por ejemplo, una incorrecta alimentación o el sedentarismo pueden generar un cuadro de resistencia a la insulina que cursa con cansancio, insomnio… ¿Sabías que son más los accidentes de tráfico causados por conducir con sueño que por el alcohol o las drogas? Y es que ante un déficit de energía corporal se subestima el riesgo y, lo que es peor, se dificulta la toma de decisiones correctas. Cuando un sujeto se encuentra enérgico, por el contrario, se siente capaz de vencer prácticamente todos los desafíos.

El origen del riesgo

Cuando este proviene de la naturaleza, el ser humano tiende a mantener una actitud conformista; no le causa tanto impacto ni se apresura a buscar la manera de evitarlo. Sin embargo, cuando la mano del hombre está detrás del riesgo, la sensación de peligro parece multiplicarse. Si una persona se dispone a pasar un día en el campo, valorará mucho más la posibilidad de sufrir un accidente de tráfico por la negligencia de otro conductor que la de quedar atrapado en un incendio fortuito dentro del bosque.

La inmediatez en el tiempo

Afecta profundamente a la estimación del riesgo. ¿Qué piensas si te digo que es posible que, dentro de veinte años, un meteorito impacte sobre la Tierra? Es una información a tan largo plazo que tu cerebro no la clasifica de alto riesgo. ¿Por qué? Porque no es algo que vaya a suceder de manera inmediata. Pero ¿y si esa colisión estuviera prevista para mañana? Entonces, tu cerebro reptiliano se pondría en modo alerta porque para él lo importante es la supervivencia del aquí y el ahora.

Todos conocemos los efectos nocivos del tabaco, y en la cajetilla se advierte de los riesgos —incluso pone, literal, que el tabaco mata—, pero lo cierto es que la gente no deja de fumar. ¿Por qué? La falta de información es un motivo, más concretamente el desconocimiento del mecanismo por el cual el tabaco te puede matar, pero en especial subestimamos el riesgo del tabaco porque pensamos que lo que sea que pueda ocurrir será a largo plazo; no hay inmediatez. Y si nuestra vida no corre peligro a corto plazo, no reaccionamos. Si los avisos dijesen, aunque no lo asegurasen, que el fumador podría morir en una semana, la mayoría de los consumidores de tabaco entrarían en pánico: habrían entendido el riesgo.

Otro ejemplo. El COVID-19 dejó tras de sí unas cifras oficiales, según la Universidad Johns Hopkins, de casi siete millones de fallecidos. Sin embargo, cada año mueren de cáncer unos nueve millones de personas en el mundo. ¿Por qué no genera un pánico colectivo en la sociedad? ¿Por qué este dato no propicia un movimiento de cambios de hábitos de vida en cada uno de nosotros? La respuesta es sencilla: no hay proximidad en el tiempo, hay falta de información real acerca de qué lo produce y la sociedad sigue pensando que es fruto de la mala suerte.

El contexto familiar y social

Es una evidencia que las personas que tienen niños estiman el riesgo respecto a temas infantiles de un modo mucho más alto que los que no son padres, o en el caso de aquellos que conviven con ancianos o personas discapacitadas se obligan a adaptar sus espacios porque «ven» riesgos donde otras personas jamás los imaginaríamos.

El control

Es otra cuestión importante a la hora de valorar el riesgo. ¿Para qué preocuparte de algo que no puedes controlar? Si no está en tu mano aportar una solución, si no puedes tomar las riendas de la situación, subestimas el riesgo. Siete millones de personas mueren cada año de forma prematura en el mundo a causa de la contaminación atmosférica. Alrededor de seiscientos mil son niños. ¿A alguien le quita el sueño esto? No. Porque cambiarlo es algo que está fuera del alcance de un solo individuo. Es imposible, de manera individual, poner coto a la concentración de aluminio del aire, a la concentración de plomo o a los tóxicos que hay en el agua. En estas situaciones, el ser humano tiende a no preocuparse. Por suerte, cada día hay un mayor sector de la población que lee las etiquetas de los envases de los alimentos que consume para evitar tóxicos y aditivos como aglutinantes, saborizantes o espesantes. Esto sí lo puedes controlar, es algo que está en tus manos. Y debes hacerlo para reducir el nivel de riesgo.

La información

Tener información certera te hace estimar el riesgo de manera correcta. La información es poder y la desinformación es el peor aliado en la apreciación del riesgo; es por esto por lo que un profesional de la salud debe invertir tiempo en explicar a los pacientes todos los mecanismos de acción posibles para evitar los malos hábitos. De este modo se facilita que puedan tomar la decisión adecuada sobre el manejo de su salud.

El bombardeo de una noticia catastrófica y cercana en el tiempo

Esto nos hace sobrestimar el riesgo de manera exponencial. Como ejemplo más cercano y evidente piensa en la pandemia mundial padecida por el COVID-19. Era una situación límite, sí, pero ¿se realizó una estimación del riesgo correcta? Creo que no. La población sobreestimó el riesgo porque se le mostraron de manera continuada imágenes muy potentes desde un punto de vista emocional y se generó un ambiente social alarmante. Las secuelas han sido devastadoras. El consumo de antidepresivos y ansiolíticos se han disparado un 20 % en España. Este incremento tan alarmante de la venta de psicofármacos se añade a los preocupantes datos que ya arrastrábamos en los últimos veinte años, que situaban a España como segundo país europeo de mayor consumo de ansiolíticos, cuarto en consumo de antidepresivos y sexto en hipnóticos y sedantes. Si más del 10 % de la población española consumía tranquilizantes, relajantes o pastillas para dormir —tercera sustancia después del alcohol y el tabaco— y el 5,6 % de la población tomaba antidepresivos o estimulantes... ¿somos capaces de imaginar adónde nos ha llevado la pandemia? Baste un dato: después del confinamiento los problemas de salud mental se han multiplicado casi por dos. Ya antes del COVID-19 cerca del 20 % de los españoles se encontraba en tratamiento psicológico o psiquiátrico, pero desde entonces más del 40 % de la población española ha acudido al psicólogo o al psiquiatra por problemas de ansiedad, y más del 30 %, por depresión. He ahí adonde nos puede llevar una sobrevaloración del riesgo.

El sesgo de rebaño

Pertenecer a la tribu es otro condicionante, y uno de los más importantes, a la hora de estimar un riesgo. Si una persona tiene la capacidad de influir sobre un grupo y expresa cierta opinión sobre uno de los riesgos existentes en una actividad, es probable que aumente la cantidad de participantes de ese grupo que sostenga dicha creencia. Y esto es algo que funciona en los dos sentidos, para bien y para mal, es decir, subestimando o sobreestimando el riesgo.

Cada día es más común escuchar los testimonios de personas que aseguran haberse vacunado del COVID por la presión del trabajo, de la familia, del entorno... ¿Por qué ocurre esto? ¿Por qué alguien con una idea, con unos argumentos bien establecidos sobre su salud, se doblega ante la opinión de los de su alrededor?

Es el poder y la fuerza de la manada; el ser humano es tribal, la especie más tribal sobre la superficie de la Tierra. Nos hacinamos en ciudades de millones de habitantes sin importarnos la contaminación del aire, el ruido, la falta de espacio... Necesitamos estar juntos, tener sentido de pertenencia. Es lógico: hace cincuenta mil años era más fácil encontrar comida en grupo que como individuo aislado; antropológicamente, nuestra supervivencia ha dependido de nuestra tribu. No ser aceptados en ella o sentirnos desplazados del grupo nos da pánico. De modo que, ante una situación de emergencia, nos dejamos llevar por la decisión del grueso de la tribu. La manada manda.

La edad

Los adolescentes segregan picos de dopamina que los hacen subestimar el riesgo. ¿Por qué ocurre esto? Como en la mayor parte de las ocasiones, la respuesta está en nuestra propia evolución, ya que la dopamina, como he comentado, es el neurotransmisor que nos permitió en su momento salir de la cueva y explorar el entorno; el que nos hizo y nos hace ser autosuficientes y enfrentarnos a la vida que hay más allá del paraguas protector de los padres. Esa parte del cerebro que lleva a los adolescentes a correr riesgos se llama sistema socioemocional.

El centro de control cognitivo del cerebro, por su parte, ayuda a evitar que los jóvenes actúen siguiendo esos impulsos. El equipo integrado, entre otros, por Curtis Johnson y Grace McIlvain, de la Universidad de Delaware, en Estados Unidos, ha completado una investigación cuyos resultados sugieren que estas dos regiones cerebrales maduran físicamente a ritmos diferentes, y que los adolescentes con grandes diferencias en el ritmo de desarrollo entre estas tienen más probabilidades de asumir grandes riesgos durante esta etapa de su vida. En consecuencia, no te enfades con tus hijos, sobrinos o nietos adolescentes si se tiran en parapente, hacen *puenting*, se suben a la moto sin casco o cruzan las calles de un barrio conflictivo a las tres de la mañana. No son ellos; es su dopamina, que está subestimando el riesgo.

Los estigmas sociales

Por ejemplo, el cáncer es un estigma social. Somos conscientes de que es una enfermedad muy extendida, pero existe un sesgo positivo respecto a esto. Pensamos que pueden enfermar las personas que están a nuestro alrededor; todos menos nosotros. El vecino sedentario, que come mal y tiene sobrepeso, cualquier día va a sufrir un infarto. Pero quizás nosotros seamos igual de sedentarios y comamos igual de mal.

El sesgo positivo es muy peligroso y solo baja de intensidad cuando una persona muy cercana enferma. Es entonces cuando corremos a realizarnos todo tipo de pruebas y, si es necesario, exigimos quedarnos ingresados para que nos den los resultados lo antes posible. Inmediatez en el tiempo y cercanía en el espacio desempeñan un papel fundamental en la sobreestimación del riesgo.

Concluyendo, no cabe duda de que tenemos un verdadero problema con la evaluación del riesgo. El 57 % de las personas lo subestima mientras que el 13 % lo sobrevalora. Muchos de estos últimos acaban desarrollando un alto nivel de hipocondría que cursa con trastorno de ansiedad. En este trastorno, el miedo y la preocupación se centran en considerar las sensaciones físicas incómodas o inusuales como una indicación de una enfermedad grave. Y recuerda que ambas, la subestimación y la sobreestimación, son igualmente peligrosas.

El cerebro salvaguarda la necesidad de supervivencia centrándola en el aquí y el ahora; de otra forma la evolución y la colonización del planeta no habrían sido posibles. No hubiésemos salido de la cueva a explorar el mundo por miedo a morir y es probable que no estarías aquí hoy leyendo este libro, ni yo estaría en este preciso momento escribiéndolo. Sin embargo, nuestro contexto de vida ha cambiado de manera radical y es preciso ser consciente de ello.

Necesitas tener información cabal y precisa para poder estimar el riesgo de manera correcta. Debes considerar los diez factores explicados para valorar, en cada momento, el verdadero riesgo que estás corriendo ante una situación en concreto. No obstante, ten en cuenta que el mayor de los riesgos no se corre ante un acontecimiento esporádico, sorpresivo o impactante, sino en el día a día, en los hábitos que asumes sin darte cuenta y que actúan como esa gota que horada la roca en silencio, pero que, con el tiempo, termina por resquebrajarla y partirla en dos.

4

Todos somos adictos

El confort nos hace
enfermar cómodamente.

Rafael Guzmán García

A todo el mundo le han preguntado alguna vez si es más de dulce o de salado, pero en realidad nadie es de lo uno o de lo otro, ya que lo único que quiere el cerebro son kilocalorías. Es por esto por lo que, si me dices que prefieres lo salado y yo te ofrezco un brote de brócoli con unos granitos de sal, me vas a mirar como diciéndome: «No me has entendido, Rafa, yo lo que quiero es jamón, chorizo o salchichón». La explicación es que el cerebro, de forma inconsciente, busca alimentos calóricos, y eso sucede porque el ser humano ha desfallecido tantas veces de hambre a lo largo de su historia que hemos desarrollado circuitos de recompensa para premiar aquellas acciones que nos aportan una energía rápida. ¿Por qué somos capaces de comernos una caja de bombones sin pestañear? En general, la comida basura, que es aquella con un índice calórico más elevado, es la que aporta una mayor sensación de bienestar y saciedad debido a que estimula la producción de dopamina, el neurotransmisor que produce placer, relajación y bienestar. Ahora imagino que entenderás de dónde viene la mítica y no del todo cierta frase de «todo lo que está rico engorda».

Esto no solo ocurre con la comida; de la misma manera, a la mente le cuesta trabajo dar la orden de cerrar el grifo del agua caliente cuando nos estamos duchando, o en días de mucho calor, en verano, resistirse al placer de entrar en un centro comercial con aire acondicionado o de refrescarse en una piscina.

Somos especialistas en la gestión de la energía. Por un lado, consumimos productos que nos la facilitan y, por otro, a la vez, tratamos de ahorrarla. A la gran mayoría de las personas les apetece pasar las tardes tumbadas en el sofá, viendo una serie y comiendo *pizza* con el mando de la televisión bien cerca, incluso sabiendo que lo que están haciendo no es saludable. ¿Por qué buscamos una vivienda ubicada cerca del supermercado, de la farmacia, del bar, del colegio o del trabajo? Estas preguntas tienen una misma respuesta: ahorro energético.

Cuando me encuentro recibiendo una ducha de agua caliente estoy evitando gastar energía para termorregularme, ya que mi cuerpo está continuamente trabajando y gastando energía para mantener mi temperatura corporal equilibrada. Cuando me ducho a una temperatura elevada, estoy generando betaendorfinas, una sustancia que proporciona placer y que, a su vez, nos inunda de dopamina. Este es un mecanismo neurológico que provoca que asocies determinadas acciones de ahorro de energía al placer y así, en consecuencia, las busques cada vez que puedas.

Hoy en día, en países desarrollados, a nadie se le pasa por la cabeza comprarse un televisor sin mando a distancia o un vehículo sin aire acondicionado, porque eso supone tener que levantarse para cambiar de canal o hacer un viaje teniendo que termorregular la temperatura del cuerpo, esto es, «gastando» energía nuevamente.

El sistema de recompensa, refuerzo o placer es un área que causa una sensación de bienestar y, como consecuencia, nos incita a repetir una conducta. Esta zona primitiva está determinada para que ciertas conductas se puedan mantener y, con ellas, nuestra supervivencia. El circuito cerebral que hace que sucumbamos ante estas «trampas» es extremadamente fuerte.

Estas rutas de la recompensa provocan placer en el cerebro ante cualquier acto, emoción o vivencia que haya supuesto una plusvalía evolutiva como, por ejemplo, la obtención de energía, de calor, de frío, de agua, de sexo e, incluso, de socialización, esto es, cualquier cosa que haya favorecido la vida en el ser humano. ¿Y cómo nos recompensa el cuerpo? Con dopamina y betaendorfinas.

El sistema de recompensa se encuentra en el cerebro y no está en la boca, en la piel ni en los órganos genitales. Su fin es reforzarnos para repetir una conducta.

Esto ocurre desde que somos pequeños. Un niño siempre reclamará hidratos de carbono: zumos, caramelos, chicles, bombones... A esto se le conoce en medicina evolutiva como el «forrajeo óptimo», es decir, obtener muchas kilocalorías habiendo gastado muy pocas. Por eso, siempre vamos a escoger aquellos alimentos que contengan un índice calórico alto. Las patatas fritas pueden ser uno de los mejores ejemplos. Son hidratos de carbono combinados con grasa y, ciertamente, hay pocas personas que no caigan ante la tentación o «trampa» de este *snack*. No obstante, existen ciertas adicciones que no tendrían una causa justificada. Solo cuando comprendemos cómo funciona el cerebro podremos entender y dar solución a algunos de los comportamientos humanos, lo que nos dará la posibilidad de modificarlos.

El equilibrio entre la adrenalina y el cortisol

Antes de comenzar, es necesario comprender de manera exhaustiva cómo funciona este sistema. ¡¡Sígueme bien atento que esto es clave para poder modificar hábitos!!

Cuando existe un factor estresante en el organismo que nos obliga a buscar una solución se activa el llamado circuito de recompensa. Este factor estresante puede ser de distinta índole, desde hambre, sed, búsqueda de cobijo, conflicto amoroso, sentimental, laboral o cualquier situación conflictiva que el cerebro estime que su resolución va a suponer un beneficio. Pongo un ejemplo. Imagínate que tu jefe es una persona áspera, que abusa de su cargo, te hace desempeñar tareas que no te corresponden, que no te remunera correctamente tu trabajo e incluso te habla de manera brusca. Esta situación generará en ti un estado de alerta, ya que existe un conflicto entre tú, como ser, como persona, y tu entorno de trabajo. A esto le llamamos un conflicto entre el texto —tú— y el contexto —el entorno donde habitualmente estás o vives—. Dicha situación genera irremediablemente el inicio de una búsqueda. Una búsqueda para solucionar este estado de discordia que atenta contra tus principios, tu ética y dignidad. El cerebro comienza a buscar hipotéticas situaciones que solventarían el problema. «Preparo unas oposiciones, comienzo a buscar trabajo en otras empresas, me mudo de ciudad y busco empleo en un lugar distinto, hablo con mis contactos y les pido que me recomienden en otras posibles compañías…». Pero soy reticente al cambio porque tengo dos hijos pequeños y su sustento depende de mi sueldo. ¿Qué hace la mente ante semejante situación? Inmediatamente se ponen en funcionamiento unas neuronas en el cerebro llamadas dopaminérgicas —porque liberan dopamina—. Esta dopamina participa en importantes procesos biológicos como el movimiento, la motivación y la función intelectual, pero en esta situación de conflicto texto-contexto, nos mantiene en modo búsqueda de soluciones el tiempo que sea necesario. Pueden ser semanas, meses, años o toda la vida. La dopamina activa toda una cascada de procesos neuroendocrinos que nos hace permanecer en estado de alerta, con pensamientos reiterativos. Entramos en bucle. Seguro que sabes de lo que te hablo porque casi todos hemos vivido una situación semejante. Como curiosidad te cuento que es la degeneración de estas neuronas dopaminérgicas la que produce el párkinson.

¿Y qué necesitamos para estar en alerta permanente y solventar un factor estresante? Recuerda que los seres humanos ante una situación de estrés nos hemos movido siempre. Ante un factor estresante se daba como reacción, y de manera imperativa, un movimiento asociado para garantizar la supervivencia. No existía el estrés crónico, sino el estrés agudo. De esa manera, hace miles de años, cuando sentíamos hambre, si no se encontraba comida en un espacio breve de tiempo, se moría por inanición. No existía el servicio de comida a domicilio. Era necesario caminar, a veces durante más de una jornada, para cazar algo, para recolectar alimento. Pero siempre implicaba movimiento. Lo mismo sucedía cuando teníamos sed, precisábamos de un lugar para guarecernos o cuando nos perseguía un depredador: todos los factores estresantes iban unidos al movimiento. Por tanto, necesitaremos un aporte extra de energía —glucosa— para hacer frente a este movimiento, un sistema muscular más contraído y tenso, elevar la frecuencia cardiaca, la respiración, la tensión arterial, etc. De este modo estas neuronas dopaminérgicas van a poner en marcha una parte del sistema nervioso llamado simpático que se encarga de poner en funcionamiento a su vez nuestra maquinaria y prepararnos para actuar. Cuidado, lo activamos aunque el escenario sea virtual, aunque lo imaginemos en la cocorota. La imaginación lo puede activar de una manera tan súbita y potente como si estuviese ocurriendo en la vida real.

Para el ser humano, como hemos visto, la glucosa es la energía instantánea, una fuente de vida. ¿Y cómo elevas la glucosa en sangre? Cuentas con varios mecanismos para subirla, algunos son más potentes y rápidos y otros más livianos y lentos. Ante una situación de estrés el sistema dopaminérgico —las neuronas que fabrican dopamina— ordena la liberación de adrenalina y noradrenalina —catecolaminas— y esto pone en jaque a todo el organismo. Estas hormonas te preparan para la lucha o para la huida. Son derrochadoras de energía. Te hacen sacar fuerzas de flaqueza, inhiben el dolor y reclutan todos los sistemas necesarios para sacarte de cualquier situación que comprometa tu vida, o que tu mente así lo estime. Como comprenderás, si esta situación perdura en el tiempo, estas hormonas acabarían contigo porque no escatiman en gastos y colapsarías. Disparan la frecuencia cardiaca, la tensión arterial, la temperatura corporal, la tensión y fuerza muscular...

Todos hemos sufrido una situación así, ¿o nunca te ha sonado el teléfono a las tres de la madrugada o te has llevado un susto por cualquier motivo? Este rápido y complejo sistema es maravilloso para solventar contratiempos muy agudos o cortos en el tiempo y te puede llegar a dar poderes sobrehumanos tales como fuerza para poder mover un tronco de doscientos cincuenta kilos o elevar unos centímetros un vehículo si la vida de tu padre o hijo está en juego. Le llaman la fuerza histérica, yo la llamo la fuerza de la vida. Pero esto es insostenible en el tiempo e incompatible con la vida, por tanto, ante una situación estresante como la que hemos descrito con tu jefe, tienes que poner en funcionamiento sistemas complementarios que te mantengan en situación de alerta y te sigan aportando glucosa, aumento de frecuencia cardiaca, respiratoria, etc., pero de manera más controlada y pausada. Alguien que ponga orden en el organismo y le pare los pies a la adrenalina y noradrenalina con el despilfarro de recursos. Aquí es cuando aparecen en el escenario el cortisol, las betaendorfinas y el sistema renina-angiotensina-aldosterona, entre otros.

Hablando coloquialmente, el cortisol y las betaendorfinas le van a decir a la adrenalina: «Oye, tranquilízate y cálmate que esto va para largo; parece que la búsqueda de otro trabajo se está alargando y por ahora no va a mandar al jefe a hacer puñetas, así que no podemos derrochar tanta energía que no es sano tener el corazón acelerado, la tensión arterial, el ritmo respiratorio y tensión muscular tan disparados».

En medicina, el cortisol es conocido como un glucocorticoide, es decir, una sustancia que incrementa los niveles de glucosa en sangre. Las betaendorfinas, además de frenar la acción de la adrenalina, son sustancias que te generan, entre otros, sensación de bienestar y calma para poder resistir en estado de búsqueda. El sistema renina-angiotensina-aldosterona te eleva la tensión arterial, modifica el balance de sodio y potasio y retiene agua —recuerda que el organismo cree que te vas a mover porque estás en una situación de estrés—.

Como vas a ver en los próximos capítulos, cuando el organismo lleva mucho tiempo con una hormona, neurotransmisor o sustancia alta en sangre, los receptores para esos elementos empiezan a perder sensibilidad o incluso a desaparecer como mecanismo de seguridad. A este cuadro se le conoce como «resistencia a». Recuerda que la dosis hace al veneno, y las sustancias, aunque sean nuestras, si son excesivas nos hacen daño. En el caso del cortisol y las betaendorfinas, esto supone que ya no puedan cumplir con su función, que no puedan ejercer ese efecto calmante y, por tanto, la adrenalina vuelve a ser la protagonista. Al pasar un tiempo de estrés prolongado es habitual que se acelere el corazón, se manifiesten taquicardias, se sienta una ligera opresión en el pecho fruto de un broncoespasmo y aparezcan contracturas musculares. En esas circunstancias el médico diagnosticará un cuadro de ansiedad. Ahora sabes que si sufres de un cuadro de ansiedad, lo que en realidad estás padeciendo es una resistencia o insensibilidad al cortisol y a las betaendorfinas. Dicho de otra manera, la ansiedad es un cuadro que surge cuando hemos sometido a nuestro organismo a un estrés físico, psíquico o emocional prolongado en el tiempo. ¡Que nos hemos pasado de rosca, vamos! Pero el verdadero problema quizás no sean estos síntomas que puedes padecer cuando vives una situación de estrés crónico. Los daños colaterales de mantener un nivel de cortisol elevado en tus tejidos van mucho más allá de las taquicardias, arritmias, contracturas musculares, insomnio, etc.

El cortisol es una sustancia inmunosupresora, es decir, frena la acción y actividad de las células del sistema inmune dejándote desprotegido ante los «bichitos» o incluso el cáncer. Es por ello que, en ocasiones, si estás viviendo un periodo de estrés prolongado en el tiempo, comienzas a tener catarros de repetición y parece que te contagias de todo, e incluso un proceso gripal puedes tardar en solucionarlo una eternidad.

Este carácter inmunosupresor del cortisol ha sido aprovechado por la industria farmacéutica, de tal modo que cuando sufrimos un dolor o inflamación y vamos a la consulta del médico nos receta o inyecta corticoides. La palabra corticoide deriva de cortisol. El corticoide, por tanto, va a frenar al sistema inmune y este dejará de liberar sustancias inflamatorias y el dolor remitirá. Pero, ¡¡ojo!!, la causa que originó el problema no se ha solventado. Tendremos confort, pero no resolución. Esta resistencia al cortisol también nos puede afectar a la función del tiroides, del aparato digestivo, musculoesquelético, etc., por lo que el carrusel de síntomas lo tendremos asegurado. Caída del cabello, piel seca, adormecimiento de las manos, dolor articular, digestiones pesadas, estreñimiento o diarrea, alteraciones de la regla, el colesterol disparado… Y vamos al médico, nos hacen una analítica y algunas pruebas y nos comunican que tenemos hipotiroidismo y nos mandan la «pastillita» para el tiroides, la tensión arterial alta y nos mandan la «pastillita» para la tensión, otra para el colesterol, otra para el azúcar, algún protector gástrico y suma y sigue. Cuando nos queremos acordar, en un par de años el desayuno será café, tostada y una brocheta de pastillas de colores. Repito, ¿la culpa es del médico?, evidentemente no. La culpa es de un sistema que no ha promovido una sociedad comprometida con su salud.

En realidad, ni el tiroides, ni el corazón, ni el estómago, ni el colesterol, ni la tensión arterial alta, ni el azúcar tienen la culpa. El origen de tu enfermedad es «tu jefe». ¡¡Cuidado!!, la mayoría de las veces son los pensamientos rumiantes y los escenarios virtuales que te montas en la cabeza lo que te arrastra al agotamiento del sistema y la aparición de este cuadro llamado ansiedad.

El circuito de recompensa y las adicciones

¿Cómo puedes mantener esta situación en la que la adrenalina está derrochando energía, te está generando tanto daño en el corazón y te has vuelto insensible a las sustancias que podrían controlarlo? La única manera es lanzarse a buscar betaendorfinas fuera del organismo y a tener comportamientos que te ayuden a generarlas de manera artificial o exógena, pues las propias o endógenas ya no están cumpliendo con su cometido. Por ejemplo, comer chocolate o fumar. La comida hipercalórica provoca que el cuerpo libere más dopamina y, por tanto, más betaendorfinas. Pero estas betaendorfinas te calmarán solo momentáneamente y te condenarán a seguir «enganchado» a estas fuentes rápidas de producción. A esto se lo conoce como señalizar por empuje, es decir, buscar todas aquellas actividades que estimulen la segregación de betaendorfinas. De ahí se deriva la adicción a la comida, al juego, al tabaco, al deporte o al sexo, ya que todas estas actividades activan el área mesolímbica dopaminérgica, el mecanismo de recompensa cerebral, incluyendo la mayoría de las estructuras que forman parte de este. Por este motivo conocerás a dos tipos de exfumadores, los que te comentan que un día decidieron dejar de fumar, tiraron el paquete a la papelera y hasta hoy. Y los que te cuentan que lo han intentado ya varias veces, que lo siguen echando de menos y que además han engordado desde entonces —ya que buscan esas betaendorfinas que calman sus ejes de estrés en la comida hipercalórica—. Los primeros no tenían una adicción ocasionada por una búsqueda de betaendorfinas por lo que no necesitaban seguir buscándolas, pero los segundos casi con toda probabilidad siguen necesitando solucionar algún conflicto pendiente, cuya naturaleza puede ser un problema familiar, laboral, de autoestima, carencias de la infancia o vaya usted a saber.

Imagínate ahora que llevas en ese conflicto con tu jefe siete años. Siete años el cortisol y las betaendorfinas intentando calmar a la adrenalina y poniendo patas arriba tu bioquímica.

Puedes mantener esa situación un tiempo prolongado, pero, al final, llegará un momento en que tu cerebro te dirá: «Habla con tu jefe ya que nos vamos a morir como sigamos así». Y, aunque seas consciente de las consecuencias negativas que eso puede acarrear, serás consciente también de que la liberación será total. Llegará un día que te desahogarás y plantarás a tu jefe. Personas en esa situación me dicen: «Sé que ahora estoy en paro, pero la verdad es que me da igual. Me he quitado un gran peso de encima, me he quedado muy tranquilo y vuelvo a dormir».

Esa sensación de bienestar que te genera despedirte de tu jefe viene ocasionada porque esa dopamina que te ha mantenido en alerta y en búsqueda todo este tiempo, una vez hallada la solución —plantar a tu jefe—, como por arte de magia se transforma en codeína y esta en morfina. Será esta morfina la que te genere esa sensación de bienestar inigualable y apague absolutamente todos los circuitos y ejes de estrés y, por tanto, haga volver la paz, la calma y el sosiego a tu cuerpo.

Hay sustancias que, además, son naturalmente adictivas, como los lácteos. Puede parecer sorprendente, pero los de origen animal —sí, todos los lácteos son de origen animal. Se indica para no confundir con los preparados «lácteos» de origen vegetal— generan una gran dependencia porque contienen una proteína, la caseína, que al metabolizarse genera una sustancia llamada cáseomorfina. La morfina es un opiáceo que estimula la misma área que, por ejemplo, la cocaína —evidentemente sin igual potencia—. Te preguntarás cómo es posible que la leche contenga este tipo de elementos, incluso la humana. Es la única manera que tiene la madre naturaleza de asegurarse de que el recién nacido va a amamantarse y beneficiarse de los nutrientes que fortalecen su microbiota y su sistema inmunológico. Por tanto, los bebés, en numerosas ocasiones, no lloran por hambre, sino porque literalmente son unos «yonquis» de la teta de la madre, de la caseína.

Esto no solo ocurre durante el periodo de lactancia. La leche de origen animal, como la de vaca, tiene las mismas características. Es habitual, en mis consultas, que algunos pacientes me digan: «Rafa, soy adicto al queso, soy un ratón, no me digas que el queso es malo que me muero de pensarlo». Y eso ocurre porque en este alimento dicha proteína está muy concentrada. Lo mismo ocurre con el pan. El gluten contiene gliadina y nuestro organismo, al metabolizarlo, genera gliadina-morfina, que es también un opiáceo. Cuidado con estas «trampas» que nos pone la naturaleza.

Todas las adicciones, por muy dañinas que sean, pueden estar precedidas de algunas mutaciones genéticas que nos predisponen a ellas, como aquellas que determinan los niveles de dopamina. Un investigador de la Facultad de Medicina de la Universidad de Oklahoma (Estados Unidos) ha demostrado que una pequeña mutación genética puede poner a las personas en mayor riesgo de adicción al alcohol o a las drogas. Su investigación se centra en un gen específico (COMT) y en cómo responde al entorno de una persona.

Circuitos de recompensa en un nuevo contexto y circuitos de castigo

A los circuitos de recompensa les debemos mucho; han hecho posible que hoy estemos donde estamos. Pero ¡cuidado!: el contexto de vida ha cambiado; ya no existe movimiento asociado al factor estresante y, sin embargo, la fisiología permanece y sigue asociando la angustia con el ejercicio físico. En consecuencia, no hay peor hábito que tener ansiedad y quedarnos sentados en el sillón. Al contrario, en esos momentos hay que potenciar la actividad física para poder paliar el daño que hacen todas estas hormonas y sustancias mencionadas y que se activan para favorecer el reclutamiento de glucosa y de sodio, que incrementan la tensión arterial, la frecuencia cardiaca... Esto es lo mismo que afirmar —casi sin miedo a la equivocación— que el estrés crónico asociado al sedentarismo puede provocar hipertensión arterial y diabetes, entre otras patologías.

Espero que después de comprender un poco cómo funciona el cerebro en cuanto a la recompensa y la adicción, por un lado no te sientas mal al sentirte atraído por los dulces, los fritos y la comida basura en general. Es un tema evolutivo. Las kilocalorías en un marco ancestral eran sinónimo de supervivencia, hoy en los países occidentalizados y debido a nuestro modo de vida es sinónimo de enfermedad. Por otro lado, espero que antes de prejuzgar a nadie por una adicción —por muy disparatada que parezca— recapacites y te cuestiones qué puede haber detrás de esa conducta, qué debe solucionar esa persona o qué carencias tiene. Todo tiene un porqué por muy inmoral que nos resulte.

Y como el cuerpo es sabio, a una acción siempre responderá con una reacción y a una conducta equivocada responderá con un castigo. Es decir, el cuerpo premiará todo lo que promueva vida —o lo que la promovía en el marco temporal ancestral—, pero castigará todo lo que vaya en contra de ella. Sí, has acertado, también existen circuitos de castigo que inhiben a los de recompensa. Te pongo un ejemplo. Si miras la pantalla de tu móvil entre las once de la noche y las tres o cuatro de la mañana, el cerebro te va a penalizar con una disminución en la síntesis de dopamina y de serotonina. Si esta situación perdura en el tiempo, te puede predisponer a estados depresivos. Además, si tienes la mala costumbre de abusar de dispositivos electrónicos, el televisor o, simplemente, encender una luz artificial en esa franja horaria, se va a estimular una zona de tu cerebro llamada habénula, que es la responsable de este circuito de castigo y que se conecta de forma directa con el páncreas. Por ello, liberará una cantidad ingente de insulina y provocará un trastorno en el metabolismo de la glucosa, que puede derivar en diabetes. De modo que ¡ojo con darte un atracón de series o de redes sociales por la noche! Eso es antivida. Si es una costumbre que haces perdurar en el tiempo, el cerebro te puede castigar provocando problemas crónicos con la glucosa, llevándote a un estado de ánimo bajo o incluso a una depresión. No te puedes olvidar de que los seres humanos nos regimos por los ciclos de luz y oscuridad, y que el sueño es el bien más preciado para el organismo.

Mi recomendación es que tengas cuidado con estos hábitos. Espero que conociendo el circuito de la recompensa no caigas en estas «psicotrampas» de quedarte sentado en el sofá, atiborrarte de dulces o poner la calefacción altísima. Tu salud te lo agradecerá.

¡Aviso!

¡Toca levantarse! ¡Arriba!

Te espero de vuelta en dos minutos ;).

5

Un poquito de veneno, que no me quiero morir

Lo malo, si breve,
dos veces bueno.

Rafael Guzmán García

La hormesis

Quizás nunca hayas oído hablar de la hormesis, pero es un proceso maravilloso que le ha facilitado a la especie humana la evolución y la adaptación. Sin ella, no estaríamos hoy en este mundo. Para tratar de explicarla empezaré por dar una definición: es el proceso por el cual la exposición a una dosis baja de un agente químico, físico o ambiental, que es dañino en dosis altas, induce una respuesta adaptativa y/o un efecto beneficioso en la célula o el organismo.

Antes de seguir ahondando en este concepto, es preciso tener claro cómo reacciona el cuerpo ante estímulos externos. Nada como poner unos ejemplos.

¿Te has duchado alguna vez con agua fría adrede o se te ha acabado la bombona de butano mientras disfrutabas de una ducha calentita? Imagino que sí. Seguramente, mientras te cae el agua helada por la piel estás maldiciendo a todos los dioses del Olimpo por la sensación tan desagradable que estás viviendo, ¿verdad? Mi pregunta es: ¿qué sensación corporal tienes cuando cierras el grifo del agua fría y pasa un rato? Es agradable, ¿cierto? Te permite ver, incluso, la vida de otra manera y te hace sentir más enérgico. Lo mismo sucede cuando se tiene mucha sed un caluroso día de verano y, al fin, se consigue beber agua fría. Entonces, lo vemos desde otra perspectiva.

Como ves, los estímulos que, *a priori*, pueden ser desagradables generan respuestas agradables en el organismo cuando los recibimos en un corto espacio de tiempo. Dicho de otra forma, los desafíos agudos o de corta duración provocan reacciones placenteras y beneficiosas. ¿Por qué ocurre esto? Aunque no lo creas, cada vez que estimulas al organismo de manera aguda con algo desagradable o potencialmente tóxico, generas un cambio epigenético que da lugar a una adaptación compensatoria al medio, buscando el equilibrio y la homeostasis. Y esto puede generar placer.

¿Estoy diciendo con esto que cuando pasas frío se generan cambios epigenéticos en tus células igual que cuando estás tumbado tan ricamente en un parque en verano y estás pasando calor? La respuesta es un rotundo sí.

Toda modificación, tanto en el medio interno como en el externo, conlleva una respuesta de adaptación a través de un cambio bioquímico en el organismo. Para sintetizar —fabricar— o dejar de sintetizar cualquier sustancia, necesitas activar unos genes o silenciar otros como ya hemos visto.

Otro caso muy significativo es el de la comida. Dependiendo de la calidad, cantidad y frecuencia con que se ingiera un alimento, el cambio epigenético tendrá un resultado positivo o negativo, incluso con la ingesta de un simple café.

Lo mismo sucede si vas a la playa o a la piscina a principio de la temporada de baño, cuando la piel está aún blanquita. Para mí, la tonalidad de la piel es un marcador de salud. Procura que tu piel no esté blanca como un folio porque es señal de que no estás haciendo las cosas bien.

Cuando llevas unos minutos al sol la piel se enrojece, pero transcurridos unos días se torna morena. ¿Qué ha ocurrido desde un punto de vista epigenético y químico? La radiación ultravioleta del sol es el estímulo que necesitan los melanocitos —unas células que viven en la piel— para producir un pigmento, la melanina, que es la responsable de que nos pongamos morenitos. Es decir, la radiación ultravioleta provoca una activación —acetilación— de los genes que se encargan de la síntesis —producción— de la melanina. La ausencia de esta radiación ultravioleta provoca el silenciamiento —metilación— de estos genes. Y esto ¿es bueno o es malo? El sol es un estímulo extremadamente beneficioso para el ser humano, pese a las campañas de prevención solar y su asociación con el riesgo de sufrir melanomas. ¿Dónde está, pues, el secreto? Como veremos más adelante, el secreto está en la dosis.

Podríamos decir, con términos algo más científicos —pero no del todo precisos—, que me interesa tener «acetilados» los genes que alargan la vida y «metilados» los que generan la enfermedad. O mejor aún, necesito tener regulada y modulada de manera precisa y correcta la activación y también el silenciamiento de mi genoma en todo momento. Como te imaginarás, una célula cancerígena, que quizás sea de las células más inteligentes de este mundo, también tiene mecanismos propios para expresar los genes que le alargan la vida, y, en este caso, lo que nos interesa es intentar silenciarlos. Por tanto, lo que deberíamos buscar es una buena regulación epigenética.

Existe, por desgracia, un ejemplo claro que está en la calle y en los medios de comunicación con mucha frecuencia. Una chica joven decide quitarse el pecho porque su abuela murió de cáncer de mama y su madre, también. Le hacen un estudio genético y le detectan una variación del gen BRCA 1 o 2. Dicho gen, cuando no está modificado, protege a la mujer contra el cáncer de mama y ovario. No obstante, hay mujeres que presentan esta mutación y no sufren ningún tipo de cáncer, casi el 65 % de ellas. Esto significa que el organismo tiene mecanismos para mantener silenciados los genes que están dañados —metilados— y expresados —acetilados— aquellos que salvaguardan nuestra vida.

Las mujeres que presentan esta mutación genética y desarrollan cáncer de mama han perdido, en consecuencia, la capacidad de tener silenciados —metilados— estos genes, lo que ha dado lugar a su expresión y, en consecuencia, aparece el cáncer. ¿La solución es quitarse el pecho? Desde mi criterio, si no ha sido diagnosticada de cáncer y el oncólogo no lo ha determinado así, la solución no es realizarse una mastectomía doble. Por el contrario, la solución pasaría por llevar un estilo de vida preventivo y saludable desde que nacemos o, mejor dicho, desde que deciden engendrarnos. Sin duda, cuando un paciente nos presenta su enfermedad y sus síntomas, nos está enseñando el último fotograma de una larga película. Es frecuente escuchar comentarios del tipo: «No entiendo por qué mi cuñado ha desarrollado un cáncer de pulmón, con lo que se estaba cuidando últimamente que ya ni fumaba». Yo siempre me pregunto por qué el ser humano tiene un pensamiento tan proximal en el tiempo para casi todo, y solo ve la última escena.

Quizás su cuñado hace quince años vivió una época en la que pasó estrés crónico, trasnochaba, comía mal, no superó la muerte de algún familiar o vaya usted a saber qué. El grueso de las enfermedades se gesta muchos años antes de que aparezcan los síntomas. Por ejemplo, un cáncer de pulmón, según nos cuentan los estudios, puede comenzar a «programarse» hasta varios años antes de que aparezca. Por ello, los hábitos que inculcamos a los más pequeños de la casa es el regalo más importante que podemos hacerles en su vida. No heredamos enfermedades, heredamos costumbres. Siempre nos preocupamos de que se cepillen los dientes, de que se laven las manos, de que estudien y este tipo de cosas. Realmente, esto es necesario, pero no podemos obviar otros asuntos de igual importancia o más. Desde mi punto de vista, el que un niño coma lo que a él se le antoje —o, mejor dicho, lo que a la industria alimenticia se le antoje— es un verdadero crimen. No puedo evitar endemoniarme cuando observo ciertos anuncios publicitarios que aconsejan desayunos «ideales» o la «mejor» de las meriendas a base de galletas industriales, cereales extra azucarados, bollería… Y más aún enfurezco cuando voy al supermercado y observo los carritos de la compra cargados de estos productos para atender las necesidades nutricionales de los más pequeños de la familia. A veces me retiro un poco de esos carros porque tengo la sensación de que van a explotar. Las autoridades sanitarias y los gobiernos de turno deberían tener en cuenta que este tipo de alimentación genera una población futura programada epigenéticamente para enfermar. ¿Para cuándo un pacto de salud, de nutrición, de fomento de buenos hábitos? Esta es una de las asignaturas pendientes de las civilizaciones occidentales, ya que teniendo en sus manos la posibilidad de crear individuos sanos, no lo están haciendo.

Me rio cuando veo en las cajetillas de tabaco mensajes siniestros como «fumar mata». Que no te engañen: fumar no mata. No por sí solo, al menos. ¿O todas las personas que fuman fallecen de alguna complicación relacionada con el tabaco? Por supuesto que no. El tabaco es un factor de riesgo brutal, pero necesita de otros factores de riesgo para matar. Por tanto, ¿por qué no poner también en las cajas de bollería industrial de ciertos productos de las estanterías de los supermercados, o en las máquinas expendedoras de los colegios, que comer esos productos mata? La realidad es que, sin duda, el consumo de esos alimentos aumenta la prevalencia de muchas enfermedades mortales al igual que lo hace el tabaco.

De la misma manera, cuando un niño o un adolescente se mete en la cama y está hasta las tres de la madrugada jugando con un dispositivo electrónico rompiendo así su ciclo de sueño y vigilia, o pasa horas y horas de vida en modo sedentario, también eso lo está programando epigenéticamente de forma errónea. Lo programa para enfermar.

Lo único que pretendo, cuando finalices de leer este libro, es que hayas aprendido cuáles son los hábitos de vida que tu cerebro y tu genética esperan recibir y cuáles están recibiendo. El cerebro genera síntomas cuando hay discrepancia entre lo que espera recibir, según su programa ancestral, y lo que realmente recibe. Si hay discordancia, habrá patología y síntomas. Pero recuerda que el cerebro también tiene en cuenta lo subconsciente.

Retomemos el tema de la hormesis. A lo largo de la evolución, los organismos vivos han tenido que adaptarse a condiciones y agentes adversos para lograr sobrevivir, por lo que han desarrollado diversos y complejos mecanismos para lidiar con ellos. En la actualidad, se ha identificado una serie de procesos durante los cuales una dosis baja de un agente estresante es capaz de activar una respuesta adaptativa que incrementa la resistencia de una célula frente a un estrés más severo. Esta respuesta se conoce como hormesis.

Existe una gran cantidad de estímulos horméticos, entre los que se encuentran el calor, el frío, la restricción calórica, la sed, los antibióticos, el ejercicio físico, la luz solar, etc. La respuesta hormética involucra la expresión de una gran familia de genes denominados vitagenes —genes que alargan la vida—. Evidentemente, estos desafíos estresantes deben estar relacionados con aquellos que han hecho posible que el ser humano haya llegado hasta el día de hoy, como la comida, el sueño o la necesidad de hidratación. O lo que es lo mismo, situaciones de angustia para las que mi organismo tiene estrategias de actuación compensatorias por haber estado sometido a esos factores estresantes desde tiempos inmemoriales. Estos factores de riesgo son los que han generado una presión evolutiva en nuestra especie y han ido ocasionando adaptaciones al medio.

Estás ahora leyendo este libro en el sofá de casa o en el banco de un parque simplemente porque tus padres, abuelos, bisabuelos y todos sus antepasados han sido capaces de superar situaciones de hambre, sed, frío, calor, infecciones, etc. Es para estos factores de riesgo para los que el cuerpo tiene un plan de acción. En nuestro programa genético más primitivo hemos desarrollado mecanismos para luchar contra el hambre y para soportar varios días sin ingerir comida. Disponemos de distintas hormonas que pueden aumentar la glucosa en sangre, somos capaces de transformar la grasa en glucosa, degradar los músculos para obtener glucosa…, poniendo en marcha genes que mantendrán activas rutas metabólicas para conseguir que los niveles de glucosa en sangre permanezcan estables.

Por supuesto, si la situación de falta de alimento se prolonga en el tiempo, muero. No te preocupes si un día olvidas tu tentempié de la mañana, pues no se acaba el mundo; o, si se te olvida comerte ese plátano antes de ir al gimnasio porque «es bueno para el potasio», no te vas a desmayar. Es más: tu cuerpo te agradecerá el olvido.

El cerebro y su relación con la hormesis

El organismo tiene fríamente calculado lo que precisa hacer en situaciones de escasez de alimento, de energía. Los primeros días se producirá una sensación algo desagradable, pero hay un plan de cientos de miles de años preparado para esta situación. Créeme, nuestros antecesores no iban a cazar con la panza llena. Recuerda, para estas situaciones, el cuerpo sabe qué hacer en cada momento y las maneja a la perfección. La parte del cerebro que controla casi todas estas respuestas adaptativas se llama hipotálamo y podríamos decir que es la centralita. Nuestra CPU.

El hipotálamo es una pequeña zona que se conecta con casi la totalidad de las distintas áreas cerebrales. Es, en muchos aspectos, el director de orquesta. Él tiene constancia de tus niveles de glucosa en sangre, de sodio, de agua, de potasio; sabe si tienes sueño, ganas de hacer pis, hambre, deseo sexual... Sabe todo de ti, más que el propio Instagram. Bromas aparte, el hipotálamo es el que maneja tu vida y casi tu conducta.

Está constituido por varios núcleos —agrupaciones de neuronas que se encargan de una determinada cosa—. Cuando nacemos, no hay conexiones entre los distintos núcleos, ya que las sensaciones homeostáticas conscientes antagonistas deben ser unidireccionales; es decir: no podemos tener frío y calor al mismo tiempo, ni hambre y sensación de saciedad a la vez...

Las conductas cotidianas, promovidas por el estilo de vida moderno, nos llevan a generar conexiones entre estos distintos núcleos. Para el hipotálamo es una verdadera angustia porque ya no va a tener capacidad de dar una respuesta fisiológica de adaptación al medio precisa y ajustada. Te pongo un ejemplo. Si vas paseando por las calles de Berlín un crudo y frío día de invierno y comienzas a congelarte, tu hipotálamo recibe ese estímulo, te provocará tiritera y te incitará a que busques un lugar donde estar caliente o a caminar más rápido para producir calor. Si, por el contrario, lo que haces es tomarte una sopa calentita, lo que en verdad estás haciendo es comer. Tu hipotálamo dirá: «Merluzo, tengo frío, no hambre». Has generado ahí una conexión entre el núcleo que controla el hambre con el que controla la temperatura.

¿Quieres otro ejemplo? Tienes sed y te bebes una cerveza. La cerveza tiene nutrientes, por lo que, de nuevo, estás comiendo. Ya la has vuelto a liar. Has reincidido en generar conexiones erróneas. La consecuencia de ello es que el hipotálamo —y, por tanto, el cerebro— posee un inventario erróneo de tu bioquímica.

¿Podrá entonces el cerebro dar respuestas erróneas ante cambios del medio cuando no tiene la información correcta? Evidentemente, sí. Una frase muy típica es «me da un frío a veces después de comer…». Hemos ingerido comida y el cuerpo trabaja en la transformación de ese alimento en energía calorífica. En otras palabras, ¿el organismo genera calor y siente frío? Es un gran fallo del sistema. De la misma manera te puede despertar hambre cuando realmente lo que tienes es sed.

¿Te has parado alguna vez a pensar quién mantiene tu temperatura corporal mientras duermes? No podría ser otro que tu hipotálamo. Este manda órdenes a tu glándula tiroides —que trabaja principalmente por la noche— para que genere más hormona tiroidea con la que regular la temperatura. Durante el día, el cerebro espera que te muevas y que sea la contracción muscular la que incremente la temperatura. Durante la vigilia, en teoría, el tiroides descansa. No obstante, si te levantas por la mañana, desayunas, te montas en el automóvil, llegas a tu oficina, te sientas y no te levantas en horas, obligas a tu tiroides a estar funcionando veinticuatro horas al día, lo que podría desencadenar un agotamiento de la función tiroidea. ¿Entiendes ahora por qué el sedentarismo es una de las principales causas de hipotiroidismo?

De igual forma, el hecho de estar siempre en situación de normotermia —temperatura constante— por el uso continuado de calefacción y de aire acondicionado hace que el tiroides pierda gran parte de su capacidad de reacción, ya que no se verá obligado a termorregular. De este modo los genes implicados en los procesos de la síntesis de hormonas tiroideas se verán parcialmente metilados —silenciados—. Esto justifica, en cierta medida, que muchas personas sufran frío de manera continua. Son individuos que no tienen capacidad de regular su temperatura.

En invierno, si no tienes capacidad de aumentar tu temperatura, los virus estarán encantados porque, cuando el organismo baja de treinta y seis grados, el desarrollo viral se ve beneficiado. Por el contrario, si cuando haces deporte no eres capaz de disminuir la temperatura, tu agotamiento muscular prematuro está garantizado. En conclusión, si no pasas frío y calor de vez en cuando, y de manera intermitente, el cuerpo tendrá apagados los sistemas para adaptarte a los cambios de temperatura. Tu hipotálamo parece decir: «¿Para qué voy a tener activadas todas las rutas metabólicas necesarias para incrementar la temperatura corporal o disminuirla si cada vez que hay un ligero cambio, el merluzo coge el mando a distancia del aparato de la calefacción o del aire acondicionado?». Por favor, grábate a fuego que el ser humano ha pasado tantas calamidades y tanta hambre en nuestros orígenes que tenemos impreso en los genes el ahorro energético. Y es que nunca debes olvidar un precepto básico que siempre está presente en nuestra especie: «Lo que no se usa se pierde o se apaga».

Los estímulos horméticos son la mejor forma de activar bien el hipotálamo y mantener así la homeostasis o equilibrio interno. Son factores estresantes de corta duración como, por ejemplo, frío húmedo o calor intenso; no comer o beber en unas horas; hipoxia intermitente; hipercapnia; deporte de alta intensidad… También se pueden producir al tomar una sustancia tóxica para el ser humano en dosis pequeñas, como puede ser, curiosamente, la cúrcuma, la cayena o cualquier especia.

Estos condimentos, que en dosis altas podrían llegar a dañar al ser humano, tomados en pequeñas dosis actúan como antimicrobianas y tienen un efecto hormético: activan genes que dan lugar a la síntesis de sustancias beneficiosas, e incluso antitumorales. Los arqueólogos estiman que en el año 50000 a. C. las especias ya fueron usadas —y se siguen utilizando en muchos países— como conservantes de los alimentos, ya que impiden la proliferación de patógenos. En la antigüedad, e incluso ahora en muchos lugares del mundo, no había neveras y se debían conservar los alimentos de manera que se impidiese el crecimiento de microbios. Fue por este motivo, más que por su poder saborizante, por lo que se inició su uso.

El concepto de la hormesis se puede trasladar a otros ámbitos, como el de la microbiología. Imagino que alguna vez habrás tomado un antibiótico para cualquier infección y tu médico te habrá indicado, con insistencia, que no hay que interrumpir el tratamiento, incluso una vez desaparecidos los síntomas. La razón es muy sencilla: si no se ingiere una dosis suficientemente alta, el efecto de ese antibiótico generará un efecto hormético en las bacterias causantes de la infección y nos podemos encontrar con cepas microbianas más resistentes.

Cualquier dosis excesiva de un estímulo o sustancia hormética se transforma en tóxica. ¿Quiere decir eso que, si corro un triatlón, el deporte sería tóxico? Siento decirte que sí. A esto se le conoce como pleiotropismo antagónico.

¿Conoces a alguien que hable mal del Camino de Santiago? Es muy posible que no, todo lo contrario. Habitualmente, los peregrinos vuelven maravillados de la experiencia. Y si analizas lo que han hecho durante el camino, cuesta trabajo entender ese disfrute. Se han *jartado* de andar, han pasado calor o frío, puede que les haya llovido, les han salido ampollas en los pies, han sufrido sed, han dormido muchos de ellos en una colchoneta en el suelo... Sin embargo, ha sido una de las mejores experiencias de su vida. ¿Por qué? Pues ya sabes la respuesta. Por unos días han estado sometidos a estímulos horméticos que han recreado, de alguna manera, su contexto ancestral.

Para finalizar con la hormesis, te pondré otro ejemplo. ¿Por qué podamos las plantas y los árboles? Lo que propiciamos es un daño controlado para que se activen ciertos genes que luego los hagan brotar de manera más vigorosa. Se los está sometiendo a un estímulo hormético.

Lo mismo ocurre en los humanos. Sin darnos cuenta, cada día, a cada momento, el cuerpo se ve bombardeado por estímulos que nos generan cambios epigenéticos. Los estímulos horméticos deberían estar presentes en el día a día, pese a que algunos puedan considerar que no es «natural» o «normal». Por tanto, aseveraciones como «ahora no hago deporte porque hace mucho calor y cuando llega el invierno, mucho frío» son frases que ya no deberías pronunciar. Si no te expones de manera intermitente a cambios de temperatura, tu probabilidad de sufrir un golpe de calor, de no soportar el frío o de enfermar será mucho mayor.

Lo «normal» no es sinónimo de verdadero o correcto, sino de lo que es estadísticamente frecuente. Tenlo presente cuando te miren raro por saltarte el bocata de media mañana, por terminar tu ducha con un chorro de agua fría o por viajar en verano en el coche un rato sin poner el aire acondicionado. Explícales que solo son pequeños actos horméticos que potenciarán y fortalecerán tu salud.

6

TENER O NO TENER, ESA ES LA CUESTIÓN

El no poder parar la cabeza
es la señal inequívoca
de que es necesario pararla.

RAFAEL GUZMÁN GARCÍA

Para entender un poco mejor cómo funciona nuestra maquinaria orgánica es imprescindible que nos familiaricemos con dos términos muy sencillos y, a la vez, muy complejos: el efecto nadir y la acrofase. Entenderlos nos permitirá comprender muchas situaciones que vivimos a diario y que guardan una relación directa con ellos.

EL EFECTO NADIR

El punto nadir, o efecto nadir, hace referencia a lo que ocurre en el organismo cuando la concentración de una determinada sustancia, número de células o cualquier parámetro biológico disminuye de manera notable. Este término es muy usado por los oncólogos en su clínica diaria. Por desgracia, casi todos tenemos algún conocido que está recibiendo quimioterapia o se ha sometido a este tratamiento. Por eso sabrás que muchos de estos ciclos de quimioterapia se administran cada dos o tres semanas y, antes de cada uno, el oncólogo prescribe una analítica al paciente para valorar el recuento de glóbulos rojos y blancos. Atendiendo a los resultados, el médico decidirá si el paciente está preparado para someterse a la siguiente sesión de quimioterapia o si es necesario aplazarla por el periodo de tiempo que considere oportuno. ¿Y esto por qué ocurre?

La administración de quimioterapia citostática —que impide el desarrollo y multiplicación celular— no solo afecta a las células cancerosas, sino también a algunas de las células sanas del cuerpo, en particular, a las que se dividen con rapidez, como las del cabello, la mucosa de la boca, el tracto intestinal y las células sanguíneas —leucocitos, hematíes y plaquetas—. Es por esto por lo que muchos pacientes sufren de aftas en la boca, se les cae el pelo, tienen problemas intestinales, anemias... Es un efecto secundario e inevitable de muchos fármacos y los oncólogos lo tienen en cuenta. Es decir, saben que alrededor de las dos semanas posteriores al tratamiento se producirá la concentración más baja de células del plasma sanguíneo y esperan la respuesta de reacción de la médula ósea para solventar esta situación. Se da, entonces, una retroalimentación positiva. No obstante, en pocos días la síntesis de células se acelerará hasta volver a conseguir de nuevo el equilibrio. En consecuencia, el momento nadir es el punto más bajo de concentración de algo, ya sean hormonas, neurotransmisores, glóbulos blancos o rojos o cualquier sustancia. Es la reacción del organismo en la síntesis del sustrato que está disminuido o de todo aquello que sirva para incrementar los niveles de esa sustancia.

El efecto nadir en el deporte

Es muy habitual que los deportistas de élite hagan entrenamientos en altura a la hora de mejorar su rendimiento, permaneciendo a cierta altitud durante un tiempo determinado. ¿Qué cambios químicos o fisiológicos pretenden generar a esos niveles? La proteína que transporta el oxígeno en la sangre se denomina hemoglobina. Es la encargada de asegurar el suministro de este elemento a todas y cada una de las células. Pero para que esta proteína se cargue de oxígeno —saturación— se necesita una presión atmosférica idónea. Es a nivel del mar donde encontramos la más adecuada para poder realizar una mayor saturación —1013,25 milibares—. En estas condiciones la concentración de oxígeno es también la más favorable para el correcto funcionamiento de la hemoglobina —20,9 %—, lo que genera que la presión parcial sea de 21,2 kilopascales. Sin embargo, según vamos ganando altitud, la presión atmosférica va cayendo de manera exponencial y, con ello, la capacidad de captar este elemento. Así pues, a unos cinco mil metros de altura, la saturación habrá caído al 50 %, aproximadamente.

El descenso de esta presión parcial de oxígeno y de otros parámetros genera un efecto nadir y, por tanto, una reacción fisiológica de reacción para restablecer los parámetros idóneos de oxígeno en sangre, CO_2, pH... Entre las consecuencias que se producen podríamos destacar la generación de nuevos vasos sanguíneos en el sistema muscular, la síntesis de más glóbulos rojos, un aumento de la mioglobina —hemoglobina del músculo—, un incremento del número de mitocondrias —estructuras celulares que sirven para la generación de energía—, la activación de sistemas de compensación del pH —sistemas tampón—...

Estas adaptaciones traen consigo una plusvalía en el deportista. Después de pasar un periodo de adaptación a una determinada altura, podremos realizar actividades como si estuviésemos a nivel del mar. El periodo de adaptación completa se calcula multiplicando la altitud en kilómetros por 11,4 días. Por ejemplo, para adaptarse a cuatro mil metros de altitud se requieren unos cuarenta y seis días. De cualquier modo, ningún periodo de adaptación permite a los humanos vivir permanentemente por encima de los cinco mil novecientos cincuenta metros.

Si eres deportista, imagino que estarás pensando si se podrían recrear estas condiciones de altura permaneciendo a nivel del mar y la respuesta es afirmativa. Hay clínicas especializadas —la nuestra entre ellas— en el entrenamiento de atletas en condiciones de hipoxia intermitente que simulan esta situación. En el mercado también puedes encontrar máscaras que controlan el flujo de aire mientras se practica ejercicio, simulando así situaciones de altitud. No obstante, no hace falta padecer una enfermedad y estar sometido a un tratamiento, o desear rendir al máximo como deportista, para que te influya el efecto nadir, ya que este se da todos los días en el organismo, con cada una de las sustancias que conforman tu química.

El efecto nadir y el agua en el organismo

De sobra conocemos la importancia de la hidratación y es por ello por lo que recibimos estímulos invitándonos a consumir agua en grandes cantidades. En el mejor de los casos sigues el consejo y te hidratas correctamente. Sin embargo, quizás nunca te has hecho esta pregunta: ¿el agua que bebo consigue atravesar las membranas celulares e hidratar las células o, por el contrario, se queda fuera de ellas? No es lo mismo la hidratación celular que la extracelular. Si queremos comprender esto, tendremos que nombrar los compartimentos hídricos del cuerpo. ¿Dónde se aloja el agua en el organismo?

— En el compartimento intracelular (en el interior de la célula).
— En el compartimento extracelular. Este, a su vez, se subdivide en dos espacios:
    - Espacio o líquido plasmático (el agua que hay en la sangre).
    - Espacio o líquido intersticial (el agua que hay entre las células).

El agua constituye aproximadamente el 60 % del peso corporal de un hombre y del 50 al 55 % de una mujer —al tener una composición de masa magra algo mayor—. Una de sus principales funciones es facilitar la conducción eléctrica. El cuerpo humano es un generador constante de impulsos eléctricos y la salud depende al cien por cien de ello. Los aparatos que se usan para hacer un electrocardiograma, una electromiografía o un electroencefalograma detectan precisamente la actividad eléctrica de cada órgano.

Esta depende del agua y de su calidad, ya que la concentración en cada parte del cuerpo varía de manera significativa. Por ejemplo, el cerebro se compone en un 70 % de este elemento; la sangre, en un 80 %, y los pulmones, en un 90 %.

De este modo, las características físicas y químicas del agua que ingieres van a determinar en gran medida esa conducción eléctrica, la salud de tus células, el buen funcionamiento del sistema inmune y de tus órganos. Quizás después de leer sobre esto decidas no volver a beber agua de grifo. No obstante, es un tema en el que profundizaremos más adelante.

Volvamos al efecto nadir en relación con el H_2O. Es importante que el agua que bebas consiga penetrar en el interior de las células, de lo contrario, se quedará remansada en los compartimentos extracelulares y puede ocasionar retención de líquidos en miembros inferiores, edemas o, lo que es peor, alteraciones de la hemodinámica y, con ello, problemas como hipertensión arterial. Cuando pienses en agua, recuerda los iones que van en ella —como el sodio, el cloro, el magnesio...—, pues son los que determinan la conducción eléctrica, tu salud.

¿Te has parado a pensar cuánto tiempo tarda en pasar el líquido que bebes desde la boca a la sangre? Aproximadamente, cinco minutos. La absorción es muy rápida. Es lógico: después del oxígeno, el agua es el elemento de mayor importancia para el organismo y tiene prioridad absoluta. De hecho, cuando comes, el alimento se digiere durante un tiempo prolongado en el estómago hasta que se transporta al intestino delgado. Pero ¿cómo se transfiere el agua de la sangre al interior de las células? A través de unas proteínas llamadas acuaporinas —existen más de diez distintas— que forman unos pequeños túneles situados en las membranas de las células. Estos conductos dan paso al agua desde el exterior de la célula al interior. Y he aquí el gran secreto, contado en dos pasos:

- El número de acuaporinas determina la cantidad de agua que se absorbe.
- El número de acuaporinas depende, entre otros factores, de la sensación de sed.

En el cerebro hay una estructura, el órgano vascular de la lámina terminal, que es ultrasensible a la concentración de sodio y a la presión osmótica. Este receptor es el que desencadena la verdadera sensación de sed y el que da la orden de poner en funcionamiento toda una serie de estrategias para ahorrar agua o para conseguirla. El hecho de que generes más o menos acuaporinas depende de la ADH —hormona antidiurética—, que comienza a operar cuando el órgano vascular de la lámina terminal es estimulado, es decir, cuando tienes sed. Pero sed de verdad. Es decir, si estás sediento de vez en cuando tus células fabricarán más acuaporinas y así se mejorará la captación de agua y, por tanto, la hidratación intracelular. ¿A que después de saber esto la idea de beber de forma constante sin ganas ya no parece tan apetecible? Es muy importante, fundamental, que dejemos al organismo generar la sensación de sed. Solo así estaremos correctamente hidratados.

Hay ciertas circunstancias en las que, por algunas patologías o en sujetos polimedicados, es necesario establecer una cantidad de agua diaria recomendada. Si no te encuentras en esas circunstancias, lo que aconsejo es que solo bebas cuando de verdad sientas sed; pero, cuando esto ocurra, hazlo de manera considerable. Retomando el efecto nadir, cuando la cantidad de agua baja, se activan una serie de mecanismos para solventarlo, entre ellos la producción de acuaporinas. Es maravilloso y casi mágico, ¿verdad?

La acrofase

En contraposición al efecto nadir se encuentra la acrofase, esto es, el parámetro que define el momento de máxima elevación de una sustancia en un patrón optimizado de su ritmo cronobiológico. Suena complicado, pero verás qué bien lo comprendes con un ejemplo. Por desgracia, se ha puesto de moda entre los deportistas —y los no deportistas— consumir una alimentación rica en hidratos de carbono de asimilación rápida. Esto es, comidas como pasta, arroz, pan, cereales, barritas energéticas… que incrementan de manera casi instantánea la glucosa en sangre. Existe la idea extendida de que los tejidos funcionan principalmente con glucosa, que sin este carburante los músculos se debilitan durante la realización del ejercicio y que el déficit de este sustrato energético es el responsable de la fatiga muscular, el aturdimiento y la debilidad.

La realidad va mucho más allá de este pensamiento mitológico y simplista y, de hecho, lo que genera es el efecto contrario al buscado. Que los alimentos con alta carga glicémica constituyan el grueso de la alimentación de un atleta durante el día de la competición o días previos, puede estar justificado en ciertas disciplinas deportivas, pero más allá de eso, es una de las mejores estrategias para disminuir el rendimiento y alejarlo de la fisiología del deporte, en cuanto a la obtención de energía y su transferencia se refiere.

Cuando la dieta es rica en este tipo de alimentos, lo único que conseguimos es aumentar los niveles de glucosa en sangre y, en paralelo, los de insulina. Las células, incluidas las neuronas, necesitan unos «transportadores» para poder pasar la glucosa desde la sangre al interior de sus membranas y así poder usarla como energía. Son los llamados GLUT-1. Se trata de una proteína que actúa como facilitador de la difusión de glucosa a través de la membrana plasmática de las células de los mamíferos. Haciendo una analogía, los GLUT-1 son los autobuses —el medio de transporte— que utiliza el organismo para transferir la glucosa desde el exterior al interior de las células.

Por otra parte, el cerebro y el tejido nervioso son tan importantes que están aislados del resto del cuerpo por una barrera. Es lo que se conoce en términos fisiológicos como barrera hematoencefálica (BHE). Podemos definirla de manera coloquial como «un tejido especializado constituido por un tipo de células que separan el contenido de la sangre del sistema nervioso». Estas células tienen una permeabilidad muy selectiva y solo van a dejar pasar aquellas sustancias que reúnan las características apropiadas. Son una línea defensiva de centinelas que controlan el paso de sustancias al interior del sistema nervioso.

Ya podrás imaginar que para que un medicamento tenga efecto sobre el tejido nervioso debe ser capaz de sortear esta línea defensiva. Es por esto por lo que algunos fármacos tienen una acción más profunda sobre el sistema nervioso que otros. Por ejemplo, un antidepresivo, un ansiolítico o un antiepiléptico son medicamentos con una capacidad elevada para burlar esta barrera porque es necesario que así lo hagan.

La transcendencia de la alimentación

Continuando con la analogía anterior, la barrera hematoencefálica posee «autobuses GLUT-1» encargados del transporte de la glucosa para suministrar sustrato energético al tejido nervioso. Pero la presencia de más o menos vehículos GLUT-1 —la mayor o menor expresión de GLUT-1— en la BHE está correlacionada con los niveles de glucemia —glucosa—. De este modo, cuanto más alta sea la concentración de glucosa en sangre, menor cantidad de autobuses GLUT–1 habrá. Es lógico. Si el nivel de glucosa está continuamente alto, no hace falta fabricar muchos transportadores para captarla, ya que el organismo entiende que no va a haber déficit de este sustrato y el suministro está asegurado. El organismo es ahorrativo *per se*.

De esta manera, la BHE se pregunta para qué va a consumir energía en fabricar autobuses —transportadores GLUT-1— si nunca va a tener problemas en el suministro de glucosa, pues el hipotálamo envía informes de que siempre está elevada dada la ingesta constante de pasta, arroz, pan, *pizza*, pasteles y barritas energéticas.

Los deportistas, o aquellas personas que abusan de este tipo de alimentos ricos en hidratos de asimilación rápida, se caracterizan porque presentan en la BHE una concentración de GLUT-1 disminuida. Esto no tiene mayor repercusión siempre que no haya un conflicto energético en el organismo.

Imagino que te estarás preguntando cuáles son, entonces, aquellos hidratos de carbono que deberíamos consumir de manera frecuente y que no generan estos problemas. La lógica dicta que sería preferible decantarse por los hidratos de carbono de asimilación lenta, también llamados celulares. Son todos aquellos que no producen un incremento rápido de glucosa en sangre —hiperglucemia— y, por tanto, no generan tampoco hiperinsulinemia. Estos se encuentran en aquellos alimentos en los que los azúcares literalmente están encarcelados en fibra, en lignina. Ello trae como consecuencia que, para que tengamos acceso a esos azúcares, las bacterias del intestino tendrán, en primer lugar, que degradar la fibra para que los jugos digestivos —amilasas— puedan metabolizarlos. Este hecho trae consigo una absorción lenta y estable de glúcidos en sangre.

Evidentemente, el primer requisito es que la microbiota intestinal sea en extremo saludable. Ahora podrás comprender que, si eres de esas personas a las que la lechuga le genera gases y digestiones pesadas, en lo primero que tienes que pensar es en que tu microbiota no es la adecuada, ya que no metaboliza esa fibra de manera correcta.

Los alimentos ricos en hidratos de carbono saludables —celulares o de asimilación lenta—, apropiados para consumir con frecuencia son aquellas raíces, verduras y tubérculos que tengan capas o círculos al partirse, por ejemplo, zanahoria, remolacha, puerro, cebolla, nabo, lombarda, espárrago… El problema es que, si los licuas o los trituras mucho, pierden esta propiedad. Por ello, si quieres mantener estable el nivel de glucosa y de insulina, es aconsejable que no tomes licuados, zumos y purés en general —al menos de tubérculos y frutas—. Obviamente, si tomas un zumo de limón cuyo contenido en azúcares no es muy alto, no vas a tener mucho problema, pero si lo haces de manzana, pera, piña… el nivel de glucosa se incrementará de forma considerable en sangre y será preciso realizar cualquier actividad física intensa para contrarrestarlo. En caso contrario, el organismo almacenará ese excedente de glucosa en forma de grasa.

Sí, te estoy diciendo que un zumo de manzana tiene en potencia más calorías y engorda más que comerse la fruta entera. ¿Y si el zumo es natural y casero? Esta es la pregunta del millón. Y yo siempre contesto: ¡¡las bombas caseras también explotan!! Parece que lo que hace la abuela o preparamos en casa siempre es saludable, ¿verdad?, por no hablar de lo que es natural o cogido por ti mismo del campo. Pues nada, nada, cómete una *Amanita phalloides* que es cien por cien natural y verás lo que tarda la de la guadaña en visitarte. En caso de que decidas tomarte la fruta o los tubérculos licuados, necesitas incrementar considerablemente tus pulsaciones. Si quieres buscar un efecto metabólico que haga justicia a tus excesos y a tus desafortunados hábitos, es imprescindible sudar un poco más. De este modo, para no incrementar tanto los niveles de glucosa en sangre, con los daños colaterales que esto provoca, debes evitar alimentos con carga glicémica alta —aquellos que incrementan con mucha rapidez la glucosa en sangre—, por ejemplo:

— dulces (incluidos los caseros, o incluso los preparados por la abuela),
— pan blanco,
— zumos,
— arroz no integral,
— pasta,
— bebidas azucaradas,
— purés con tubérculos o raíces (de patata, yuca, boniato, zanahoria…),
— chocolates de bajo contenido en cacao (menos del 85 %),
— golosinas.

Si deseas darte un capricho con este tipo de alimentos, lo óptimo es combinarlos con bastante verdura rica en fibra como espárragos, brécol y alcachofas, o carne, pescado, aguacate, frutos secos… ¿Estoy diciendo, en consecuencia, que engorda menos un arroz con un contenido generoso de carne o pescado, aguacate y unos anacardos, que si se ingiere solo? Pues sí, lo has entendido muy bien. Por favor, entierra en lo más profundo de tu cabeza de una vez para siempre que las grasas nos hacen engordar y nos enferman, así como los alimentos ricos en kilocalorías. Eso ya es un mito.

Esta afirmación no se aplica para aquellas personas que presenten algún polimorfismo genético que las predisponga o esclavice a un bajo gasto calórico cuando hacen ejercicio —polimorfismos en genes ADIPOQ, ADRB—; a una alta tasa de lipogénesis —polimorfismos en genes IRS, PPARg, INSIG 2—, o a un mal control del apetito —polimorfismos en los genes LEP, LEPR, 5THR2A, FTO—.

Los estudios que permiten establecer si se tiene algún polimorfismo genético están cada día más extendidos y son más asequibles desde un punto de vista económico. En mi propia consulta se realizan con mucha frecuencia en aquellos sujetos que consideramos que pueden presentarlos y son de gran ayuda a la hora de establecer una estrategia de tratamiento.

De este modo, son la resistencia a la insulina y a las distintas sustancias que controlan el apetito, la microbiota y ciertos hábitos de vida los que nos hacen enfermar y engordar. Si no confías en mis palabras, te reto a que lleves durante tres meses el estilo de vida intermitente desde el punto de vista de la psiconeuroinmunología clínica que propongo en este libro, y compruebes los resultados. Creo que te sorprenderá de manera grata. Si, por el contrario, quieres enfermar con comodidad, sigue en la línea de nuestras sociedades occidentalizadas actuales y no cambies nada de lo que estás habituado a hacer. Como dije al inicio de este libro, antes o después terminarás por pagarlo.

Retomemos el efecto acrofase. Imagina ahora a un maratoniano que lleva una alimentación rica en estos alimentos que liberan la glucosa de manera súbita. El día que corra la maratón sus músculos van a demandar una cantidad de energía increíble. Cuando los músculos necesitan energía se lo dicen al resto del cuerpo mediante la secreción de una sustancia llamada interleucina 6 (IL-6). Esta señal química sirve para que ese órgano en concreto se convierta en un privilegiado en el reparto energético. Mientras esté secretando a sangre IL-6 tiene prioridad energética.

¿Te has preguntado alguna vez dónde almacenamos la energía en el cuerpo? Se hace en forma de grasa y de glucógeno —glucosa modificada de forma química para poder ser acumulada—. Una persona media suele tener unas reservas de unos cuatrocientos noventa gramos de glucógeno que están repartidos de la siguiente manera:

— Unos cuatrocientos gramos están presentes en el músculo. Existen otros depósitos de energía muy escasos que están en el propio músculo, que son la fosfocreatina y el ATP. Estos dos últimos reservorios nos sirven para realizar ejercicios de muy corta duración (unos pocos segundos), pero de mucha intensidad. Evidentemente, no es el sustrato energético que utiliza un maratoniano durante una carrera.

— Unos noventa gramos se almacenan en el hígado. Pero ¿y la grasa? ¿Cuánta grasa podemos almacenar? Por desgracia, para esa no hay límite y se guarda en los adipocitos, con lo que es posible que se genere una excesiva cantidad de tejido graso y se llegue al sobrepeso.

La pregunta que deberíamos hacernos es cuál es la energía que utilizamos en primera instancia durante un ejercicio físico de larga duración. El organismo comienza a usar aquella con un acceso más cómodo y fácil, esto es, la glucosa plasmática —la que viaja en sangre—. Mientras se alimenta de esta fuente, va transformando más glucógeno en glucosa gracias a la gluconeogénesis. Sin embargo, como hemos explicado, las reservas de glucógeno son limitadas, por lo que cuando comienzan a disminuir deberíamos usar la grasa como fuente energética. El cuerpo nunca va a permitir que se agote por completo ningún reservorio energético. Es un sistema de seguridad. El cerebro reptiliano prevé que quizás, después de correr durante tres horas, en última instancia, podríamos tener que usar glucógeno para trepar a un árbol y ponernos a salvo de un depredador. Por tanto, siempre dejaremos una reserva, aunque sea pequeña. A esto se le conoce como el *wasting limit*.

El organismo es tan extraordinario que, si hacemos ejercicio extremo durante un tiempo prolongado y comienzan a mermar las reservas de glucógeno y grasa de los músculos de los miembros inferiores, se derivará energía del tórax y miembros superiores a las piernas antes de llegar al *wasting limit*. Dicho de manera coloquial, correr durante mucho rato y de manera frecuente te hará perder peso del tórax y de los brazos también.

Lo curioso es que el glucógeno hepático está disponible para cualquier tejido que lo necesite o demande, o simplemente para mantener los niveles de glucosa estables. De forma opuesta, el glucógeno muscular, debido a la ausencia en el músculo de una enzima —glucosa 6 fosfatasa— que permite la salida de glucosa a la sangre, no abandona el músculo. Es decir, el glucógeno, y, por tanto, la glucosa almacenada en el sistema muscular, es para el músculo. No comparte su glucosa con nadie por motivos de seguridad. Lo que ocurre en el músculo se queda en el músculo. ¡Menudo es él!

Regresemos a nuestro maratoniano que tiene la mala costumbre de alimentarse con pasta, arroz y zumos; está realizando una carrera, sus músculos han liberado IL-6, han demandado mucha energía, han obligado a transformar gran parte de las reservas de glucógeno en glucosa y ahora comienza a escasear el glucógeno.

Podríamos pensar que lo lógico sería que su cuerpo transformara las grasas en glucosa a través de una vía metabólica conocida como la beta-oxidación de las grasas. Pero esta ruta no puede llevarse a cabo si la insulina está ligeramente alta en sangre o si la maquinaria para convertir la grasa en glucosa está apagada porque nunca hacemos deporte en ayunas. ¿De dónde saca ahora combustible?

Mientras el músculo esté liberando IL-6 vamos a obtener energía de cualquier sustrato que se pueda transformar en glucosa. En este caso usará las proteínas. ¿Habrá posibilidad de que el cuerpo degrade los propios músculos para obtener energía? Rotundamente, sí. Esto aumenta las probabilidades de sufrir roturas musculares, tendinitis, fatiga muscular…

Cuando llega ese momento en el que el glucógeno escasea —y, por ende, la glucosa— y el sistema muscular está demandando energía por el ejercicio físico, la barrera hematoencefálica entra en juego; ¿la recuerdas? El número de autobuses GLUT-1 será escaso debido a los continuos niveles altos de glucosa en sangre, mediado por este tipo de alimentación. ¿Quién se queda, en consecuencia, sin suministro energético? El cerebro, algo que no debería suceder jamás, puesto que este órgano ocupa el primer escalafón en nuestra jerarquía de sistemas.

En ese momento, el maratoniano empezará a tener pensamientos negativos; luego padecerá fatiga, cansancio, aturdimiento, mareo y, por último, no tendrá más remedio que abandonar la carrera. Esto es lo que por lo general se conoce con el nombre de pájara, pero que en términos científicos lo conocemos como neuroglicopenia. O, lo que es lo mismo, un déficit de GLUT-1 en la BHE y, por tanto, de energía. Resulta interesante resaltar que, si a nuestro atleta le medimos sus niveles de glucosa en sangre, estará normal o incluso más elevada de lo habitual.

Que una persona sana tenga hipoglucemia sanguínea mientras practica deporte es fisiológicamente imposible —no hablamos de personas diabéticas, que tienen mermada la capacidad de regulación de glucosa en sangre—, ya que contamos con un verdadero arsenal de hormonas que se encargan de elevar los niveles de glucosa en una situación de estrés.

Un ciudadano occidental medio justifica ingerir alimento antes de ir al gimnasio asegurando que tiene miedo a marearse si practica ejercicio en ayunas. Por el contrario, el cerebro, en su programa ancestral, tiene grabado que para poner en marcha la maquinaria muscular es preciso que escasee el alimento, la energía, el agua o el cobijo donde refugiarnos. ¿Ves la contradicción entre las ideas preconcebidas y el funcionamiento real del organismo?

Tendemos a pensar que el ser humano ha evolucionado desde hace cien mil años, pero siento comunicarte que desde un punto de vista genético, bioquímico, inmunológico y endocrino somos iguales. Lo único que hemos cambiado es el contexto. Seguimos siendo primates, pero vestidos de manera elegante y alejados de los estímulos que fraguaron los genes.

Si no tenemos esto en cuenta, enfermaremos. Si no tenemos esto en cuenta, los hábitos y nuestra forma de vida nos matarán. Recuerda entonces lo siguiente:

— Si abusas de la glucosa (azúcar), si bebes agua sin sed, si generas mucho cortisol o simplemente se incrementan los niveles en tu organismo de algo, empezarás (como mecanismo de seguridad) a perder la sensibilidad para esa sustancia y se alterará, por tanto, su transporte, captación y metabolismo. Esto se traduce en una patología.

— Si te ciñes a escuchar las sensaciones que te despierta tu cuerpo y comes solo cuando tienes hambre, bebes cuando estás realmente sediento, evitas el estrés prolongado, etc., los receptores y la sensibilidad para los componentes químicos que gobiernan tu vida funcionarán a la perfección y esto se traduce en salud.

¡Aviso de nuevo!

¡Toca levantarse! ¡Arriba!

Llevas demasiado tiempo en modo reposo. Te espero de vuelta en dos minutos ;).

El *SOFTWARE* HUMANO

7

Cómo evitar los grandes errores

En este punto, y aunque ya lo has ido viendo a lo largo de las páginas anteriores me gustaría destacar el inmenso poder de la pregunta, que es una de mis herramientas preferidas. Cuestionarnos las cosas nos saca de nuestra zona de confort; las preguntas actúan como pequeños movimientos sísmicos que nos despiertan y ayudan a buscar otro punto de vista diferente, pero, sobre todo, nos empujan a plantearnos si en verdad es tan absoluto aquello que damos por hecho, eso que hemos asimilado como verdades inamovibles. La pregunta nos ayuda a abrir nuestra mente y, en especial, a aprender. De modo que permíteme que inicie el capítulo de este primer componente de la salud, la energía, planteándote una serie de interrogantes.

Antes de que me respondas quiero que sepas que todas las respuestas están basadas en el mismo principio: la energía.

La energía: desde la fertilidad hasta el sobrepeso

¿Por qué comes?

Ingerimos alimentos porque las células nos envían un mensaje cuando estiman que el nivel de energía está comenzando a descender. Es decir, son las células las que tienen sensación de hambre.

El ser humano está compuesto por un grupo de células organizadas y bien comunicadas entre sí, concretamente, unos 37,2 billones de células, ¡una gigantesca montaña! Estas células están reguladas por el hipotálamo.

¿Qué haríamos sin el hipotálamo, ese guardián que vela por nuestra supervivencia y no nos pregunta antes de tomar una decisión? Yo te lo digo: estaríamos extinguidos como especie y, si lo dudas, solo tienes que asomarte a los juegos y los desafíos que se ven en las redes sociales….

Nuestro amado y necesario hipotálamo es, en consecuencia, quien nos despierta el hambre si no hay energía o si estima que no la hay. Por otro lado, cuando considere que la energía aportada es suficiente, provocará sensación de saciedad para que detengamos la ingesta. Un gran sabio, el amigo hipotálamo.

Adquirimos la energía que necesitamos a través de los alimentos que ingerimos. Estos alimentos contienen grasas, hidratos de carbono, proteínas, vitaminas y minerales… Pero también, por desgracia, presentan conservantes, colorantes, aglutinantes, espesantes y miles de nuevas sustancias químicas que hemos incorporado en la alimentación en este último siglo y que el organismo no reconoce como nutrientes.

Parte de estos alimentos ingeridos se transforma en ATP, que son las siglas que utilizamos para denominar a una molécula llamada adenosín trifosfato, que es, básicamente, la moneda de cambio universal cuando hablamos de la energía que necesitan cada una de las células del cuerpo para funcionar. Este ATP —energía— la usamos para movernos, para pensar, para producir calor… Es la molécula de la vida.

Como ya he comentado, cada uno de nosotros está constituido por una cantidad enorme de células comunicadas y organizadas entre sí, pero independientes desde un punto de vista energético; cada célula debe producir su propia energía.

Cuando las células necesitan realizar una función, rompen dichas moléculas de ATP para liberar la energía contenida en sus enlaces y así alimentar las reacciones químicas necesarias para realizar sus propósitos. De este modo, la grasa, los hidratos de carbono y las proteínas son la madera con la que alimentar la hoguera que nos hace mantenernos vivos. Sin embargo, la célula no entiende de grasas, proteínas… Continuando con el símil de la hoguera, es preciso que la leña esté bien cortada y tratada para poder quemarla. Por tanto, en el ámbito celular no podemos hablar de, por ejemplo, hidratos de carbono porque para la célula son unas estructuras muy grandes que no se pueden utilizar para obtener energía. Es como si tienes una chimenea pequeña y pretendes quemar el tronco entero de un pino. Primero deberás trocearlo, quitarle las ramas y obtener leña de un tamaño adecuado para poder encender un fuego y calentarte. Es por eso por lo que, al alimentarnos, el aparato digestivo debe transformar estas macromoléculas en partículas pequeñas y manejables y, así, obtener ATP. De este modo, las grasas se convierten en ácidos grasos; las proteínas, en aminoácidos, y los hidratos de carbono, en monosacáridos. Estas partículas más pequeñas pueden atravesar las membranas celulares y combustionar para obtener energía. Hemos dividido el tronco en pequeñas astillas.

Las intolerancias: el gran problema del siglo XXI. *La importancia de las enzimas digestivas*

Las responsables de esta transformación son unas sustancias que se denominan enzimas digestivas. Cuando tenemos déficit de alguno de estos elementos, no podemos fragmentar ciertas moléculas y eso puede derivar en numerosos problemas, como las intolerancias alimenticias. Conviene no confundir una intolerancia con una alergia. La primera no implica, en primera instancia, la acción del sistema inmune, mientras que la segunda, sí.

Cuando a un paciente le diagnostican una intolerancia, lo que en realidad le están comunicando es que tiene déficit de la enzima que se encarga de fragmentar esa sustancia o alimento. ¿Eres intolerante a la lactosa? ¿Qué te están diciendo? Pues, sencillamente, que tu capacidad para producir lactasa —la enzima que fragmenta la lactosa— está disminuida o inhibida.

La lactosa es el principal hidrato de carbono de la leche. Es un disacárido, es decir, un azúcar formado por dos monosacáridos —glucosa + galactosa—. Esta estructura, aunque pequeña, sigue siendo grande para las células. Cuando compras leche sin lactosa están adquiriendo un producto al que le han añadido de manera artificial lactasa, por lo que la glucosa y la galactosa ya están separadas.

Podemos concluir que el primer requisito para poder generar energía, no padecer cansancio, mantener un buen funcionamiento de tus órganos, tener lucidez mental, evitar la fatiga al final del día, lograr un buen rendimiento deportivo y, en definitiva, para tener salud, es tu capacidad de fragmentar los alimentos para tener la leña preparada para la hoguera celular.

En algunas ocasiones, la intolerancia se presenta en el momento del nacimiento, pero también es posible adquirirla a lo largo de la vida, y una de las principales maneras de desarrollarla es no mantener una alimentación variada, sino comer habitualmente los mismos alimentos. Ser repetitivos a la hora de alimentarnos es casi asegurarnos una intolerancia, ya que se genera un incremento de un sustrato para una misma enzima. Asimismo, también sufriremos de intolerancias si presentamos déficit de ciertas vitaminas como la B, de minerales como el zinc o de oligoelementos, ya que las enzimas no trabajan solas. Necesitan de estas sustancias que las ayudan en el proceso.

El ser humano tiene tres fuentes de producción de enzimas digestivas: el intestino delgado, el páncreas y la microbiota —no subestimes a esta última—. La creación de enzimas por parte del páncreas constituye una de sus principales funciones: la exocrina, que es la más olvidada por la medicina pese a que supone el 95 % de su trabajo. Sin enzimas digestivas no hay posibilidad de absorción de nutrientes: no hay energía, no hay vida.

¿Cómo puedes saber si tienes una buena capacidad para producir enzimas digestivas? El déficit enzimático trae consigo una sintomatología muy característica que podrás reconocer con facilidad. Si presentas algunos de estos síntomas, podrías pensar que estás padeciendo un déficit enzimático:

— digestiones lentas,
— gases,
— reflujo,

— sensación de hinchazón abdominal,
— posible estreñimiento,
— posible diarrea,
— presencia de restos de alimentos sin digerir en las heces (granos de maíz, piel del tomate, pimiento, lentejas…),
— heces malolientes,
— náuseas,
— acné,
— picor en la piel,
— eccemas.

Alimentos como la piña o la papaya son ricos en enzimas digestivas, aunque, si te han diagnosticado intolerancia alimenticia, te aconsejo que tomes durante un par de meses un complejo enzimático que podrás adquirir en cualquier herbolario o parafarmacia. Asegúrate de que tenga una buena diversidad y concentración de, al menos, las tres familias de enzimas digestivas —proteasas, lipasas y amilasas—. El *wasabi* y el brócoli te ayudarán a la estimulación endógena de enzimas. Además, beber un zumo de limón rebajado con un poco de agua durante las comidas también es beneficioso. Tómalo con una pajita o cañita para no dañar el esmalte de los dientes. Ten presente que el estrés crónico —el cortisol elevado— genera una inhibición de la fabricación de enzimas digestivas. El estrés genera intolerancias.

¿Por qué hay días que estás cansado y sabes de antemano que no podrías correr cinco kilómetros, ni siquiera dar un paseo largo? ¿Por qué cuando enfermas estás tan cansado?

Glucosa e insulina: ¿amigos o enemigos?

La respuesta es sencilla: tu cerebro ha estimado que no hay suficiente energía en la reserva.

Cuando ingieres alimentos —sobre todo, los ricos en hidratos de carbono—, los niveles de glucosa se incrementan en sangre. El páncreas es el encargado de aclarar dicha glucosa —lo que se conoce como azúcar— o, dicho de otra manera, retirarla del torrente sanguíneo, ya que en cantidades elevadas resulta muy dañina.

Para realizar esta función, el páncreas secreta a la sangre insulina, y será esta la que, por un mecanismo complejo, active a nuestros conocidos «autobuses» transportadores de glucosa, la línea GLUT-4, autobuses que se encuentran principalmente en el adipocito y en la musculatura. Esto se hace para introducir la glucosa en estos tejidos y que sea almacenada en forma de grasa o de glucógeno. Cuando comes unos bombones, un pastel, un plato de arroz, pasta, pan o patatas, por ejemplo, y no haces ejercicio después, la insulina guarda el azúcar en los adipocitos, los transforma en grasa y engordas.

El adipocito y la célula muscular presentan en su membrana multitud de receptores para la insulina destinada a guardar reservas energéticas. Pero el resto de las células del organismo también presentan receptores insulínicos. Sin embargo, la insulina en el resto del organismo no realiza esa función de almacenaje en forma de grasa o glucógeno; por el contrario, es inductora del crecimiento celular, entre otras funciones.

Si los receptores son bombardeados continuamente por insulina, se ven obligados a perder sensibilidad, o incluso a desaparecer, ya que provocarían, por ejemplo, un sobrecrecimiento celular hasta tal punto que podríamos llegar a medir más de cuatro metros. Dicho de otra manera, cuando la célula recibe glucosa de forma exponencial, se «defiende» de esa posible sobredosis tóxica haciendo desaparecer o insensibilizando los receptores de la insulina. A esto se le conoce como resistencia a la insulina.

Una de las hormonas que informa al hipotálamo de nuestras reservas energéticas es, cómo no, la insulina. En el hipotálamo existe un pequeño núcleo —conjunto de neuronas— denominado arcuato, muy rico en receptores de insulina. Es el encargado de controlar el apetito y gran parte de nuestra sexualidad. Cuando la insulina se acopla, el hipotálamo deduce en ese momento que hay suficiente glucosa en sangre y, *de facto*, energía, por lo que inhibe el apetito. La insulina, si funciona bien, es una sustancia anorexigénica —inhibidora del apetito—.

Si una persona tiene una alimentación muy rica en hidratos de carbono de asimilación rápida —es decir, que elevan los niveles de glucosa en sangre con mucha rapidez—, sus niveles de glucosa serán habitualmente altos.

Como referencia, en los países occidentalizados, el consumo actual de glucosa es de unos setenta gramos por persona y día —datos extraídos del Estudio Anibes—, frente a los seis o siete gramos de la era Paleolítica. Los receptores hipotalámicos para dicha insulina van a ir perdiendo sensibilidad como mecanismo de protección. El verdadero problema surge cuando el hipotálamo —como sus receptores de insulina han perdido sensibilidad— interpreta que no hay suficiente glucosa ni energía —aunque la haya—, por lo que incitará a comer aún más a ese sujeto. Esa es una de las causas del incremento de la obesidad y del sobrepeso.

Después de lo que te he explicado entenderás por qué hay un gran sector de la población que, aunque es obesa o padece de sobrepeso y tiene un excedente de energía almacenado —mucha grasa—, no tiene la suficiente fuerza de voluntad para disminuir su ingesta de alimentos. Por tanto, cuando veas a una persona obesa, no pienses la típica frase de: «¿Pero es que no se mira en el espejo? ¡¡¡Yo antes de estar así me muero de hambre!!!».

Si fuese todo tan sencillo... Lo que tienes que pensar es que su conducta alimentaria está mediada por esta resistencia a la insulina, que no hará otra cosa que no sea incitar a esa persona a comer y comer, ya que su cerebro estima que no hay energía.

Cuando no hay energía o el cerebro estima que no la hay, la toma de decisiones por parte de la consciencia será nula. Siempre prevalecerá la supervivencia. En la supervivencia no existen las medidas a largo plazo. Evolutivamente, a la hora de salvar el pellejo, lo único que importa es el ahora. Ya mañana, cuando vengan los problemas, los solventaremos.

Aún hay más; la resistencia a la insulina no solo provoca la necesidad de comer, también va a provocar en el sujeto una conducta ahorrativa de energía. Es el motivo por el que a estas personas no les apetece nunca hacer deporte. Más aún, como la crianza de los hijos supone un gasto considerable de energía —y el cerebro lo sabe—, este problema provocará a su vez una merma de la fertilidad. ¿Entiendes ahora la relación anatómica directa entre el núcleo que controla el apetito y el sexual? Por ejemplo, uno de los primeros síntomas en las mujeres con anorexia es la amenorrea —falta de menstruación—. Su organismo sabe que no posee la energía suficiente para poder aguantar un embarazo y enfrentarse a la crianza de un niño. Existen muchas parejas que no pueden tener hijos y aparentemente no tienen problemas ninguno de los dos. Detrás de ello pudiera estar la resistencia a la insulina y a la leptina.

Para que la insulina señalice bien al hipotálamo y pueda ejercer sus funciones de manera correcta, necesita de una secreción espaciada en el tiempo para que sus receptores conserven su sensibilidad. No hay peor hábito que el de comer cinco veces al día, por no hablar del continuo picoteo. Si quieres aumentar el riesgo de enfermar, solo tienes que comer con mucha frecuencia. Ya, ya lo sé… Sí, léelo si quieres otra vez y mil veces más. Pero yo te pregunto: ¿cuándo el ser humano ha comido cinco veces al día? Por favor, no tengamos esta visión proximal del tiempo. ¿Cuándo el ser humano, sin gastar una sola kilocaloría, ha consumido miles de ellas? ¿Quieres desestabilizar a tu organismo? Pues solo tienes que ir a la cocina, abrir la nevera, cocinarte algo —o elegir algo precocinado— y zampártelo. Y si no, para rizar el rizo, ni eso; llama a una de esas empresas que están proliferando como setas que te llevan la comida a casa… Ni te molestes en hacer la compra y cocinar. Y tu cerebro mientras estará diciendo: «Toc, toc, ¿qué pasa? ¿Hoy no nos movemos antes de comer? ¿Hoy no gastamos energía antes de consumirla?». Pues ya me explicarás en la cuenta del debe y el haber los resultados de la contabilidad del día. ¡Madre de Dios!, mejor no saberlos. Por eso, la frase «no debería haber alimento sin movimiento» tendría que grabarse en las puertas de todos los frigoríficos del mundo. Y respetarlo. La frase no es mía, pero el consejo, sí.

La glándula tiroides

Otro motivo por el que te puedes sentir cansado habitualmente es porque tu tiroides no funciona de forma correcta. La tiroides es una glándula que se encarga de dar permiso a las células para que gasten energía. Si no lo otorga, entras en estado de cansancio y agotamiento. El tiroides regula entre el 40 y el 45 % de toda la energía.

Son muchos los factores que pueden provocar que este órgano funcione de manera incorrecta: falta de yodo, de selenio, de hierro, de vitamina A, de zinc… Incluso las situaciones de estrés —físico o psicoemocional— prolongado en el tiempo o un sistema inmune alterado. A la falta de actividad del tiroides se la conoce como hipotiroidismo y cursa con alguno, o varios, de los siguientes síntomas: cansancio, sobrepeso, estreñimiento, anemia, alteración de los niveles de glucosa o colesterol en sangre, adormecimiento de las manos, intolerancia al frío, caída del cabello… No es necesario tenerlos todos para sospechar un fallo tiroideo; pero si presentas dos o tres de ellos, te aconsejo que te hagan una analítica profunda de tiroides y sus anticuerpos.

La enfermedad y la energía

De modo que si un día te levantas y no tienes fuerza porque tu cerebro estima que no hay energía, quizás alguien te la está robando. Cuando tienes la gripe, cualquier patología infecciosa o situación en la que el sistema inmune esté activo, te sentirás un poco cansado, cansado, muy cansado o extremadamente cansado. Todo va a depender del grado de activación del sistema inmune: de tu ejército. Como veremos más adelante en el capítulo del biorritmo, el sistema inmune suele ser el responsable de esos cansancios diurnos. Y es que el sistema inmune —como cualquier ejército— cuando se activa consume muchos recursos y es el que más frecuentemente te roba la energía.

De modo que el primer paso para reponerte de una enfermedad crónica es recuperar la energía. Sin energía no tomas decisiones correctas, no hay capacidad de recuperación. La finalidad de los tratamientos que te aplican, por ejemplo, cuando vas al fisioterapeuta —estiramientos, masajes, ondas de choque o láser— es incrementar la microcirculación de los tejidos —el tropismo— y así mejorar el balance energético en el tejido dañado. Por tanto, tampoco olvides la importancia de la microcirculación sanguínea, ya que es la encargada de transportar el oxígeno y los nutrientes a las células. Cuanto menos flujo sanguíneo haya, más cansancio sentirás. Para asegurar este flujo, nada como el deporte.

¿Qué significa fallecer de un fallo multiorgánico? ¿Por qué cuando morimos el cuerpo adquiere un alto nivel de rigidez? ¿Por qué es tan desagradable pasar frío o calor?

¿Qué ocurre cuando todo falla?

Morir de fallo multiorgánico es sinónimo de afirmar que el sistema inmune se ha activado de una manera tan intensa o prolongada en el tiempo que le ha robado la energía al resto de órganos y estos han colapsado. ¿Es el sistema inmune el que nos mata cuando certifican que hemos sufrido un fallo multiorgánico? Definitivamente, sí.

Cuando el organismo se comporta de forma correcta, hay un reparto de energía adecuado y cada sistema recibe lo necesario para atender su función. Sin embargo, cuando existen problemas, puede que un sistema coja la vara de mando del reparto energético y deje a los demás sistemas sin suministro.

Rigidez cadavérica, el rigor mortis

Cuando fallecemos, los músculos se vuelven rígidos y aparece el *rigor mortis*. Aunque te resulte extraño, un músculo invierte más energía en relajar sus fibras que en contraerlas. Por ese motivo cuando la sangre ya no circula, no hay oxígeno y las células dejan de producir energía, los músculos no pueden relajarse y entran en ese estado de rigidez. Cuando un músculo se contractura una y otra vez, y da igual que tomes medicación, que vayas al fisioterapeuta, que te pongas la manta eléctrica o que lo estires treinta veces al día, la contractura vuelve, piensa que algún sistema le tiene que estar robando la energía a ese músculo o no le llega suficiente sangre.

Frío y calor

Estamos supeditados y esclavizados al mantenimiento de la temperatura corporal. El hecho de ser seres de sangre caliente nos obliga a tener una homeostasis —equilibrio— térmica. La regulación de la temperatura es una de las principales funciones del hipotálamo y del sistema neuroendocrino. No obstante, es algo que supone un gasto energético muy elevado. Ante una situación de frío o calor, la sensación de incomodidad se incrementa a merced de los grados de temperatura que bajan o suben por encima de nuestra zona de confort térmico, de 21 °C en invierno y de 26 °C en verano. El cerebro nos penaliza para que huyamos de aquello que nos provoca derrochar energía, en este caso, la que necesitaríamos para regular la temperatura.

Por el contrario, cuando en un día de calor encendemos el aire acondicionado, el cerebro nos premia con placer —«hummmm, qué gusto», nos dice—. ¿Cuál es el problema? Que si nunca sometemos al organismo a desafíos de frío y calor, y no mantenemos activos estos sistemas de termorregulación, enfermaremos como ya hemos visto. Los avances tecnológicos que suplantan una función fisiológica natural solo deben ser utilizados de forma correcta y moderada.

La producción de ATP en las mitocondrias depende de unas proteínas —enzimas— que son muy muy sensibles a la temperatura corporal. Cuando el organismo no tiene la posibilidad de mantener la temperatura alrededor de los 37 o 37,2 °C estas enzimas no trabajan correctamente y dejan de producir energía —se desnaturalizan—. Es por ello por lo que debemos entrenarlas con exposición al frío y calor de manera intermitente. De lo contrario, cuidado con hacer actividad física en verano o en invierno a temperaturas un poco extremas porque la producción de energía (ATP) en los tejidos se verá comprometida.

Si tus gemelos dejan de producir suficiente energía, te podrá dar un calambre en la pantorrilla y te dolerá, pero como sean las células de tu corazón o de tu cerebro las que sufran este cuadro, que te pille confesado o con un hospital bien cerca. La muerte por golpe de calor cada día está más presente en los informativos.

Lógico, queremos vivir saludables y en confort absoluto, y eso es imposible hoy en día. Taládratelo en el coco.

Evidentemente, para incrementar la producción de ATP necesitas mejorar el número de mitocondrias en las células —la densidad mitocondrial—. Para ello hay muchas estrategias, pero la mejor, sin duda, es hacer ejercicio físico, soportar un poco de frío y ayunar. Y si lo combinas todo, y haces ejercicio en ayunas y en un ambiente fresquito, activarás la expresión de un factor de transcripción para la biogénesis mitocondrial que se llama PGC-1 alfa y entonces las mitocondrias brotarán como los champiñones. ¡Anímate!

¿Por qué resulta tan apetitoso el olor a pan recién hecho, el de una confitería o el del jamón?

El olor a pan, jamón, confitería, tortilla… te puede hacer salivar y, cuando comes alguno de ellos, te generará placer. Son alimentos hipercalóricos, es decir, son energía en potencia y el cerebro genera dopamina con su consumo o, incluso solo con olerlos.

El problema es que este sistema de recompensa también se generó hace miles de años, cuando el ser humano precisaba de desplazamientos para conseguir los alimentos. La regla era sencilla: para obtener energía, había que gastarla —recuerda el cartel que hemos colocado en el frigorífico—. El balance del debe y el haber estaba siempre igualado. Hoy no ocurre lo mismo. Poca gente hace deporte antes de comer o después. Pocos son los que piensan que deben gastar parte de la energía consumida. Y eso es un grave problema.

Todo es energía: la clave de la supervivencia

Si lo piensas detenidamente, llegarás a la conclusión de que todo gira en torno a la energía. Un porcentaje muy alto de lo que haces a lo largo del día tiene como finalidad última la obtención de energía. O si no, ¿por qué te levantas todos los días para ir a trabajar? Porque necesitas dinero para cambiarlo por comida, que te aportará energía. Dinero para pagar la luz y el gas, para comprar ropa para abrigarte, con el consiguiente ahorro de energía de tu cuerpo respecto a la termorregulación. Dinero para pagar el gimnasio, algo que te hace sentir bien, entre otras cosas, porque el deporte facilita la fabricación de energía. Dinero para tener una vivienda donde resguardarte del frío y del calor y poder descansar para recuperar energía cada día. Dinero, como diría el maestro Sabina, «el único Dios verdadero». Pero como ya sabes que el dinero es igual a energía, la energía es en realidad el único Dios verdadero. Al final, todo se reduce a la energía. Tú eres pura energía. Tu esencia es luz. ¿No me crees?

Cierra los ojos. Activa tu microscopio mental y visualiza tu cuerpo en tu mente. ¿De qué está compuesto tu organismo?, de órganos. ¿Y tus órganos?, de tejidos. ¿Y tus tejidos?: de células. ¿Y tus células?: de moléculas. ¿Y tus moléculas?: de átomos. ¿Y los átomos?: de partículas subatómicas… Y si hacemos chocar estas partículas subatómicas en un acelerador de partículas como el LHC, situado cerca de Ginebra, ¿qué se obtiene? Pues, entre otras cosas, fotones. Luz. Pero no hace falta activar el microscopio mental para entender esto. ¿De dónde crees que procede el calor que emites? ¿O el que generas cuando tienes fiebre? Ese calor es luz infrarroja. Autores como Scheminzky, Gurwitsch, Popp, Kaznachevev o Slawinsky han puesto de manifiesto que los seres humanos producimos luz en cada una de nuestras células. Es más, si no producimos luz ultravioleta no es posible la división celular. Cada célula está generando ondas electromagnéticas (luz) las 24 horas del día. ¿Entiendes ahora por qué la interacción con las ondas de los dispositivos electrónicos nos puede generar tanto daño?

El cuerpo es energía colapsada, materializada. Si lo estudiamos desde la mecánica cuántica, cuando la materia desaparece —al morir—, la energía, nuestra información, pasa al estado de onda electromagnética, lo que supone que seguiríamos vivos, pero en otro estado energético. Bueno, ahí te lo dejo por si quieres indagar en el tema. No olvides que la energía mueve el mundo. El mundo… y, ahora ya lo sabes, al cuerpo.

Ahora que te he explicado cómo funcionan algunos sistemas en el organismo y te he dado algo de soporte fisiológico y científico para catapultar a los hábitos de vida al puesto número uno en los factores de riesgo de casi la totalidad de las enfermedades descritas, quiero describirte cómo impactan en tu salud algunos de los hábitos de tu día a día para que consideres tu situación y puedas modificar aquello que te esté haciendo daño y que posiblemente te esté mermando calidad de vida o la propia vida. He invertido tiempo en esta primera parte del libro para intentar explicarte el porqué de las cosas, ya que si quiero inducir en ti un cambio de conducta, estimo que te resultará más fácil si entiendes el porqué. Si quieres ser el responsable de tu salud tendrás que conocer estos mecanismos. Gracias por recorrer conmigo este primer trayecto del viaje. Seguimos adelante.

¡Aviso de nuevo!

¡Toca levantarse! ¡Arriba!

Llevas demasiado tiempo en modo reposo. Te espero de vuelta en dos minutos ;).

8

El biorritmo. La importancia de la luz. El cerebro *RED*-tiliano

Hoy, miércoles 13 de enero, a las 18:00 horas, cae la noche y la ciudad se va volviendo, al fin, cada vez más silenciosa. El tráfico disminuye, casi desaparece. Las grandes avenidas se empiezan a despejar; las plazas abarrotadas hasta hace pocas horas de gente y de puestos ambulantes de artesanía y comida se empiezan a quedar vacías. La luz del sol ha desaparecido entre los edificios, ya no suenan los cláxones de los vehículos ni las sirenas de los coches de policía o de las ambulancias. Todo se enlentece. Se encienden las farolas, los letreros luminosos de los comercios, los faros de los coches… y en las ventanas y balcones se aprecia la iluminación de los hogares. Ha terminado el día natural para dar paso al artificial.

Cada persona va buscando el camino de regreso a casa después de la jornada de trabajo. En unas horas el grueso de la población habrá cenado y estará viendo algo en la televisión, consultando sus correos en la *tablet* o chateando desde el móvil.

Quizás tú no formes parte de este grupo de sujetos y a estas horas estés jugando un partido de pádel, entrenando con tu equipo de fútbol o aprovechando el tiempo libre para salir a caminar o para quedar para cenar con esos amigos que no ves desde hace tiempo. Sea como fuere, desde que se ha ido la luz solar, tu organismo se está preparando para comenzar la conciliación del sueño, para dormir.

El 21 octubre de 1879, en Menlo Park (Nueva Jersey), Thomas Alva Edison hizo brillar durante cuarenta y ocho horas uno de sus principales inventos: la bombilla incandescente. Ese día, sin saberlo, sumió al mundo en el mayor de los problemas de salud jamás vividos: la cronodisrupción. La ruptura del biorritmo humano.

Hasta la aparición de la bombilla, el hombre pasaba el 90 % de su tiempo bajo el sol, mientras que en la actualidad no excedemos el 10 %. El ser humano es el único ser vivo de la Tierra que ilumina la noche, que rompe voluntariamente su biorritmo, que sacrifica horas de sueño de forma consciente. Es aquel con el cerebro más evolucionado, pero el más descerebrado.

El tictac de la vida

Podemos describir el biorritmo como un periodo de tiempo cíclico y constante que marca el desarrollo de una serie de procesos fisiológicos que interfieren en nuestra bioquímica, nuestra física y en los procesos mentales y emocionales. El biorritmo puede ocupar periodos de tiempo de horas, días, semanas, meses, años... El más nombrado y conocido es el circadiano, del latín *circa*, «alrededor de» y *dies*, que significa «día». Alrededor del día.

El biorritmo circadiano está regulado y sincronizado por una serie de genes o familias de genes, criptocromos (CRY 1-9), periodos (PER 1-3), *clock, bmal1, timeless* y *doubletime*. Ellos controlan el comportamiento y la fisiología durante ciclos de veinticuatro horas, ya que han confeccionado la maquinaria de nuestro reloj interno. Son la luz solar —con todas sus longitudes de onda— y la oscuridad los relojeros que se encargan del mantenimiento de este sofisticado sistema, dando cuerda y poniendo en hora las manecillas del reloj biológico.

Pero no solo influye en el biorritmo el respetar, o no, los ciclos de luz y oscuridad; las sensaciones homeostáticas que proceden de la comida, el ejercicio físico, la temperatura, el agua y las interacciones sociales también juegan un papel fundamental en ello.

La luz

De todos estos factores, el que más influye en el biorritmo, y con mucha diferencia, es la luz —más en concreto el espectro de luz azul y, algo menos, el verde—. Los genes se seleccionaron y fraguaron en la zona de Mozambique, Tanzania y Kenia con un programa de doce horas de luz y doce horas de oscuridad. Este ritmo no es cambiable, es decir, no podemos adaptarnos a otro diferente. Por tanto, cuanto más acorde a él vivamos, más y mejor regularemos el cerebro y los órganos periféricos.

Dentro de ese ritmo 12/12, la clave está en la variabilidad de las curvas de la intensidad de luz, que se mide en lux. Durante el horario diurno el cuerpo espera intensidades entre 10.000 y 100.000 lux, dependiendo del sol según la época del año, e intensidades entre 0,0001 a 0,25 lux cuando es de noche. Esta amplia variabilidad influye directamente en la producción de cortisol y melatonina, que tienen procesos opuestos. Un ritmo adecuado de producción de estas dos hormonas, con curvas amplias, es clave para la salud. Lo que la ciencia ha demostrado es que el estilo de vida actual está alejado del ritmo que esperan los genes. Esto desajusta los ejes hormonales y, por tanto, la salud.

De este modo llegamos a la pregunta: ¿qué ocurre en el organismo cuando desaparece la luz solar? Pon los cinco sentidos en esto que te voy a contar porque en este capítulo radica gran parte del secreto de la recuperación o el mantenimiento de la salud.

Si vas buscando la solución a una enfermedad que estás padeciendo o, simplemente, quieres tener una buena salud preventiva, empieza por respetar lo que vas a leer en este capítulo. Es la base de la vida. Los seres humanos y casi todos los seres vivos del mundo somos fotoperiódicos. Como hemos visto, dependemos de los ciclos de luz y oscuridad para regular la vida, para gozar de salud. Cuando el sol comienza a declinar y la intensidad de la luz empieza a caer, unas células que contienen una proteína —fotopigmento— llamada melanopsina, que se encuentran en los ojos y en la piel, detectan que el día se está acabando e informan al cerebro de ello. Este pigmento es extremadamente sensible a los cambios en la intensidad de la luz. El área del cerebro que se encarga de registrar y adaptarnos a los cambios de luz se llama núcleo supraquiasmático y se sitúa en el hipotálamo, muy cerca de los nervios ópticos.

Una vez que el cerebro comprende que hay oscuridad, le manda una señal a una pequeña glándula —también en el cerebro—, la glándula pineal, conocida como «el tercer ojo», que transforma la serotonina en melatonina. La melatonina es una molécula que apareció hace al menos dos mil millones de años, que está presente en todos los animales y plantas con la misma estructura molecular, e interviene en un gran número de procesos celulares y vías de regulación. Es una hormona inductora del sueño, pero hace muchas cosas más que te quiero contar.

La melatonina, directora de orquesta del sistema inmunológico

Durante el día, mientras estás despierto, te encuentras expuestos a la invasión de patógenos. Ten en cuenta que cada vez que comes ingieres bacterias. Los alimentos no son estériles —y en la época prehistórica imagínate, éramos carroñeros en algunas ocasiones—. El agua que bebes tampoco está libre de microbios. Además de los patógenos que puedes introducir en el organismo a través de la comida y la bebida, hay que tener en cuenta que durante el día es fácil que te arañes, que te cortes la piel, que se produzca una herida, etc. Es por esto por lo que el grueso de las células del sistema inmune durante la vigilia se encuentran principalmente localizadas en aquellos tejidos que te ponen en contacto con el exterior, es decir, está custodiando las puertas de entrada de patógenos —y de colorantes, conservantes, metales pesados y demás sustancias químicas que se han ido añadiendo en los últimos años a la comida, bebida, cosméticos, etc.—. Mientras estás despierto, el sistema inmune ha movilizado sus ejércitos defensivos y ha ordenado a sus soldados: «Acudid a las murallas y a las puertas de la fortaleza, que nos invaden los bichos». Estos han acampado en la piel, en el tejido que conforma la boca y el intestino, la mucosa de la vagina, la piel del interior de los oídos y el tejido pulmonar, entre otros; una acción llamada descentralización del sistema inmune.

Las células se posicionan entonces en sus garitas de centinela y no hacen más trabajo que permanecer a la expectativa de que una sustancia extraña intente colarse. Como un portero de discoteca. En esta situación estas células gastan poca energía, lo que se conoce como estado quiescente del inmune. Es decir, de día el sistema defensivo gasta poca energía si no hay una gran invasión.

Pero cuando la melatonina empieza a subir en sangre, el sistema inmune dice: «Ya nos vamos a la cama; se acabó el comer por hoy, ya no vamos a beber, no nos vamos a caer más, ni nos haremos heridas en la piel... ¡Toca dormir!». Entonces, los guardianes regresan al interior de la fortaleza y se van de redada por la sangre.

Es la melatonina la que activa al sistema inmune, la que da el pistoletazo de salida para que comience la actividad defensiva. Durante el sueño, este se centraliza y el número de células inmunitarias se incrementa en sangre. Comienza aquí la activación súbita del sistema de defensa. Es en la noche, mientras dormimos, aprovechando que todos los sistemas registran una actividad mínima, con un gasto energético muy pequeño, cuando el sistema inmune dice: «¡Abran paso!; ahora me toca a mí». Cuando reposamos bajo la influencia de la melatonina es cuando buscamos células cancerígenas y las matamos, cuando luchamos contra los patógenos, cuando reparamos tejidos, cuando controlamos la inflamación... Son la noche y el sueño los que nos dan la vida. Es la etapa de rejuvenecimiento. De día destruimos —literalmente— los tejidos. Por ejemplo, los huesos pierden densidad ósea, los músculos disminuyen su masa muscular, destruimos células de la piel, del hígado... y por la noche las reponemos y reparamos. Esto conlleva un gasto energético muy grande, por ello el sistema inmune se activa por la noche y aprovecha que los demás tejidos y órganos «duermen» para así disponer de la energía suficiente. De este modo, si todo va bien, pesamos menos por las mañanas que antes de acostarnos, ya que el sistema inmune quema grasa por la noche para obtener energía. Más del 55 % del peso corporal graso lo perdemos mientras descansamos. Si haces una dieta, y no duermes lo suficiente, perderás kilos en gran medida de la masa corporal magra —músculo—, pero no de grasa.

Si se diera una activación del sistema inmune durante el día, no habría energía suficiente para hacer un buen uso de los músculos, pensar correctamente, tener ganas de hacer deporte... Cuando enfermas con gripe te tienes que meter en la cama porque estás agotado. O incluso ese cansancio que te invade después de las comidas copiosas es porque el intestino, si no está en buenas condiciones, deja pasar sustancias que no debe hacia la sangre y activa tus soldados. Por tanto, es la caída de la luz la que da lugar a la activación del sistema inmunitario. ¿Por qué crees que si tienes una infección, la fiebre se agudiza a última hora de la tarde? La subida de la temperatura es un mecanismo de defensa, una estrategia para matar patógenos, y está originada por el sistema defensivo. Ahora piensa si haces bien en tomarte un antipirético —paracetamol, ibuprofeno...— cuando el termómetro te indica que tienes fiebre. Estás yendo en contra de la estrategia militar de tu sistema de defensa. Imagina que nuestro país entrase en guerra, que destinásemos una gran cantidad de energía y presupuesto económico en armas para defendernos... y nos dedicásemos a quitarles la pólvora y la munición a nuestros soldados y la gasolina a los tanques. Sería del género tonto, ¿verdad?

Por cada grado que se eleva la temperatura corporal, la producción de leucocitos se incrementa en varios miles de millones por minuto. ¿No es maravilloso? De modo que, a no ser que la temperatura ronde los 39 °C te aconsejo que no tomes nada, ya que la eficacia de tu sistema inmune será mucho mayor y acortarás el tiempo de recuperación si dejas actuar al verdadero experto contra los patógenos —porque lo lleva haciendo miles de años—, que es tu sistema inmunológico. Como siempre, queremos bajar a toda prisa la temperatura porque buscamos el confort por encima de todo. ¡Es tan absurdo!

Después de explicarte todo esto es necesario que te hagas un planteamiento. Si la reparación de los tejidos y la lucha contra los patógenos ocurre mientras duermes por las noches, ¿qué sucede cuando te acuestas a las tres de la mañana viendo una película, mirando algo en el móvil o disfrutando de una buena juerga? Es bien sencillo: estás retrasando la liberación de la melatonina. Te cuento lo que eso conlleva.

La salud es cuestión de curvas

La caída de la tarde marca el inicio de la producción de melatonina, y el pico de mayor concentración —siempre que haya oscuridad y estemos dormidos— lo obtenemos sobre las tres de la madrugada, hora que coincide con la bajada más importante de la temperatura corporal. Conforme va avanzando la noche, la concentración de esta preciada hormona va disminuyendo.

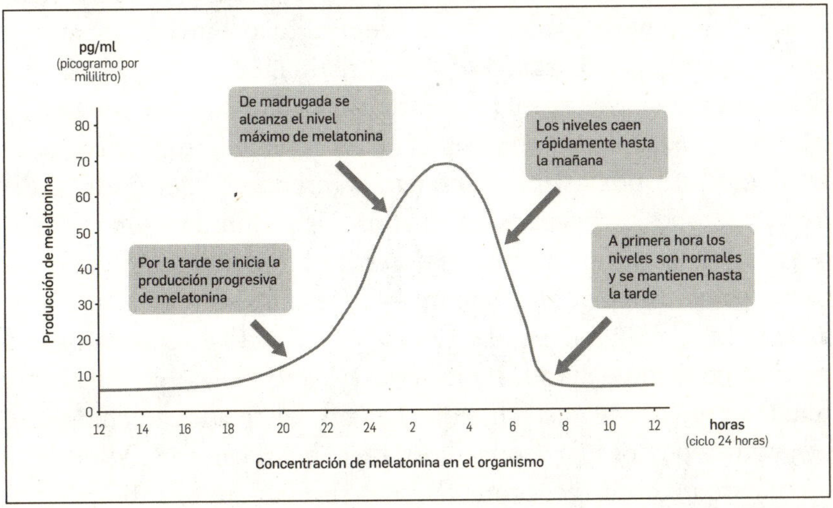

El día artificial creado por el uso de luces led, las pantallas de los teléfonos móviles, el ordenador, las tabletas, la televisión, el alumbrado urbano, etc., ha generado que esta curva de melatonina se atrase de una manera muy considerable en las sociedades modernas. Esto es un verdadero problema, por no decir un auténtico genocidio. Recuerda que cuando la claridad del día anuncia la salida del sol, la producción de melatonina cae drásticamente y todos los procesos de reparación, inmunomodulación y sanación desaparecen. La bajada de la melatonina coincide con el ascenso del cortisol y la puesta en funcionamiento de los sistemas y, por tanto, del desgaste orgánico. El cortisol marca el comienzo del deterioro y la melatonina, el de la reparación. Tú decides cuántas horas quieres pasar bajo la acción de una u otra hormona.

Además de la actividad de tu sistema inmune, la melatonina regula muchas más acciones. No olvides que somos seres fotoperiódicos. La luz y la oscuridad regulan casi —por no decir todos— nuestros procesos biológicos. Te pondré algunos ejemplos.

La secreción de hormonas sexuales

Es decir, que las reglas te lleguen puntuales, que te duelan más o menos, que te duren los días que te tienen que durar, que sangres poca o mucha cantidad, o incluso que seas más o menos fértil. Antes de someterte a tratamientos de fertilidad e invertir tiempo y dinero en clínicas de reproducción asistida, quizás tu pareja y tú deberíais planteaos regular vuestro biorritmo. No olvidaré nunca cuando en 2017 acudió una pareja a mi consulta buscando asesoramiento porque llevaban cinco años intentando ser padres, sin éxito. Después de hacerles una anamnesis profunda —un interrogatorio—, descubrí que su trabajo era la venta ambulante nocturna en ferias. Ángela, mi paciente —ahora amiga—, se acostaba a altas horas de la madrugada. Les expliqué todo este mecanismo, modifiqué algunos hábitos y le aconsejé que tomase algunas vitaminas y minerales. Desde ese día, ella no volvió a trasnochar. Hoy son padres de dos hijos concebidos de manera natural. Desde aquí les mando un abrazo enorme. Pero no pienses que sacrificar horas de sueño solo afecta a las mujeres y a su ciclo menstrual. Los hombres que duermen alrededor de seis horas al día presentan una menor producción de testosterona, un 29 % menos de espermatozoides y un mayor número de estos son deformes.

Las hormonas tiroideas

Están también reguladas por la luz y la oscuridad. Si no respetas el sueño nocturno y modificas la curva de secreción de melatonina, tu posibilidad de sufrir un hipo o un hipertiroidismo es mucho mayor. Esto es lo mismo que decir que tu metabolismo se alterará. El tiroides es la glándula que controla entre el 40 y el 45 % de tu energía como ya hemos visto. La hormona tiroidea T3 es la que da permiso a los tejidos para gastar o guardar energía. Sin un tiroides bien regulado, las cifras de colesterol, triglicéridos, glucosa, glóbulos rojos, frecuencia cardiaca y un larguísimo etcétera se verán alteradas.

Por no hablar de tu temperatura corporal. ¿Te has despertado empapado en sudor por la noche alguna vez?, ¿tienes las manos o los pies fríos frecuentemente? Pues piensa en el tiroides cuando esto te ocurra. La glándula tiroidea se puede ver afectada por muchos factores —falta de selenio, de yodo, de hierro...—, pero tener alterado el biorritmo es una de las cosas que más daño le hace a la funcionalidad de esta maravillosa glándula. No te resignes a tomar levotiroxina toda la vida. Puede ser que tus hábitos —como casi siempre ocurre— hayan sido los causantes del desajuste de tus hormonas tiroideas.

La renina

Es una de las hormonas que también se ve alterada cuando el biorritmo se rompe. Es una de las más importantes en la regulación de la tensión arterial. La hipertensión arterial causa alrededor de siete millones y medio de muertes cada año en el mundo —toda una pandemia—, por lo que es considerada uno de los principales problemas de salud pública.

La prohormona N-terminal del péptido natriurético cerebral

También sufre los estragos de alterar la curva de la melatonina. Esta prohormona se relaciona con los infartos, el fallo renal y la hipertensión.

La microbiota

Sufre igualmente oscilaciones a lo largo de las veinticuatro horas del día. Familias de bacterias son capaces de detectar la luz y la oscuridad gracias a señales que les llegan a través de nuestro reloj circadiano. Este marca qué bacterias tienen que trabajar de noche y cuáles deben hacerlo de día. De esta manera, pueden mantener y realizar las funciones necesarias en cada momento, como fabricar serotonina, dopamina, GABA, biotina, vitamina K2, etc.

La osteocalcina carboxilada

Es una hormona que garantiza e incrementa la densidad de tus huesos. Se fabrica principalmente de noche mientras duermes.

La inmunomodulación e inmunotolerancia

O sea, la capacidad que tiene tu organismo de reconocer tus tejidos como propios y los patógenos como tales. Se produce de noche mientras duermes. Es decir, la probabilidad de sufrir una patología autoinmune depende de la hora a la que te acuestes y de que respetes, o no, tu biorritmo. Si no quieres sufrir artritis reumatoide, esclerosis múltiple, hipotiroidismo de Hashimoto, vitíligo, enfermedad de Crohn o cualquier otra enfermedad autoinmune, sé respetuoso con tu sueño y con la luz. Por otro lado, la imnunosupresión que genera el dormir menos de siete horas no tiene discusión alguna. Muchos pacientes me preguntan qué pueden tomar para mejorar sus defensas, y yo siempre les digo que grandes dosis de almohada. Es más, la ciencia ha demostrado en varias ocasiones que dormir menos de seis horas resta considerablemente eficacia a las vacunas, de tal manera que si tienes pensado vacunarte de cualquier enfermedad, te aconsejo que los días previos y posteriores al pinchazo duermas a pierna suelta y más de siete horas si quieres generar una buena cantidad de anticuerpos. Ya, ya sé que estás pensando que cómo no nos informaron de esto en la pandemia cuando estábamos en plena campaña de vacunación. No gastes energía en el pasado. Céntrate en el presente y serás más feliz como veremos más adelante.

La GH

Es una hormona relacionada con la cicatrización de heridas, consolidación de fracturas, reparación de tejidos, diferenciación celular... Su secreción depende de lo bien regulado que esté nuestro reloj interno. Un desajuste en esta hormona es considerado un serio factor de riesgo para sufrir patologías oncológicas.

Podría seguir escribiendo páginas y páginas, enumerando hormonas, moléculas y sustancias que están sujetas a los ciclos de luz y oscuridad, al sueño y vigilia. Como dato curioso te cuento que, si una noche te vas de fiesta o te quedas hasta las cuatro o las cinco de la mañana viendo pelis, tu organismo tardará entre siete y nueve días en volver a regular el biorritmo adecuado de esta hormona GH.

Como has podido comprobar, además de servir como un regulador de miles de sustratos en el organismo, la melatonina es la sustancia antioxidante más potente de la que dispones, ya que actúa en todos los compartimientos celulares —membrana, citosol, mitocondria y núcleo—. Al ser muy lipofílica, atraviesa todas las membranas celulares, la barrera hematoencefálica y la placenta. Las funciones de la melatonina como antioxidante incluyen las siguientes:

— Tiene una función neutralizante directa de los radicales libres (antioxidante directo).
— Estimula la actividad de enzimas antioxidantes del organismo mediante la regulación de la expresión de ciertos genes como el CAT (catalasa), SOD (superóxido dismutasa) y GPX (glutatión peroxidasa). Por tanto, también actúa como antioxidante indirecto.
— Incrementa la eficiencia de la fosforilación oxidativa mitocondrial y reduce el escape de electrones.
— Aumenta la eficiencia de otros antioxidantes.
— El poder antioxidante de la melatonina es muy superior al de las vitaminas E y C, mayor que el del glutatión, licopeno, betacarotenos, etc.

Modificar la curva de la melatonina es cambiar la actividad del sistema inmune y de todos los ejes neuroendocrinos; así tienes que verlo. Si quieres frenar tu envejecimiento, prevenir enfermedades y ganar calidad de vida, apaga pronto la luz al anochecer y exponte al sol durante el día, ya que la melatonina cerebral la produces en la oscuridad de la noche, pero también la sintetizas en multitud de órganos cuando te expones al sol a nivel periférico, como piel, cristalino, intestino, médula ósea, ovario, útero, placenta, testículos, glóbulos rojos, linfocitos, neuronas… Esta melatonina periférica regula la función y la reparación de cada órgano. No la subestimes en absoluto.

No quiero acabar sin darte algunos consejos para mejorar la síntesis de melatonina, ya que su producción depende de factores externos e internos.

— Como factores externos o ambientales, los que más influyen en su producción son la estación del año en la que nos encontremos y la temperatura. Cuantas más horas de oscuridad y frío, mayor producción. Te estoy diciendo que la habitación en la que duermes debe estar absolutamente a oscuras y con una temperatura que ronde los 18 ºC si quieres conciliar bien el sueño. Aquí haré un inciso porque otro factor muy importante para que el sueño sea reparador y no tengamos interrupciones es la concentración de CO_2 de la habitación, que no debe de sobrepasar los 900-1.100 ppm. Si tu dormitorio no es muy grande, te aconsejo que dejes un poquito abierta la ventana o la puerta del dormitorio para que haya una buena renovación del aire. Si vives en zonas muy frías, es preferible que te arropes bien, pero que la temperatura y la ventilación sean correctas.

— Como factores internos, el estrés y la edad son dos condicionantes claves. A mayor ansiedad, menos producción de melatonina. El cortisol impide su producción. Lo mismo sucede con la edad. Así que si estás cerca de los cincuenta, tienes estrés, pones la calefacción en tu dormitorio y duermes con todo cerrado, pero con la persiana subida y entra luz de las farolas de tu calle, antes de ir al médico para que te recete pastillas para dormir empieza por lo básico.

Dirás: «Rafa, si a mi habitación entra poca luz». Los estudios con respecto a esto son demoledores. Aplicar una luz tenue del tamaño de una moneda en la zona de la pantorrilla en una persona que está dormida hace que se altere el tipo de onda cerebral e, incluso, puede llegar a despertarse. O una luz artificial de intensidad similar a una vela provoca que nuestra producción de melatonina caiga entre un 10 y un 15 %. ¡Increíble!, ¿verdad?

Si eres de los que usan el murmullo de la tele a modo de nana, has de saber que, aunque estés durmiendo, la luz tenue que emite el televisor afecta a tus niveles de glucosa y a la frecuencia cardiaca.

Recuerda que los biorritmos se fraguaron en un entorno natural donde la luminosidad era de 0,0001 lux en noches nubladas y 0,5 lux en noches de luna llena y despejada. Una vela emite alrededor de 10,76 lux. Así que eso de dejar una lucecita encendida en el dormitorio de los niños no es una muy buena idea, como estás viendo.

La melatonina y la alimentación

Ya te he explicado los factores condicionantes para la producción de melatonina. Sin embargo, debes saber que el principal es tener los elementos necesarios para poder fabricarla, algo que casi siempre se nos pasa por alto.

Como si del más reputado de los chefs se tratara, para cocinar la mejor de las recetas el organismo necesita contar con todos y cada uno de los ingredientes necesarios y que estos, además, sean de buena calidad. Verás que parece un truco de magia cuando lo leas. ¡El organismo es tan maravilloso! ¿Cómo produce el cuerpo entonces melatonina?

Paso 1. El triptófano

El triptófano es un aminoácido —la parte más pequeña de la que se compone una proteína— esencial. Que sea esencial significa que el organismo no lo puede fabricar y que debe ser aportado a través de la alimentación. Este triptófano va a ser modificado en el siguiente paso.

Paso 2. La transformación

La glándula pineal transforma el triptófano en una sustancia llamada 5 hidroxitriptópfano. Este se transforma en serotonina, y la serotonina es transformada en melatonina.

Para que se puedan dar estas reacciones químicas necesitas una serie de «ingredientes», minerales y vitaminas que te ayuden —cofactores—, por ejemplo, el magnesio, el zinc, la vitamina B6, B1, B12, etc. De este modo debes cuidar tu alimentación si quieres tener un aporte de todas estas sustancias y así poder fabricar no solo la melatonina, sino también la serotonina —recuerda que casi el 95 % la creamos en el intestino—. Te explicaré más adelante cómo una alteración del intestino o de las bacterias que viven contigo te puede producir tanto insomnio como depresión.

Te aconsejo que comas estos alimentos con frecuencia para facilitar la producción de melatonina. Y si es posible, que sean ecológicos: carne de pavo y pollo —principalmente por la noche—, plátano, cerezas, pescado azul, nueces, almendras, pipas de calabaza, yema de huevo, tomate de temporada, berros, brócoli y espinacas.

El sueño es cosa de curvas

¿Has ido alguna vez al neurólogo? Espero que no hayas tenido que acudir, pero te comento que una de las herramientas más útiles que usan estos facultativos para diagnosticar y evaluar la salud del cerebro es la electroencefalografía. Esta prueba consiste en poner una serie de electrodos en la cabeza y analizar las ondas electromagnéticas —como las que provienen de tu teléfono móvil— que emite el cerebro. Las que emitimos cuando estamos despiertos son distintas a las que generamos mientras dormimos.

Para poder dormir profundamente, y que el sueño sea reparador, debemos generar de manera ordenada y cronológica una serie de ondas que dividen el sueño en dos grandes fases:

— Fase No REM.

- Subfase 1. Adormecimiento o sueño ligero.
- Subfase 2. Sueño ligero.
- Subfase 3. Transición a sueño profundo que apenas dura tres minutos.
- Subfase 4: Sueño delta o sueño profundo. Subfase donde se libera la hormona GH.

— Fase REM. En la que soñamos.

Cada fase se caracteriza porque el cerebro emite una serie de ondas electromagnéticas con unas frecuencias y amplitudes concretas —beta, theta...—. La primera —No REM— se distingue porque ocurre principalmente en las primeras horas de la noche —entre las diez y media y las tres y media de la madrugada—, mientras que la segunda se intensifica cuando va avanzando el tiempo de sueño —a partir de las tres y media o las cuatro de la madrugada— hasta la hora de despertar.

Si eres de los que trasnocha, lo que no debes pensar es que a lo mejor ese día has dormido dos o tres horas menos de lo habitual, sino que, quizás, hayas sacrificado el 50 % de la fase NO REM. O que, si te levantas a las cinco de la mañana, has renunciado al 30 % de la fase REM. Este hecho, al que probablemente no des importancia, la tiene y mucho. De hecho, la capacidad de memorizar acontecimientos depende del tiempo que pasemos durmiendo en cada fase.

En la fase NO REM, seleccionamos las vivencias, los recuerdos y los momentos del día que el cerebro considera que son importantes —por ejemplo, lo que hayamos estudiado, los consejos de nuestro terapeuta, las noticias relevantes y, espero que también, la información de este libro— y hacemos una selección. Como si fuese una cinta transportadora de maletas como las que nos encontramos en los aeropuertos, llevamos esa información a ciertas áreas del cerebro —el hipocampo, entre las más importantes— para que durante la fase REM la podamos almacenar en nuestro disco duro. Es por ello por lo que los estudios de Goldtein y Walker ponen en evidencia que aquellas personas a las que se les acorta la fase REM no recuerdan correctamente la información recibida justo antes de dormir, o que a las que se les acorta la fase NO REM rememoran cosas sin relevancia frente a otras que pueden ser de máximo interés. Así que, si tu memoria o capacidad de concentración han comenzado a fallarte, antes de acudir al neurólogo deberías plantearte respetar el sueño nocturno y completar todos los ciclos.

Uno de los grandes problemas que presenta la sociedad hoy día es el incremento en el consumo de fármacos para dormir. Solo en España se venden cada año más de ciento treinta y un millones de envases. El fármaco estrella es la benzodiacepina. Hay de distintos tipos —loraze-pam, clonaze-pam, diaze-pam, bromaze-pam...—. Pienso que los «–pam» son un guiño onomatopéyico de las farmacéuticas con el que nos avisan de los tiros que nos dan, para que no abusemos de estas píldoras.

Todos estos fármacos tienen el mismo mecanismo de acción. Varían en potencia y en su farmacocinética —la manera de metabolizarlos y eliminarlos—. Si tú eres de los que se los toman como si fuesen agua, has de saber que estas pastillas alteran la fase No REM, alargando la primera subfase de sueño ligero o adormecimiento y acortando la última de sueño profundo o delta y, lo que es peor, reducen la REM. Esto es un gran problema para la memoria y la reparación de los tejidos, ya que la fase REM es absolutamente crucial para deshacer los daños en las células y para la eficacia del sistema inmune entre otras funciones.

Si tienes una enfermedad degenerativa, inflamatoria, autoinmune, cáncer o un simple dolor de espalda, no caigas en el error de tomar estas tentadoras píldoras del diablo porque, ingeridas más allá de quince-treinta días, hacen mucha pupa, por no hablar de la adicción que generan.

Soy consciente de que los fármacos salvan vidas y nos pueden sacar de situaciones difíciles cuando su uso es adecuado y están correctamente prescritos. No obstante, desde mi criterio y salvo contadas ocasiones, su administración debería ser siempre temporal y nunca crónica, ya que el organismo no va a marchar de manera correcta si está influido por sustancias sintéticas que, para hacer desaparecer un síntoma o un signo, tienen que inhibir o frenar otras reacciones, funciones o rutas metabólicas que la evolución nos puso ahí para el buen funcionamiento del cuerpo. La única frase que se me viene a la cabeza al respecto es «pam para hoy y hambre para mañana». Las farmacias no deberían ser un lugar que tuviésemos que frecuentar como hacemos con el supermercado, donde acudimos en busca de alimentos. Algo falla si los medicamentos comparten con la comida el rol de mantenernos con vida.

«Dormir es una pérdida de tiempo»

No puede haber un pensamiento más erróneo. El mayor de los errores que podemos cometer es pensar que dormir es una pérdida de tiempo, que ya dormiremos cuando nos muramos, o intentar vivir más horas arañando el tiempo de la noche para hacer actividades.

Has de saber que dormir de manera habitual menos de siete horas destrozará tu sistema inmunitario, multiplicará en más del doble tus posibilidades de sufrir cáncer, aumentará de manera exponencial las posibilidades de padecer enfermedades autoinmunes o alzhéimer o alterará de forma severa los niveles de glucosa en sangre, algo que puede generar una prediabetes —esto puede ocurrir incluso en solo una o dos semanas—.

El sistema cardiovascular no está exento de los estragos de la deficiencia de sueño. Reducir en una hora y media o dos las siete o nueve horas recomendadas te predispone a padecer hipertensión arterial, infartos o ictus, y aumenta el riesgo de depresión, ansiedad e, incluso, tendencia al suicidio.

El corazón es uno de los órganos más sensibles al déficit de sueño, junto con el cerebro. Todos los años, los habitantes del hemisferio norte nos vemos involucrados en una experiencia «cardio-desagradable», por no llamarla aberrante e injustificada. Me refiero, como no podía ser de otro modo, al cambio de horario de verano. Cada año en el mes de marzo los países occidentalizados le damos la bienvenida al equinoccio de primavera adelantando las manecillas del reloj una hora, de tal manera, que esa noche dormimos una hora menos. Esta reducción de una hora de sueño genera al día siguiente un incremento de un 24 % de casos de infarto de miocardio en las mujeres, un 25 % más de probabilidad de sufrir un derrame cerebral si eres paciente oncológico o un 20 % si tienes mas de sesenta y cinco años, por no hablar del considerable incremento en el número de accidentes de tráfico. Multitud de comunidades indígenas celebran el equinoccio con ceremonias de agradecimiento y conexión con la naturaleza. Los *Homo sapiens* «re-involucionados industrialmente» lo celebramos haciendo sufrir al corazón y al cerebro. ¡¡Bravo de nuevo!!

Por si esto fuera poco, no dormir correctamente nos incrementa las ganas de comer, sentimos menos saciedad y genera una conducta alimentaria compulsiva por alimentos poco saludables. Hacer una dieta y no dormir lo suficiente es muy complicado. La población y la medicina, en general, se preocupan por el incremento de azúcar en sangre que puede generar los alimentos que consumimos. En el etiquetado de los productos envasados se detalla el porcentaje de azúcares que contiene dicho alimento. Es fácil oír comentarios como: «Yo el azúcar la he desterrado de mi vida» o «en mi casa no entra nada de azúcar». Has de saber, querido lector, que el azúcar que genera el hígado cuando no dormimos lo necesario o cuando estamos en situación de estrés tiene una repercusión patológica mayor que la que ingerimos voluntariamente.

El microbioma que vive en el intestino, si lo cuidas y lo mantienes sano, merma el impacto del contenido de azúcar de los alimentos. Cuando no duermes correctamente, este microbioma se daña y la absorción de nutrientes se ve alterada. Entre ellos la de los azúcares.

Siguiendo con las repercusiones metabólicas que acarrea la falta de sueño, me gustaría que tuvieses presente que si a una persona adulta le genera unos estragos bárbaros, a los niños aún más, ya que el sueño es un condicionante muy poderoso en la programación de sus genes. Los niños de tres años que duermen menos de diez horas y media tienen un 45 % más de posibilidades de sufrir obesidad y sobrepeso a los siete años.

Por el lado positivo, respetar las siete/nueve horas de sueño nocturno mejora infinidad de funciones cerebrales, como la capacidad de aprender, seleccionar de manera inconsciente la información más relevante para nosotros, memorizar datos, tomar decisiones correctas en el menor tiempo posible, incrementar la intuición, etcétera. El sueño protege la salud psicológica y emocional. El sueño sana las heridas psicoemocionales. La típica frase de aliento hacia alguien que está pasando un duelo, «el tiempo corre a tu favor», «el tiempo lo termina curando todo», no es realmente cierta. Es el tiempo que pases durmiendo cada día lo que va mermando el dolor emocional. El completar noche a noche las distintas fases del sueño va generando una poda emocional, una integración, aceptación y cicatrización anímica. El sueño es el mejor psicólogo, sin duda. Cuidado con caer en la tentación de recurrir a las pastillitas de los «-pam» para conciliar el sueño cuando estemos atravesando un duelo sentimental o emocional, que te recuerdo que estas píldoras acortan las subfases 3 y 4 del sueño NO REM y la fase REM, pudiéndonos alargar los periodos de sufrimiento.

Volviendo a retomar las bondades del sueño, nombrarte también que ajusta los parámetros metabólicos —como la insulina y las hormonas que regulan el apetito—, previene infecciones y evita todo tipo de enfermedades por su repercusión sobre el sistema inmune y la microbiota. Como dice Matt Walker: «Cuanto menos duermas, más corta será tu vida». Estoy seguro de que te he convencido de la importancia de dormir, ¿verdad?

Todas las especies duermen

Los sistemas corporales se diseñaron hace cientos de miles de años para mantenernos con vida, evitar ataques de depredadores, localizar comida y conquistar una pareja con la que aparearnos y procrear. Tenemos ojos con los que ver el mundo que nos rodea y cuantificar sus amenazas; oídos; olfato; tacto; sistemas para eliminar los residuos tóxicos mediante las heces y la orina; un cerebro con el que pensar y tomar decisiones para conseguir nuestros objetivos; un sistema musculoesquelético para desplazarnos, luchar, trepar... ¿Cuánta energía ha invertido la evolución en todo esto?

Ahora, reflexiona, por favor. ¿Cómo de importante debe ser dormir para el ser humano, que durante unas ocho horas tu organismo se desconecta del mundo, deja de oír, de ver, de pensar, de aparearse, de evacuar tóxicos, de desplazarse, de estar en alerta? Durante ocho horas el cuerpo prefiere apagar todos los sistemas y poder dormir, aunque eso signifique convertirse en vulnerable a los depredadores.

Como dijo el doctor Allan Rechtschaffen: «Si el sueño no cumple una función absolutamente vital, entonces es el mayor error que el proceso evolutivo ha cometido nunca». Esto nos tiene que hacer pensar que igual estamos algo equivocados y la verdadera vida es la que vivimos mientras dormimos.

¿Y EL CAFÉ?, ¿QUÉ HACEMOS CON EL CAFÉ?

Después del agua es la bebida más consumida en el mundo. El año pasado se produjeron 172,75 millones de sacos de sesenta kilos cada uno y cada día se toman entre mil seiscientos y dos mil millones de tazas de café en el planeta. Doscientos mil millones de dólares genera anualmente la venta del café en el mundo y su cotización en bolsa afecta a una cadena de valor de la que dependen unas ciento veinticinco millones de personas. Comprenderás ahora por qué es la droga psicoactiva médica y socialmente más aceptada del mundo. ¿Quién se atreve a legislarla? Has leído bien, la cafeína es una droga con capacidad de modificar el comportamiento, pensamiento y estado de ánimo del ser humano. Es evidente que no es tan dañina como la cocaína o la heroína, pero igualmente genera adicción y puede llegar a producir verdaderos síndromes de abstinencia cuando se decide dejar de consumirla.

La cafeína es un alcaloide perteneciente a la familia de las metilxantinas, al igual que la teofilina y la teobromina presentes en el té y el cacao respectivamente. Sí, sí, el té y el chocolate también son adictivos y estimulantes del sistema nervioso central. Las metilxantinas —es decir, café, té y chocolate— son sustancias antagonistas no selectivas de los receptores de adenosina A1 y A2a. Quizás te preguntes esto qué significa. Permíteme que te lo explique con detalle.

Recuerda que nuestra moneda de cambio energético es el ATP. ¿Lo recuerdas? El ATP es «adenosín-tri-fosfato». Cuando haces deporte, estudias, piensas, caminas…, cuando haces cualquier cosa, o incluso sin hacer nada, por el simple hecho de estar vivo —que de simple no tiene nada—, estás consumiendo continuamente ATP. Este consumo genera un residuo que es la adenosina. Por tanto, su producción es directamente proporcional al gasto energético que hayamos tenido. El cerebro está repleto de receptores para la adenosina —en corteza cerebral, hipocampo, cuerpo estriado, cerebelo, bulbo olfatorio, etc.—, pero también los encontramos en el corazón, pulmón y células del sistema inmune, entre otros.

Cuando la adenosina se acopla en sus receptores de las distintas áreas del cerebro que te he nombrado, el cerebro parece decir: «Hoy hemos consumido mucha energía porque veo que se ha generado bastante adenosina, así que ¡¡ya está bien por ahora!!, a dormir y reponer fuerzas para afrontar bien el próximo día». Comenzamos a bostezar y nos entra somnolencia. A esto se le conoce como presión de sueño. ¿Y qué tiene que ver todo esto con el café, el chocolate y el té? Aquí entra en juego la metilxantina. Esta sustancia —cafeína, teofilina y teobromina— tiene la capacidad de acoplarse en los receptores de adenosina. Pero, cuidado, no es un acople perfecto, por lo que el receptor no es estimulado como si se acoplara la adenosina, pero a su vez, el receptor queda ocupado e inutilizado y la adenosina ya no se puede acoplar, por lo que el cerebro dice: «Uhmmm... que poquita energía hemos gastado, vaya vago que estás hecho. Te voy a activar y dar permiso para que gastes energía, que tu corazón lata más fuerte y rápido, que llegue más energía a los músculos, y que estés más activo». De esta manera «hackeamos» al cerebro. Pero, ojo, la adenosina sigue estando presente, y como el cerebro no la percata, comenzamos a generar más receptores de adenosina con la finalidad de poder hacer un buen inventario del gasto energético. Por tanto, cuanto más café tomes, más receptores de adenosina tendrás en el cerebro, y por eso cada vez necesitarás más cantidad para sentir ese falso «chute» de energía. El día que decides dejar el café tienes todo un enjambre de receptores de adenosina hipersensibles captando todas las moléculas de adenosina libres, lo que te generará una somnolencia insoportable, además de posible dolor de cabeza, temblor, etc.

Evidentemente, no todas las personas metabolizamos —eliminamos— la cafeína de la misma manera. Como no podía ser de otra manera, los genes determinan la velocidad a la que procesamos y eliminamos la cafeína, la teofilina y teobromina —metilxantina—.

Hay un gen encargado de fabricar una enzima que está especializada, entre otras cosas, en la eliminación de esta metilxantina. Es el CYP1A2. Si no tienes ningún polimorfismo —mutación— en este gen, la velocidad o vida media de eliminación de la cafeína es de unas tres/cinco horas, pero no te confundas con este término, que induce a error. La tasa media o vida media de una sustancia es el tiempo que tardamos en eliminar la mitad de esa sustancia. Es decir, que si todo va bien, tardas entre seis y diez horas en eliminar por completo la cafeína de un café. Si estás embarazada, debes tener en cuenta que el ritmo de eliminación es bastante más lento, pudiendo llegar a seis/once horas de vida media. Los bebés y niños son metabolizadores muy lentos de cafeína, llegando a sesenta y cinco/cien horas de vida media.

Sabiendo esto, debes pensar que si el último café del día lo tomas a las cinco de la tarde, si todo va bien y no tienes ningún polimorfismo en el gen CYP1A2 —cosa que es muy muy frecuente—, no tomas anticonceptivos orales o eritromicina —antibiótico—, no tienes mucho estrés y la noche anterior has dormido al menos siete horas, a las tres de la madrugada lo más probable es que la cafeína esté aún rondando por tu sangre y alterando la función de los receptores de adenosina, activando las rutas dopaminérgicas, al sistema nervioso, alterando la producción de melatonina, etc. ¿Te imaginas si tienes problemas con el sueño o hipertensión arterial y tomas tres o cuatro cafés diarios?

Si has optado por cambiar al café descafeinado, debes saber que, dependiendo de la marca, una taza de descafeinado puede llegar a tener entre un 15 y un 30 % de cafeína, por lo que tres o cuatro al día podría suponer casi como tomar una taza de café normal.

Antes de visitar al médico y tomar pastillitas «-pam», o algún antihipertensivo, creo que sería más razonable ir dejando el café y, por supuesto, reducir el consumo de té o chocolate —al menos por la tarde-noche—, aunque es el café el que contiene una mayor concentración de metilxantina.

Si eres de los que cuando toman un café, el pipí le huele a café, el sabor te perdura bastante rato en la boca, te genera nerviosismo y/o ligero temblor, puedes pensar que presentas un polimorfismo genético en el CYP1A2, y en este caso te aconsejo que lo elimines radicalmente, ya que te hará mucho daño, aunque no presentes muchos síntomas. En este caso puedes tardar días en eliminar la totalidad de la cafeína de un solo café. Yo personalmente tengo este polimorfismo y créeme que se puede vivir sin él.

Si piensas que sin café no puedes «tirar» por las mañanas, te diré que algo falla en ti. Estaría bueno que el ser humano dependiese de una sustancia como el café para activarse y ponerse en marcha. Sin duda no estaríamos aquí.

Si por el contrario, eres de los que se toman un café a las diez de la noche y duermes como un bendito, solo puedo felicitarte. En este caso no tienes problemas en consumirlo con asiduidad, ya que eres ultrametabolizador de la cafeína y el café solo te aportará cosas buenas como su poder antioxidante.

En relación con la higiene del sueño, debes tener en consideración esto que te he contado, y si tienes problemas con Morfeo, te animo a desterrar el café de tu vida.

Te doy algunos *tips* para mejorar la calidad de tu sueño. Por favor, esto es esencial para tener una vida plena y saludable. Fotocopia este cuadro y pégalo en la nevera, en el espejo de tu baño y en el cabecero de tu cama hasta que te lo aprendas de memoria:

— Consume los alimentos que facilitan la producción de melatonina.
— Elimina el consumo de café.
— No tomes chocolate o té por la tarde-noche, y si el insomnio es severo, erradícalos.
— Vete a dormir a la cama cuando sientas sueño, pero nunca más tarde de las once de la noche (al menos en invierno) o de una hora que te permita al menos dormir siete horas. Si son nueve, mejor.

— Usa luces cálidas (o mejor aún, rojas) en las horas de la noche.
— Utiliza gafas de filtro de luz azul cien por cien en cuanto se vaya el sol (esto es muy recomendable).
— No realices deporte ni comas una vez que se haya ocultado el sol.
— Cena poco y al menos tres o cuatro horas antes de acostarte.
— Si necesitas levantarte por la noche, nunca enciendas una luz blanca, amarilla o azul; únicamente una luz anaranjada o roja.
— Si es posible, realiza ejercicio físico por las mañanas al levantarte y con la máxima intensidad de luz (preferiblemente, al aire libre).
— Asegúrate de que el dormitorio no tiene una temperatura superior a 18 o 19 ºC.
— Duerme con la ventana o la puerta del dormitorio un poco abierta para disminuir la concentración de CO_2.
— Saca todos los dispositivos móviles de la habitación y desenchufa cualquier lámpara o radio despertador que esté en la mesita de noche.
— Apaga el *router* de tu vivienda.
— No utilices dispositivos electrónicos ni veas la televisión al menos una hora antes de irte a dormir.
— Mantén el dormitorio totalmente a oscuras.
— Exponte a la luz solar durante el día, si es posible un rato por la mañana y un rato por la tarde. En su defecto, al menos treinta minutos al día.

9

DONDE ENTRA EL SOL NO ENTRA EL DOCTOR

Utu (Shamash), Tonatiuh, Inti, Amaterasu O-Mikami, Helios, Horus son algunos de los dioses del sol que culturas como la mesopotámica, la azteca, la inca, la griega, la japonesa o la egipcia han venerado durante siglos.

«Y Dios dijo: hágase la luz, y la luz se hizo» —tercer versículo del primer capítulo del libro del Génesis—. En la simbología cristiana, el sol suele referirse al propio Dios o a Jesucristo. Dioses del sol, dioses creadores de la vida. «Tápate del sol, huye del sol, protégete del sol, el sol genera cáncer…». Cuando oigo estas frases, mi mente interpreta: tápate de Dios, huye de Dios, protégete de Dios, Dios genera cáncer… No podemos estar más lejos de la vida que cuando nos privamos de la luz solar. ¿Te imaginas que te dijesen que la comida, el agua y respirar produce cáncer? Cuando afirman que el sol puede producir cáncer te están diciendo algo parecido. Evidentemente, si comes alimentos cargados de aditivos o pesticidas, puedes desarrollar cáncer. Si bebes agua de mala calidad o consumes siete litros seguidos, puedes morir o tener cáncer. Si respiras aire contaminado, se aumenta también el riesgo de sufrir cáncer. Entonces, ¿por qué sobre esto no hay campañas de información ciudadana, pero contra el sol sí?

Con el sol ocurre lo mismo que con el sueño: si no lo tomamos de manera inteligente, quizás nos genere problemas. Te explicaré qué hacer para que esto no ocurra.

Lo primero que debes saber y tener en cuenta es que la luz da vida, no la quita. Sin la luz del sol es imposible la vida en nuestro planeta; sin sus fotones, los alimentos que ingerimos estarían carentes de energía. ¿Cómo es posible, entonces, que nos hayan infundido tanto miedo a su exposición?

Cuando la vida humana surgió en África, vivíamos expuestos a la luz solar. No era que el sol nos diese lo que necesitábamos, era que el organismo, los genes y sistemas se organizaron teniendo como eje de giro al astro rey. Nos adaptamos nosotros al sol y no al revés. Nuestra vida, nuestro hogar están ahí fuera. Fuera de las cuatro paredes que conforman la casa. Tu verdadero hogar eres tú mismo. Nuestra especie no evolucionó en las tinieblas, ni con luz artificial, sino con nuestra piel bañada por el sol.

Somos pura electricidad

Pon la televisión, sintoniza tu emisora de radio preferida, manda un wasap... ¿Qué crees que estás haciendo? Estás recibiendo o enviando información en forma de onda electromagnética. Te explicaré muy resumido cómo es posible esto.

Todas las ondas electromagnéticas tienen una amplitud, una longitud, una frecuencia y unas partículas que están viajando con cierto movimiento, giro o vibración —*spin*—. La suma de estos parámetros —y algunos otros— son los que codifican el mensaje que enviamos o recibimos.

¿Qué crees que significa AM o FM en el mundo de la radiodifusión? Amplitud modulada y frecuencia modulada. Es decir, la transmisión de información codificada a través de una onda —conocida como portadora de información, de un mensaje— a la que se le va modificando la amplitud o la frecuencia. Lee el siguiente párrafo, cierra los ojos e intenta visualizar en tu cabeza lo que te cuento.

Imagínate que pudieses lanzar con una sacudida de tu brazo y a modo de látigo una pelota de tenis al aire. La pelota describiría

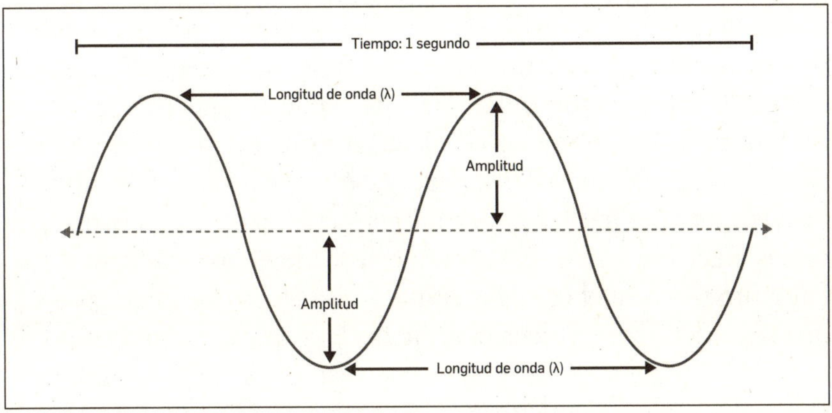

una onda e iría girando de manera aleatoria. Ahora piensa que fuera posible determinar la amplitud, la longitud, la frecuencia de la onda y el giro de la pelota —que siempre girase a la derecha, por ejemplo—.

¿Qué diferencia hay entre una onda electromagnética natural y una artificial? Las ondas artificiales tienen el giro —*spin*— de la pelota —partícula— predeterminado, así como su amplitud, longitud, etc. A esto se lo conoce como onda polarizada. En las ondas electromagnéticas naturales, el giro —*spin*— de las partículas —en el caso de las ondas electromagnéticas solares, son los fotones— es aleatorio. ¿Y esto cómo nos afecta? Has de saber que las células son sensibles a los giros de las partículas que conforman las ondas electromagnéticas, de tal manera que cuando estas partículas inciden sobre nosotros al girar de forma aleatoria, las células las consideran «amigas» y reciben correctamente la información que transporta la onda.

Los seres humanos somos receptores maravillosos y descodificamos a la perfección los mensajes e información que transportan las ondas electromagnéticas naturales. Lo llevamos haciendo millones de años. Con las ondas naturales nos sintonizamos y «escuchamos sus mensajes alto y claro». Sin embargo, las partículas de las ondas artificiales no son reconocidas como «amigas» por las células. No tenemos manera de descodificar sus mensajes. Son extrañas para nosotros. Esto altera unas proteínas que tienen las membranas de las células. Estas proteínas se llaman canales iónicos —de calcio, potasio, sodio, etc.—, y esto genera muchos problemas. Muchos. Entre ellos, procesos inflamatorios, alteración en la contracción muscular —te recuerdo que tu corazón es un músculo—, problemas de cicatrización, alteración en la división celular, problemas en la producción de energía... Pero quizás lo que nunca te habías parado a pensar es que tu cerebro emite ondas electromagnéticas —las que se miden con un electroencefalograma—; que el corazón emite ondas electromagnéticas —las que se miden con un electrocardiograma y que tiene un campo de acción de aproximadamente tres metros—; que los músculos emiten ondas electromagnéticas —las que se miden con una electromiografía—; y que todas y cada una de las células emiten ondas electromagnéticas. Pues bien, esas ondas artificiales pueden interferir con las nuestras generándonos alteraciones en el sueño, en la variabilidad cardiaca, en la concentración, en el sistema inmune, cansancio e incluso cáncer.

Cómete el sol

Para el doctor Fritz Albert Popp, director del Instituto de Biofísica de Kaiserslautern (Alemania), los biofotones —y, por tanto, la luz— se comunican con los seres vivos a través de sus células, y afirma que el origen de todas las enfermedades puede buscarse en la falta de luz en dichas células.

¿Has comprado alguna vez unas pilas? Imagino que, si querías unas con larga duración, te habrás decantado por las alcalinas, ¿verdad? ¿Y qué es una pila alcalina? Es una con una densidad energética muy grande. «Olé, Rafa, te has lucido», estarás pensando. La densidad energética hace referencia a la concentración de electrones. Es decir, la energía depende del flujo de electrones. ¿O qué te crees que fluye por el cable de tu lamparita de noche cuando la enciendes? Electrones y más electrones.

Si la energía es flujo de electrones, ya puedes imaginar que las células no iban a ser menos. Te gustaría tener la energía de una pila alcalina, ¿verdad? Pues está en tu mano.

¿Te has dado cuenta de que en las ciudades y en las afueras de muchos pueblecitos hay centrales eléctricas que se encargan de gestionar la energía de esa población? Todas y cada una de las células tiene su propia central eléctrica. ¿Cuántas? Unos cientos —e incluso miles— por célula. Si has hecho los cálculos, te habrá explotado ya la cabeza, ¿no? Unos 37,2 billones de células multiplicado por unos cientos o miles de centrales eléctricas por cada una... Una cifra de tres dígitos seguida de quince ceros.

Cada central eléctrica de las células recibe el nombre de mitocondria. Esta mitocondria tiene forma de bacteria porque hace millones de años eran bacterias que se unieron a las células. En aquellos momentos, la vida era muy complicada en la Tierra y se fusionaron, como hacen los bancos cuando se ponen las cosas feas.

La célula le dijo a la bacteria: «Venga, te dejo que te metas dentro de mi membrana, te protejo y te doy de comer, pero tú a cambio produces energía para mí». Afortunadamente, llegaron a ese magnífico acuerdo. Gracias a ello tú estás leyendo este libro y yo, escribiéndolo. Surgió la simbiosis maravillosa de la vida celular. Es por ello por lo que las mitocondrias tienen su propio material genético, que es distinto al de la célula. ¿No te parece maravilloso que en una célula humana haya dos tipos de genes, los de nuestro núcleo y los de unas antiguas bacterias? Como dato curioso te contaré que los genes de las mitocondrias nos los trasmite nuestra madre, no nuestro padre. Ya sabes que la mitad de los genes del núcleo te los da tu mamá y la otra mitad, tu papá; pues los de las mitocondrias, solo mamá.

Estas mitocondrias son las que fabrican la energía. ¿Y cómo lo hacen? Parece magia y quizás te ocurra como a mí, que después de estudiar esto a fondo llegué a la conclusión de que la vida no puede ser fruto del azar y que, bajo mi criterio, tiene que haber un creador, una fuerza superior, un algo que nos rige... No sé, llámalo como quieras. No te despistes, sígueme. Cuando ingieres un bocata de jamón, te estás comiendo un pan hecho con una harina que procede de unos cereales que en teoría han crecido bajo la luz del sol, transformando los fotones de la luz solar —las ondas electromagnéticas del sol— en energía —electrones—, y un jamón que es carne de un cerdo que se ha comido las bellotas, el maíz, las castañas y los tubérculos que crecieron gracias a la energía que les proporcionó el sol. Si, con suerte, el cerdo estuvo expuesto al sol, también recibió esa energía que reactivó sus electrones.

Cuando el bocata entra en tu estómago y recorre todo el serpentín intestinal, la comida se va desmenuzando gracias a los jugos ácidos del estómago, a los movimientos peristálticos del tubo, a las enzimas digestivas del páncreas, a la bilis y a la ayuda de las bacterias que viven en el intestino. Después de estos procesos, las proteínas largas quedan reducidas a su mínima expresión, que son los aminoácidos; las grasas, a la molécula grasa más pequeña, que es el ácido graso; y, los azúcares, a los monosacáridos. Estas pequeñísimas partículas pasan del tubo digestivo a la sangre y de ahí al interior de las células, donde son transportadas a las centrales eléctricas celulares —las mitocondrias— en un complejísimo sistema llamado cadena transportadora de electrones. Literalmente, ordeñamos y transportamos los electrones contenidos en esos ácidos grasos, en esos monosacáridos y esos aminoácidos.

De nuevo poniendo el ejemplo de una cinta transportadora de maletas de un aeropuerto, los electrones —a modo de maleta— van viajando por esta cadena hasta que llegan a una estructura con forma de molino —una proteína llamada ATP sintasa, que tiene forma circular—, molino que es movido por la corriente eléctrica que genera este flujo de electrones. El giro de sus aspas permite el ensamblaje de unas pequeñas moléculas para formar una más grande que es el ATP —adenosín trifosfato—. Este ATP es nuestra energía. Es la energía que usan las células. El ATP es el que mueve los pequeños músculos de tus ojos para que puedas girarlos ahora mismo a derecha e izquierda y seguir los renglones de este libro, para que puedas parpadear. Este ATP es el que hace que se contraiga tu corazón, la energía que usan tus neuronas para pensar, tus músculos para poder caminar y el hígado para eliminar los tóxicos. Y te preguntarás: ¿y esto qué demonios tiene que ver con las ondas del sol? Para entender lo que te quiero contar, empezaré por hablarte de algunos conceptos sobre la luz solar.

«Muchas enzimas y hormonas son sensibles a la luz solar y coloreadas por esta», aseguraba Albert Szent-Györgyi, médico húngaro ganador del Nobel de Fisiología y Medicina en 1937, por el aislamiento de la vitamina C.

Durante los ocho minutos y veinte segundos que tarda en llegar la luz desde el Sol a la Tierra se comporta como una onda, pero cuando es absorbida por los objetos se comporta como una partícula. La luz solar transmite energía e información y se divide en dos: invisible y visible.

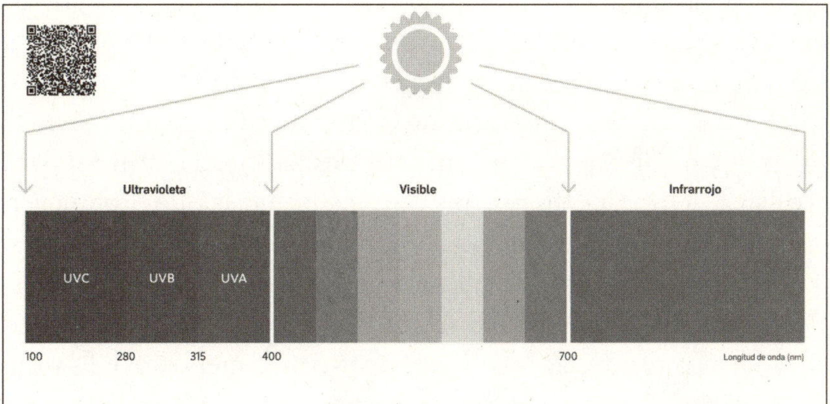

Espectro solar

La luz invisible está constituida por luz infrarroja y luz ultravioleta, pero los ojos no tienen capacidad de percibirlas. Entre ambas luces invisibles se encuentra el espectro de luz visible.

La luz infrarroja es la que proporciona el calor de la luz solar y se clasifica en tres tipos:

— infrarroja cercana,
— infrarroja media,
— infrarroja lejana.

La luz ultravioleta se clasifica igualmente en tres tipos:

— ultravioleta A,
— ultravioleta B,
— ultravioleta C.

La luz visible se considera blanca por no tener color, pero en realidad está constituida por un espectro de siete colores visibles —colores que aparecen cuando la luz atraviesa un elemento transparente como el cristal o el agua. Es lo que da lugar al arcoíris—. Este espectro de luz visible está constituido por las siguientes luces: roja, naranja, amarilla, verde, azul, añil y violeta.

Como has podido comprobar, la luz del sol que incide sobre tu piel está compuesta por multitud de longitudes de onda, frecuencias, amplitudes y fotones con giro aleatorio, que transportan una verdadera biblioteca de información para los seres vivos del planeta. La luz solar es un mensajero del espacio.

Las células son receptoras de la información que nos envía el sol en forma de onda y que, una vez descodificada, utilizan para apagar, o activar, genes que producen sustancias que promueven las reacciones químicas que favorecen la vida.

No creas que el sol regula solo un pequeño puñado de genes. Por ponerte un ejemplo, te diré que el espectro correspondiente a la radiación ultravioleta B —que constituye menos del 2 % del espectro de la luz solar— nos regula la acción de más de mil genes, de los cuales ciento dos pertenecen a un tipo de célula del sistema inmune muy importante en la lucha contra las infecciones de bacterias, virus y otros gérmenes. Los linfocitos CD4+.

Cuando la mayoría de la población piensa en los beneficios del sol, se centra en la vitamina D, pero los beneficios van mucho más allá. Ya hemos hablado de la melatonina periférica, pero en este capítulo quiero profundizar un poco en algunas sustancias con las que el sol nos premia con su luz.

¡Aviso de nuevo!

¡Disculpa que te interrumpa en mitad del capítulo, pero… ¡Toca levantarse!

Llevas demasiado tiempo en modo reposo. Te espero de vuelta en dos minutos ;).

La vitamina D

Le doy gracias al COVID por haber generado en la sociedad cierto interés por la vitamina D. En España, cerca del 90 % de la población tiene niveles séricos de esta vitamina inferiores al nivel mínimo recomendable —75 nmol/l—, y el 94 % tiene ingestas inferiores al 80 % de las recomendaciones diarias.

¡Pobre vitamina D! ¡Qué mala suerte tiene de llamarse vitamina! Con ese nombre tan genérico y tan vulgar no le damos la importancia que tiene. Entre eso y que al ser una vitamina no es posible que sea patentada por ningún laboratorio, su importancia pasa a un segundo, tercero... u octavo plano. Sin embargo, cuando leemos detenidamente acerca de ella, no tenemos otra opción que cambiar la opinión sobre esta maravillosa e imprescindible vitamina. Y es que, si te digo que se comporta como una hormona, la expresión de tu cara puede ser que cambie. No es lo mismo ser soldado que capitán general, aunque los dos sean militares, ¿verdad?

Si una sustancia no es muy importante para el organismo, no dedicamos recursos en su producción ni fabricamos muchos receptores para dicho elemento. Pero son muchos los tejidos y órganos que fabrican vitamina D en su forma activa en el organismo: riñón, cerebro, colon, próstata, páncreas, células dendríticas, células endoteliales, glándula mamaria, piel, paratiroides.

Todos estos tejidos fabrican vitamina D activa para distribuirla por el resto de los tejidos que también la precisan para su buen funcionamiento. Te podrás preguntar si realmente son muchos los tejidos que tienen receptores de vitamina D. Juzga por ti mismo:

Adiposo	Músculo embrionario
Suprarrenal	Músculo liso
Hueso	Osteoblasto
Médula ósea	Ovario
Cerebro	Célula beta del páncreas

Mama	Paratiroides
Cartílago	Pituitaria
Colon	Placenta
Epidídimo	Próstata
Folículo capilar	Retina
Intestino	Piel
Riñón	Estómago
Hígado	Testículos
Pulmón	Timo
Linfocitos (B y T)	Tiroides
Músculo cardiaco	Útero
Parótida	

Brutal, ¿verdad? Y pensabas que tomar el solecito era bueno solo para los huesos. Cuando un organismo produce una sustancia en tantos tejidos y distribuye tantos receptores en tantos órganos, créeme que es porque es de vital importancia para él.

Estas son algunas de las acciones biológicas de la vitamina D poco conocidas por la población:

— Regulación de la apoptosis (muerte celular programada) y actividad antitumoral.
— Promoción de la autofagia.
— Antiproliferación y diferenciación celular de la piel.
— Inmunomodulación de linfocitos, macrófagos y células dendríticas.
— Protección del endotelio vascular y del corazón.
— Regulación del metabolismo de la glucosa.
— Protección del riñón.
— Antimicrobiana.
— Antiangiogénica.
— Protección del tejido nervioso.

Las enfermedades relacionadas con el déficit de vitamina D constituyen un listado aún más interminable: cáncer, psoriasis, dermatitis atópica, rosácea, artritis reumatoide, enfermedad de Crohn, colitis ulcerosa, colon irritable, ateroesclerosis, hipertensión, diabetes tipo 1 y 2, esclerosis múltiple, alzhéimer, párkinson, esquizofrenia, autismo, epilepsia, infartos cardiacos, osteomalacia, osteoporosis, dolor muscular e insomnio, entre otros.

No puede ser casualidad que cuando el organismo se ve atacado por algún agente agresor —bacterias, virus, hongos...—, las células del sistema inmunológico comiencen a fabricar como locas VDR. ¿Sabes qué es esto? Las siglas en inglés de receptor de vitamina D. Su concentración se multiplica por cinco en pocos minutos. Esto no es otra cosa que el sistema inmune llamando a voces al sol para que le eche una mano en la lucha contra los invasores.

La temida osteoporosis

Lamento decirte que una vez que llega la menopausia —andropausia en el hombre— y las hormonas de la fertilidad se nos van al traste, a la evolución le importa bien poco ya nuestra existencia en este mundo. Es así de claro y de triste. La vida media del ser humano raramente sobrepasaba los cincuenta años. Es decir, todo lo que vivamos más allá de la etapa reproductiva debemos considerarlo un regalo.

Desde un punto de vista evolutivo hemos venido a este mundo para vivir, reproducirnos y ¡fin! El declive del ser humano suele llegar al mismo tiempo que la bajada de las hormonas sexuales, que nos protegen de todas las enfermedades. De ahí que los tratamientos con hormonas sintéticas bioidénticas sea una de las prescripciones que yo siempre defenderé, aunque recomiendo un estudio genético previo para saber cómo metabolizamos dichas hormonas, porque de lo contrario es tirar un dardo a ciegas en cuanto a efectos secundarios.

El grueso de la población asocia la vitamina D a la salud ósea. No obstante, he de decir que es un factor más, entre muchos, en la ecuación de la densidad del hueso. El magnesio, el boro, el silicio, el manganeso, el deporte, los niveles de glucosa, el número de ingestas diarias, el balance de las hormonas sexuales... influyen igualmente en este aspecto. Cuando ingerimos alimentos ricos en calcio, es la vitamina D la que abre la puerta a esta sustancia para que pase desde el intestino a la sangre y sea distribuida por el organismo. Me gustaría reiterar que el problema de la osteoporosis no es de calcio. No y mil veces no. Nos obsesionamos con el calcio y estamos mirando hacia el lado equivocado. Tener déficit de calcio no viene impuesto por una ingesta pobre en este elemento. El problema son las pérdidas por la orina y las heces.

¿Has pensado por qué el calcio es el mineral elegido por la evolución para conformar la estructura del esqueleto? Entre otros motivos, porque está presente en la totalidad de los alimentos que tomamos. De modo que debemos cuidar nuestras reservas y, para ello, te daré una serie de consejos para evitar pérdidas de calcio:

— Respeta el sueño nocturno. A estas alturas ya conoces la importancia de los biorritmos.
— Evita alimentos o fármacos (como los protectores gástricos) que alcalinicen el estómago (suban su pH), ya que la absorción del calcio es directamente proporcional a la acidez del estómago. Hay varios alimentos que alteran este pH, pero, sin duda, los que más lo hacen son los lácteos en todas sus variantes (queso, nata, yogur...) y la patata. Ya, ya sé que la leche es rica en calcio, pero eso no significa que lo absorbas cuando la bebes. Un pequeño plato de brócoli o una ración de pescado pequeño te aportarán más calcio que dos vasos de leche. Y, si no, pregúntate: ¿cómo es posible que, en los países occidentalizados, donde se consume leche de vaca desde que somos niños, es donde existe la mayor prevalencia de osteoporosis?
— Ten cuidado con el estrés crónico. También afecta al pH del estómago, incrementa el cortisol y este genera pérdida de densidad ósea cuando permanece alto en sangre más tiempo del que debe.
— Haz ejercicio físico donde haya fuerza de gravedad y, si es posible, algo de impacto mecánico (trotar, saltar...).

— No abuses de alimentos ricos en oxalatos (café, espinacas, acelgas, cacahuetes, trigo...).
— Elimina los refrescos y las bebidas ricas en ácido fosfórico. El agua con gas no entra dentro de este grupo.
— No abuses tampoco de los alimentos ricos en ácido fítico (legumbres, cereales integrales y frutos secos).
— No tengas exceso de fibra en la alimentación.
— No hagas un uso continuado de laxantes.
— No comas más de tres veces al día.

Donde la vitamina D juega un papel relevante en cuanto a carácter preventivo es en las enfermedades oncológicas. Ya en 1980, los hermanos Frank y Cedric F. Garland publicaron en el *International Journal of Epidemiology* un clarificador artículo con el título: «¿Reducen la luz del sol y la vitamina D la probabilidad de padecer cáncer de colon?». En él postulaban que es la vitamina D que el organismo produce al exponerse al sol la que reduce el riesgo de cáncer de colon. En los años siguientes, los Garland constatarían que esos beneficiosos efectos se obtienen igualmente respecto a los cánceres de mama, riñón, vejiga, ovario y endometrio, así como en los casos de diabetes tipo 1.

Estudios más recientes revelan que niveles por debajo de 32 ng/ml de 25 (OH) D_3 incrementa en un 54 % la probabilidad de sufrir cáncer de colon.

Joan Lappe, profesora de la Universidad de Creighton, constató en un estudio publicado en 2007 en mujeres posmenopáusicas que por cada 10 ng/ml de aumento en el nivel de vitamina D en sangre, el riesgo relativo de padecer cáncer de todo tipo se reducía en un 35 %, y que en las mujeres que tomaron 1.100 UI de vitamina D durante los cuatro años posteriores a la menopausia el riesgo de cáncer de mama se redujo en un 60 %.

Un año después, en 2008, Pamela Goodwin terminaría otro nuevo trabajo en el que, tras analizar los casos de más de quinientas mujeres que fueron tratadas durante once años, se encontró con que entre las que presentaban un déficit de vitamina D en el momento de diagnosticárseles el cáncer de mama hubo un 73 %

más de muertes, aumentando a casi el doble en las demás las recidivas y las metástasis.

El doctor Kimmie Ng dirigió y publicó en el *British Journal of Cancer* un estudio titulado «Prospective study of predictors of vitamin D status and survival in patients with colorectal cancer», en el que se centró en la relación entre los niveles de vitamina D y el cáncer de colon. En el estudio los investigadores siguieron durante nueve años a mil diecisiete pacientes con cáncer de colon, valorando parámetros como la información sobre la radiación ultravioleta B (UVB), la exposición al sol de los enfermos, su tipo de piel, el índice de masa corporal y la ingesta de vitamina D a través de los alimentos y suplementos. Pues bien, los resultados mostraron que las personas que tienen niveles altos de vitamina D al ser diagnosticadas tienen un 50 % menos de posibilidades de morir de cáncer. Y que el riesgo de mortalidad por cualquier causa —no solo por cáncer— es un 38 % menor.

Imagino que después de leer esto estarás diciendo: ¡¡quiero vitamina D ahora mismo!! Pero ¿cómo la consigues? Existen tres fuentes de obtención:

— El sol. La radiación ultravioleta B es la que, al incidir sobre la piel, transforma una sustancia que se llama 7-dehidrocolesterol en vitamina D. ¿Colesterol, pero si el colesterol es malo, ¿no? ¡¡Pues no!! Pero de esto hablaremos en el próximo libro. También te preguntarás si me refiero a la radiación ultravioleta B, esa que bloquea la «cremita» protectora solar que nos ponemos? Sí, hablo de esa. Increíble, ¿verdad? Te pones la «cremita» y te estás perdiendo una de las cosas más saludables de esta vida. A partir de un factor de protección 30 no produces apenas nada de vitamina D.

— Los alimentos. He de decirte que es realmente imposible obtener la dosis diaria recomendada de vitamina D a través de la alimentación. Si te comes un kilo y medio de sardinas al día sí que la alcanzas, así como con ciento diez gramos de angulas naturales. En este último caso, tendrás las reservas de vitamina D bien, pero deficiencias en el bolsillo.

— La suplementación. Cuando uno lee sobre la cantidad diaria recomendada de una vitamina, a lo que hace referencia esa dosis es a la cantidad necesaria para evitar la enfermedad más característica asociada a la deficiencia de ese elemento. En el caso de la D es el raquitismo. Pero esto no cubre las demás dolencias. La dosis diaria recomendada de vitamina D es de 600 UI/día para personas con edades comprendidas entre uno y setenta años. Pero la pregunta es si quieres cobrar el sueldo mínimo interprofesional o cuatro mil euros al mes.

Según se deduce de los estudios realizados sobre la correlación de cáncer y diversas enfermedades con la vitamina D, la ingesta oral diaria debería estar comprendida entre 1000 y 4000 UI —depende del punto de partida en sangre al iniciar el tratamiento—, teniendo en cuenta que 1000 UI D diarias por vía oral aumentan en sangre el nivel de 25-hidroxivitamina D aproximadamente en 11,5 ng/ml. Dicho de otra forma: una mujer adulta de piel blanca expuesta al sol en verano en la península ibérica mientras lleva un bikini genera alrededor de 10000 UI de vitamina D en quince o veinte minutos. No pienses que una mayor exposición al sol le va a proporcionar una cantidad más alta de vitamina D, ya que llega un momento en que los rayos ultravioleta B (UVB) terminan por degradarla para prevenir que se acumule en exceso en la piel.

Si te estás preguntando si la vitamina D ingerida diariamente puede provocar toxicidad, te informo de que esto podría ocurrir al alcanzar los 150 ng/ml o más en sangre, lo que supondría —dependiendo del nivel de partida— consumir diariamente entre 40000 o 50000 UI durante un largo periodo de tiempo. Por tanto, una dosis de hasta 10000 UI de vitamina D al día es segura; así lo indica al menos el trabajo «Vitamin D deficiency» aparecido en el *New England Journal of Medicine*. Lo que nunca se ha observado es toxicidad inducida por vitamina D cuando esta se genera tomando el sol. Entre 45 y 60 ng/ml de 25 (OH) D_3 es un valor que podemos considerar preventivo de casi la totalidad de las enfermedades.

La melanina

Cuando pensamos en melanina —no la confundas con la melatonina—, la mente se enfoca de inmediato en la piel y en el bronceado, ¿verdad? Cierto es que este pigmento es el que nos pone morenitos y que hay varios tipos de melanina y, en consecuencia, varias tonalidades de pigmentación. Pero la finalidad de la melanina no es la de realzar nuestra belleza; su funcionalidad va mucho más allá.

Para empezar, he de decirte que esta sustancia no solo la producimos en la piel, también está presente en el pelo, la retina, las glándulas suprarrenales, la médula espinal, el núcleo dorsal motor del nervio vago, los labios, los pezones, el glande, la vagina, el oído interno y en ciertas áreas profundas del cerebro como el *locus coeruleus* y la sustancia nigra, entre otros. Seguro que te estás preguntando que para qué producimos melanina en estos tejidos tan alejados de la piel. Te lo explico a través de los apasionantes datos que están arrojando los últimos estudios sobre la melanina.

— Es una sustancia fotosensible. Habrás visto que algunas calculadoras, juguetes, bombillas… tienen una pequeña plaquita de silicio y, cuando le da la luz, el dispositivo se pone en funcionamiento. Pues bien, la melanina, al igual que la placa de silicio, convierte la luz en corriente eléctrica.

— Es conductora y semiconductora de electricidad. Es decir, tiene la capacidad de modular la transmisión de corriente eléctrica como hace un transmisor. Esta cualidad ha hecho posible la fabricación de circuitos electrónicos orgánicos construidos a base de melanina. Esta propiedad ha sido la que le ha permitido al joven nepalés Malin Karki fabricar un panel solar que funciona con pelo humano. Por si no habías reparado en ello, el color de tu pelo y de tus ojos está determinado por el tipo de melanina que hay en ellos.

— Es fotoemisora. Cuando la melanina es excitada por diversas corrientes eléctricas, tiene la propiedad de emitir luz como la lámpara de led que tienes en tu mesita de noche.

— Tiene una capacidad excelente de absorber sonido, de ahí su presencia en el oído interno y su investigación en la industria para aislamientos acústicos.
— Es el antioxidante más estable del organismo. Es decir, es capaz de inhibir los radicales libres sin oxidarse.

Estas propiedades de la melanina han sido profundamente estudiadas por el neurooftalmólogo mexicano Arturo Solís Herrera, que ha patentado una batería inagotable que funciona solo con agua y melanina. Gracias a ella, el reloj y la lámpara de la mesa de su despacho llevan funcionando años sin apagarse, así como todas las farolas que lucen día y noche en la plaza de la Patria de la ciudad de Aguascalientes, en México. La combinación de agua, melanina, la energía fotónica que proviene de la luz solar y todo el espectro electromagnético que llega a la Tierra desde el cosmos parecen ser los únicos ingredientes necesarios para esta inagotable fuente de energía. Te animo a que profundices en su estudio si te ha interesado este tema. Según este científico mexicano, los seres humanos tenemos la capacidad de realizar fotosíntesis como lo hacen las plantas. Asegura que más del 30 % de nuestra energía la obtenemos del sol.

Esto podría explicar que el hindú Hira Ratán Manek, defensor del *sungazing* —curación mediante el sol—, pasara cuatrocientos once días sin comer. Lo más curioso es que, a lo largo de ese periodo de tiempo que permaneció sin ingerir alimentos, estuvo supervisado por un equipo formado por médicos generales, cirujanos, cardiólogos, endocrinólogos y neurólogos. El control comenzó unos días antes del programa de ayuno y continuó hasta después de su finalización. Consistió en un registro diario dejado por escrito del pulso, la presión arterial, la respiración, la temperatura, la ingesta de agua, la producción de orina, el peso, así como pruebas hematológicas y bioquímicas —básicas y algunas avanzadas—. Dichos exámenes fueron realizados mensual o quincenalmente. Se sometió a electrocardiogramas, ecografías, electroencefalogramas, tomografías computarizadas y resonancias magnéticas cerebrales. Los resultados de las pruebas —salvo la pérdida de peso (diecinueve kilos), la disminución del pulso y la frecuencia respiratoria— arrojaron datos de absoluta normalidad y salud. Pero lo más sorprendente fue que los doctores Newberg y Brainard, especialistas en fotobiología de la glándula pineal, comprobaron, muy sorprendidos, que la glándula pineal de Hira no solo no había disminuido su tamaño, como ocurre con el paso de los años, sino que lo había duplicado. Puedes comprobar estos datos en la web www.solarhealing.com.

De modo que esa sensación de «se me cargan las baterías cuando tomo el sol» quizás no sea una simple percepción. Es más, yo después de leer extensa literatura sobre la melanina, el agua, las mitocondrias... me atrevo a decir que el sol nos proporciona más energía que muchos de los alimentos que ingerimos por vía oral.

Cuando nacemos, ni la sustancia nigra ni el *locus coeruleus* del cerebro están coloreados, sino que se encuentran en blanco, carentes de neuromelanina, y conforme se va oscureciendo esa zona del cerebro comienza a ejercer su función correctamente. Si recuerdas a un niño pequeño, tendrás en la mente que sus movimientos son poco coordinados: no calculan bien las distancias ni las fuerzas. Golpean con sus juguetes el cristal de la mesa y mueven los brazos y piernas de manera anárquica. El incremento de melanina en estas áreas del cerebro es lo que propicia que sus movimientos comiencen a ser coordinados y controlados. Por otro lado, en la enfermedad de Parkinson encontramos una pérdida de melanina en el cerebro en paralelo a la evolución de la enfermedad. Espero que esto te haga pensar de nuevo en la necesidad imperiosa de exponernos al sol.

Te estarás preguntando si hay alguna manera de mejorar la capacidad de producir melanina a través de la alimentación. La respuesta es sí. Sintetizamos la melanina a partir de un aminoácido llamado L-tirosina, que sometemos a varias reacciones enzimáticas que generan metabolitos hasta llegar a la síntesis de melanina. Si quieres favorecer la formación de melanina, no te deben faltar alimentos ricos en tirosina como, por ejemplo: plátano, aguacate, espárragos, carne de pato, carne de perdiz, carne de cordero, carne de ternera, carne de ave de corral, almendras, pipas de calabaza, sésamo y pescado, en general.

Los alimentos ricos en carotenos, vitaminas A y E incrementan también la producción de este maravilloso antioxidante. No dejes de consumirlos —zanahoria, papaya, calabaza, tomate, berros, espinacas, aceite de oliva, melón, pimiento rojo, hígado de ternera o cordero de pasto, higaditos de pollo ecológico, aguacate, yema de huevo—.

Pero, sin duda, lo más aconsejable es tomar melanina directamente. La tinta de calamar o la sepia es melanina pura. La composición química de este líquido, que sirve como estrategia de huida a dichos animales, no ha cambiado en los últimos ciento sesenta millones de años, según se ha podido comprobar en el estudio de dos bolsas de tinta encontradas en fósiles de calamar hace un tiempo en Inglaterra. La investigación del doctor J. P. Zhong sobre las propiedades de la tinta de calamar y de sepia son muy concluyentes: la melanina obtenida de estos cefalópodos tiene una acción antiviral, hematopoyética, antitumoral y antiangiogénica.

Igualmente, el doctor N. D. Pough publicó en 2005 un estudio sobre la actividad inmunomoduladora de la melanina de origen vegetal procedente de la equinácea purpúrea y la pallida. Estas melaninas vegetales incrementan la producción de interferón gamma en el bazo y de las inmunoglobulinas A y la IL6 en las placas de Peyer. Estudios posteriores revelan que las melaninas que proceden del *ginseng*, las hojas del té verde y los brotes de alfalfa eran igualmente inmunoactivas.

La filagrina

Es una proteína estructural fundamental para el desarrollo y mantenimiento de la barrera cutánea. Se encuentra en las capas más superficiales de la piel y nos aporta grosor, resistencia e hidratación. La piel constituye una puerta de entrada de patógenos muy significativa y su integridad nos protege contra enfermedades como dermatitis atópica, eccemas, psoriasis... La exposición al sol es uno de los factores más determinantes en su producción.

En caso de no poder exponerte al sol porque vives en latitudes muy alejadas del ecuador, la solución está en comer aguacate

—aunque, como veremos más adelante, lo ideal es consumir productos de temporada y de la región donde resides—. El aguacate contiene perseosa. Esta sustancia es un activo biomimético de la filagrina y aporta integridad a la barrera cutánea.

Otra manera de ayudar a la síntesis de filagrina es el consumo de alimentos ricos en histidina —un aminoácido—, o incluso tomar en suplemento —te recomiendo que esté pautado por un especialista en la materia—. Como alimentos ricos en histidina destacan, por ejemplo: huevos, pescado, marisco, carne, judías verdes, champiñones y cítricos.

Sin duda, la filagrina es una proteína que no deja de sorprendernos. Siempre la hemos relacionado con la piel, pero recientemente se ha encontrado en el bronquio y en el ojo, más en concreto en el cristalino, en el epitelio pigmentario de la retina y en el cuerpo ciliar. Estaremos atentos a las próximas investigaciones.

El óxido nítrico

¿Tienes hipertensión arterial, tendencia a la formación de trombos o problemas cardiovasculares? ¿Padeces de úlcera gastroduodenal? ¿Sufres de disfunción eréctil o renal? Casi con toda seguridad tienes déficit de óxido nítrico.

Esta sustancia es un gas que se produce en el endotelio vascular —la capa más interna de los vasos sanguíneos—. Su importancia es tal que en 1992 fue declarada «molécula del año».

El óxido nítrico actúa en el cuerpo como un mensajero biológico que regula la actividad del sistema inmune, el cerebro, las arterias, el hígado, el páncreas, el útero y los pulmones, entre otros.

En el caso de las arterias hay que tener siempre presente que los vasos sanguíneos no son simples tubos por los que circula la sangre. Son un tejido vivo cuya capa interna, el endotelio, reacciona al óxido nítrico produciendo vasodilatación, es decir, haciendo que el músculo que forma el vaso se relaje y deje pasar más caudal sanguíneo.

Este es, precisamente, el mecanismo por el que actúa el sildenafilo para producir erecciones. La explicación complicada es que estos fármacos bloquean una enzima que descompone el nucleótido GMP que permite que el óxido nítrico dilate las arterias. La explicación sencilla es que, en definitiva, la pastillita azul consigue que haya más óxido nítrico disponible y llegue más sangre al pene. Quizás nunca te habías parado a pensar que el sol te mandaba cada día viagra desde el cielo, ¿verdad?

Si eres diabético tipo 2, tienes antecedentes familiares de alzhéimer o eres deportista, debes saber que el óxido nítrico mejora el rendimiento deportivo, previene las placas de ateroma en los diabéticos, mejora la sensibilidad a la insulina y nos protege en gran medida de las enfermedades neurodegenerativas.

Tampoco puede ser casualidad que científicos de la Universidad de Edimburgo hayan puesto de manifiesto que los habitantes de las zonas con más horas de sol tienen un 30 % menos de riesgo de morir de COVID. Como no podía ser de otra manera, cuando los maravillosos rayos solares acarician tu piel desnuda, provocan la liberación de óxido nítrico en los vasos sanguíneos. El sistema inmune usa este óxido nítrico —que te recuerdo que es un gas— para «fumigar» a los patógenos, además de ayudar en la producción de anticuerpos a los linfocitos, mastocitos, células cooperadoras... Si, además de tomar el sol, haces ejercicio físico y tomas alimentos ricos en arginina, que es el aminoácido mediante el cual el organismo fabrica óxido nítrico, la producción la tienes asegurada. Como alimentos ricos en arginina —o nitratos inorgánicos que ayudan a la síntesis de óxido nítrico— te aconsejo los siguientes: huevo —en especial la yema—, carne, marisco, pescado, remolacha, aguacate, granada, cítricos, kiwi, sandia, uvas, fresas, guisantes, almendras y avellanas.

Por último, te recomiendo no usar colutorios, ya que las bacterias que viven en la boca son las encargadas de convertir los nitratos de la comida en óxido nítrico. Puedes optar por disolver una cucharadita de aceite de coco ecológico con una gota de aceite de árbol de té en la boca y luego tragarlo. No habrá mejor manera de mantener a raya a los microorganismos patógenos de la boca.

La serotonina

Si alguna vez has sufrido un estado depresivo y has acudido al psiquiatra, casi con toda seguridad te habrá mandado algún fármaco que incremente la concentración de serotonina en el cerebro; más en concreto, en las sinapsis neuronales. Los medicamentos como citalopram, escitalopram, fluoxetina, paroxetina o sertralina están presentes en las mesitas de noche de algo más de tres millones y medio de españoles. Y estos datos van en aumento.

Los síntomas asociados al déficit de serotonina son de lo más variado, pero los más habituales son:

— Sensación de fatiga y falta de energía.
— Problemas para conciliar el sueño o, lo contrario, dormir mucho.
— Apatía y desmotivación.
— Problemas digestivos (estreñimiento, dispepsia…).
— Baja autoestima.
— Falta de memoria y problemas de concentración.
— Problemas cutáneos.
— Irritabilidad.
— Tristeza.
— Alteración del apetito sexual.

Son varios los motivos por los que puedes sufrir un descenso de serotonina: déficit de triptófano —su precursor—; de cofactores para su síntesis —como el magnesio o la vitamina B6—; alteraciones de la microbiota intestinal —es uno de los factores más importantes en la producción de este neurotransmisor—; afectaciones intestinales crónicas, estrés crónico, déficit de horas de sueño… Pero uno de los más relevantes es la falta de exposición a la luz solar.

Aunque habitualmente se piensa que la producción más importante de serotonina es la cerebral, lo cierto es que producimos o captamos serotonina en otros lugares del organismo como la piel, las plaquetas, obviamente el cerebro y el intestino, en donde se realiza el 95 % de la producción. Es muy sencillo: sin serotonina el aparato digestivo no funciona correctamente. Uno de los síntomas —entre otros muchos— más comunes cuando el intestino no cuenta con la concentración idónea de serotonina es el estreñimiento. Tus heces serán como bolitas de cabra si te ocurre esto.

PIJAMA NO, POR FAVOR

Con respecto a la piel, la carencia de serotonina se traducirá en eccemas, dermatitis, psoriasis... Los aproximadamente dos metros cuadrados de tejido que constituyen la piel de una persona adulta son una verdadera fábrica de producción de serotonina —y de casi la totalidad de las hormonas—, ya que su estimulación mecánica y térmica favorece la fabricación. Es por esto por lo que una sauna, un masaje suave o el simple contacto piel con piel incrementan considerablemente los niveles de serotonina. Uno de los consejos que les doy a mis pacientes que duermen en pareja es que jamás utilicen pijama. El uso de esta prenda es la manera más absurda de no beneficiarse de la secreción de serotonina mientras dormimos acompañados.

En todo caso, la fotoestimulación es la vía más potente en la fabricación de serotonina tanto en la piel como en el cerebro —con la repercusión global que esto tiene—. Cuando te da el solecito se pone en marcha el tracto retinorafo —es decir, un haz de neuronas que comunican la retina del ojo con los núcleos de Rafe— y el sistema enzimático especializado en la fabricación de serotonina presente en la piel.

Esto te debe hacer pensar que esas maravillosas gafas de sol polarizadas que te hacen sentir muy atractiva o atractivo, posiblemente te están bloqueando la síntesis de serotonina cerebral. No te digo con esto que no las uses, te estoy insinuando que pases unos minutos expuesto a la luz solar sin tenerlas puestas. Si poco a poco vas generando el escudo solar, como te propongo un poco más adelante, no te hará falta usar las gafas a no ser que tengas los ojos claros y estés en latitudes donde la luz del sol tenga mucha fuerza.

Las horas de luz que tenga el día, así como su intensidad, determinará tu estado de ánimo. Yo te pregunto: ¿cuándo se incrementa la prevalencia de depresión: en invierno o en verano? ¿Cuáles son los países más alegres y que siempre se han asociado con un apetito sexual más alto? ¿Los situados en las zonas tropicales y bañados por el Mediterráneo o los alejados del ecuador? Ya lo decía Raffaella Carrà en una de sus canciones, *Hay que venir al sur*.

Bromas aparte, la exposición al sol tiene una repercusión tan drástica en el estado de ánimo y en los niveles de serotonina, que el científico Benjamín Vyssoki comprobó a través de un estudio que las tasas de suicidio consumado —y con los métodos más violentos— están relacionadas de manera directa con el mes del año y el nivel de exposición a la luz solar.

Si quieres incrementar tus niveles de serotonina, para que veas la vida tal y como es, y la angustia y la tristeza no se apoderen de ti, te doy los siguientes consejos:

— Exponte al sol.
— Duerme entre siete y nueve horas al día.
— Cuida tu intestino.
— Recibe saunas y masajes suaves.
— No duermas con pijama si lo haces acompañado.
— Practica deporte.
— Realiza meditación (ya hablaremos más adelante sobre esto).
— Toma alimentos ricos en triptófano y en cofactores que te ayuden a fabricar serotonina, tales como carne de pavo y pollo principalmente, pescado azul, yema de huevo, piña, plátano, aguacates, cerezas y ciruelas, almendras, nueces, pistachos y anacardos, espinacas, remolacha, zanahoria, apio, dátiles y brócoli, semillas de sésamo y calabaza, chocolate con alta concentración de cacao y alga espirulina.

El escudo solar

Por favor, lee con atención este apartado porque es extremadamente importante que comprendas esto que te voy a contar. Tu salud depende de ello.

La capacidad de la luz solar de inducir la producción de vitamina D en la piel depende de varios factores. Te expongo algunos de ellos:

— El punto geográfico donde te encuentres.
— La estación del año.
— La tonalidad de la piel.
— El tiempo de exposición.
— La hora del día en que te expones.

En la península ibérica, debido a su situación, los rayos solares presentan una inclinación idónea para la síntesis de vitamina D solo durante seis meses al año. Desde el mes de noviembre hasta el mes de mayo, aunque te expongas al sol, no conseguirás una producción suficiente para cubrir tus necesidades.

Cuanto más oscura es la piel, más tiempo de exposición necesitas, ya que la melanina actúa de protector solar. Por regla general podemos decir que, desde mayo hasta noviembre, cuando la piel se enrojece un poquito —no estoy hablando de quemarse, ni mucho menos, tan solo de un ligero enrojecimiento— es señal de que has fabricado la vitamina D necesaria. Si tienes la piel muy blanquita y te expones en horas centrales, igual necesitas tan solo cinco minutos. Pero, ¡ojo!, esos cinco minutos te dan la vida.

¿Qué debes hacer? Exponerte todos los días unos minutitos sin protección solar. No, no vuelvas a leerlo. Lo has entendido bien. Sin protección solar. Te expones cinco minutos —cuatro o dos si tienes la piel muy pálida— en bañador o ligero de ropa y, si es como tu madre te trajo al mundo, mejor; ¿o te crees que tus genitales no tienen derecho a recibir las bondades de los rayos solares? Una vez transcurridos esos minutos te vas al chiringuito, te vistes o te pones crema solar con protección total.

¿Sirve cualquier protector solar? Como puedes imaginar la respuesta es rotundamente NO. Usa siempre uno ecológico u orgánico, de los de barrera, los que se han puesto a los niños pequeños toda la vida, ese que parece yeso. Y es que al ponerte una crema solar sintética de uso habitual estás bloqueando la radiación ultravioleta B —y la A en algunas ocasiones—. Esto es un verdadero problema, ya que el organismo recibe la luz solar sin el espectro completo de longitudes de onda, y para las células esto es algo anómalo y aberrante que genera inflamación. El ser humano nunca ha recibido la luz del sol capada y modificada artificialmente. Pero cuidado: cuando tomas el sol a través de un cristal ocurre lo mismo.

¿Has masticado o tragado alguna vez las pepitas de las uvas o la sandía? ¿Te has comido una almendra amarga, nueces o arándanos? ¿Qué pensarías si te dijese que debes evitar comer estos alimentos porque tienen una sustancia llamada laetril —vitamina B17— que está compuesta por cianuro? Pues, hombre, si aíslo el cianuro del resto de los componentes de estos alimentos y me lo tomo en dosis altas, posiblemente me muera, ¿verdad? En el caso de los estudios realizados que correlacionan el cáncer de piel con el sol lo que se ha hecho es lo mismo que con el cianuro de las almendras amargas. Se ha separado la radiación ultravioleta B del resto de los espectros de luz que componen la luz solar y se ha incidido sobre la piel.

Pero la realidad no es esa. La naturaleza nunca es reduccionista. Si te alimentas con comida «humana» y te expones de manera frecuente al sol a diversas horas del día, para recibir en distintas intensidades los diferentes espectros de luz, el sol jamás te generará problemas. Todo lo contrario. Deberíamos empezar la jornada viendo el amanecer y acabarla viendo el atardecer. Eso como mínimo.

Los protectores solares sintéticos no dejan pasar la radiación ultravioleta B, pero sí la luz azul. Ello supone graves alteraciones porque la ultravioleta B genera problemas en las capas más superficiales de la piel cuando no estamos habituados a tomar el sol, por lo que, al no sentir el daño ni percibirlo, seguimos exponiéndonos. La luz azul no filtrada por el protector provoca oxidación de los ácidos grasos subcutáneos, fenómeno que no podemos percibir y que en realidad es el que inicia los procesos más patógenos en dermatología.

He dicho la luz azul, no lo olvides. La luz azul la emite tu teléfono móvil, el televisor, el ordenador y las bombillas led que iluminan tu casa. Esta luz azul artificial, sin ir acompañada de más espectros de luz, te oxida la piel y los tejidos subcutáneos, hace trizas los componentes del ojo y, literalmente, te deshidrata las células. Te envejece.

Ya hay estudios que correlacionan la degeneración macular con este tema, así como la alteración de la tiroides y el cáncer. Si vas a exponerte a estas luces, te aconsejo que cubras tu piel lo máximo que puedas y, por supuesto, que utilices gafas que filtren la luz azul.

EWG (Environmental Working Group) recomienda que no se usen protectores solares que contengan palmitato de retinol, retinol, acetato de retinol, linoleato de retinol y ácido retinoico. Estas sustancias, derivadas de la vitamina A, cuando se aplican de manera tópica y son expuestas a los rayos solares, promueven el desarrollo de tumores y lesiones cutáneas.

La mayoría de las compañías de cosméticos no han eliminado estos ingredientes de los protectores solares y otros productos para la piel, los labios… Por si esto fuera poco, los protectores solares artificiales contienen sustancias que pueden comportarse como disruptores endocrinos y te pueden alterar la funcionalidad de los ovarios, los testículos y, sobre todo, la tiroides. Pero si cada día te expones un poquito a la radiación y vas generando una protección natural, el sol te protegerá del cáncer —incluido el de piel— y de muchas de las patologías que puedas imaginar. La naturaleza te premiará con el más potente, inteligente y eficaz de los protectores solares: la melanina. El laboratorio de la naturaleza lleva investigando este protector solar aproximadamente tres mil millones de años. Creo que los certificados de calidad otorgados a lo largo de este tiempo tienen más peso que unos pocos años de estudio por parte de unos laboratorios, ¿verdad?

Si, por el contrario, pasas de estar semanas y meses encerrado entre cuatro paredes a exponerte un tiempo prolongado al sol, evidentemente te quemarás y tendrás más riesgo de sufrir un melanoma. En 2004, *The Lancet* —una de las revistas de mayor prestigio en la divulgación científica— publicó un artículo en el que afirmaba que los trabajadores que estaban al aire libre tenían menos riesgo de melanomas en comparación con los trabajadores de espacios interiores.

Como no podía ser de otra manera, la nutrición desempeña un papel fundamental en la protección contra los melanomas. La cantidad y variedad de alimentos ricos en antioxidantes que ingieras, así como el tipo de ácidos grasos que abunden bajo tu piel, determinarán el poder carcinogénico del sol. Así que huye de las grasas de origen vegetal —aceite de girasol, palma, canola, maíz, margarinas...— y opta por las grasas presentes en los pescados azules, marisco, yema de huevo, mantequilla ecológica y carnes de pasto o ecológicas. El aceite de coco, aun siendo vegetal, es un buen aliado para prevenir los melanomas. Y no, no es malo para las arterias. Es una grasa saturada de cadena media.

Como consejo para generar el escudo solar, te diría que comiences por respetar el sueño nocturno y realizar cambios en tu alimentación incrementando el consumo de antioxidantes y desterrando de tu mesa las grasas vegetales y los alimentos procesados. Tras unos pocos meses ya estarás preparado para ir poco a poco exponiéndote al sol. Tu escudo solar aflorará en tu piel con fuerza en un breve espacio de tiempo. Este escudo te permitirá tomar el sol con más seguridad y por más tiempo —pero sé siempre inteligente, no se trata de abusar. Como todo, en su justa medida—.

Quizás estás pensando que no te puedes poner al sol porque te salen manchas en la piel, pero, si este es tu caso, lo que debes pensar es que, casi con toda seguridad, tienes déficit de una sustancia llamada glutatión —un poderoso antioxidante—, por lo que te animo a que acudas a algún colega y que te paute una dosis apropiada para ti.

Cada día, y desde hace millones de años, el sol envía un wasap a cada una de las células con la información necesaria para que el organismo sincronice sus relojes internos, produzcamos energía y vivamos, sin más. Procura tener cobertura y que te lleguen estos mensajes. ¿Taparías las placas solares de tu casa?, no ¿verdad?, pues no tapes tu piel que también te aporta energía e información.

El sol, el mejor probiótico

Es un verdadero insulto a la vida no exponernos al dios sol cada día, aislarnos de él con cremas que bloquean parte del mensaje que nos manda, o incluso tenerle miedo. ¿Te imaginas a un bebé temeroso de su madre o de su padre por el hecho de que quieran cuidarlo y mimarlo?

Cada amanecer el sol nos despierta con la más dulce de las voces, con su preciosa luz roja que sincroniza a la perfección nuestro reloj interno. Conforme va alcanzando el zénit nos va calentando con sus infrarrojos, nos da luz con todo el espectro visible, nos da de comer con su energía, nos susurra mensajes que invitan a nuestras células a vivir felices y fuertes, y a la caída de la tarde nos canta una nana de nuevo con su luz roja, nos vuelve a sincronizar nuestro reloj y nos arropa para dormir. ¿Y te da miedo? ¿De verdad?

Como somos desobedientes, y nos gusta jugar a ser dioses, los seres humanos esperamos que nuestro sol nos apague la luz y se marche despacito por detrás de las montañas, o desaparezca en el horizonte marino, para darnos la vuelta y encender todas las luces que nos sea posible. Créeme que la infracción de esta ley la pagamos bien cara.

Cada día, cuando la oscuridad llega, al pulsar el interruptor de la luz, mirar el móvil, ver la televisión o pasear por la calle con la iluminación urbana encendida, lo que realmente estamos recibiendo es luz visible artificial azul y verde. Te recuerdo que estas luces, con sus longitudes de onda, son las que informan al cerebro de que es de día. El cerebro, ahora, *biohackeado* por las fatídicas luces humano-demoníacas, piensa que es pleno día y que el sol brilla con fuerza, por lo que mantiene elevados los niveles de cortisol y disminuidos, o casi anulados, los de melatonina. Cada día rompemos el biorritmo, cada día el sol coloca las manecillas de nuestro reloj interno en hora y nosotros, de manera voluntaria, las volvemos a desajustar cada noche, trastocando así todos los sistemas asociados al ritmo, a nuestro tictac interno. No sé si has comprendido la magnitud de esto que te explico y sus consecuencias. Te expondré una hipotética situación que quizás te pueda hacer pensar.

Imagínate por un momento qué ocurriría si trabajases en una multinacional y este fuera el *planning* de trabajo de una jornada: levantarte a las seis y media de la mañana porque tienes que ducharte, desayunar, ir al baño, levantar a tus hijos pequeños, asearlos, prepararles el desayuno, llevarlos al aula matinal del cole y llegar a tu trabajo a las ocho, cuando empieza tu jornada laboral. A las diez, entrega de unos informes a tu jefe; a las once, viaje en tren a la sede central de tu empresa; a las doce, reunión importante con la junta directiva; a la una, recepción de activos financieros interesados en la compra de la empresa y a la una y media, almuerzo con la comitiva. A las tres y media tomas el tren de regreso a tu ciudad y toca recoger a los pequeños del colegio —cuatro y media—; llevarlos a las actividades extraescolares de inglés y clases de pintura —seis de la tarde—; mientras los peques están en las actividades vas al *gym* hasta las siete y media, que los recoges. A las ocho y media toca preparar la cena; a las nueve y media atiendes una videollamada ineludible del trabajo con una delegación que tu empresa tiene en un país con distinto huso horario. A las diez y media ves un capítulo de tu serie preferida y te vas a dormir. ¡Madre mía! Es agotador solo escribirlo y, como bien sabes, no es exactamente ciencia ficción.

¿Te has fijado lo supeditada que está tu vida a tu reloj? Ahora te pregunto: ¿qué ocurriría si, mientras duermes, yo moviese las manecillas de tu despertador y de tu reloj de pulsera y las atrasase un par de horas, con lo que te levantarías dos horas después de lo que necesitas? Creo que se te habrá descompuesto la barriga solo de pensarlo. Si esto sucediese, te generaría un caos en tu día. Llegarías tarde al colegio de tus hijos, al trabajo, no podrías entregar informes, tomar el tren, llegar al almuerzo, a las reuniones, a las actividades, al *gym* y ni siquiera ver tu serie preferida. Un desastre. Pero… ¿y si te moviese las manecillas todos los días?, ¿sería esto compatible con tu vida? ¿Perderías el trabajo? ¿Qué ocurriría con la educación de tus hijos y con tu futuro? Tu tictac externo desajustado te provocaría el caos. Ahora, ¿puedes pensar en lo que ocurre en nuestro interior cuando todos los días «movemos» las agujitas de nuestro reloj biológico?

Nuestras reuniones, desplazamientos, informes y comitivas fisiológicas se traducen en alteraciones en la pérdida absoluta de puntualidad de síntesis, liberación e inhibición de hormona glucocorticoide —cortisol—, melatonina, hormonas tiroideas —TSH, T4, T3, rT3—, hormonas sexuales —FSH, LH, estrógenos, progesterona, prolactina—, hormona mineralocorticoide —aldosterona—, catecolaminas —adrenalina y noradrenalina—, hormona antidiurética, adenocorticotropa, insulina, glucagón, secretina, colecistoquinina, hormona del crecimiento y reparación celular GH, oxitocina, serotonina, dopamina, GABA... Puedo seguir hasta acabar con el papel de esta editorial. Esto se puede traducir en síntomas como ansiedad, cansancio, mareos, hipertensión arterial, depresión, falta de motivación, enfermedades autoinmunes —artritis reumatoide, esclerosis múltiple, vitíligo—, cáncer, alteraciones de la regla, infertilidad, ovarios poliquísticos, roturas musculares, alteraciones de la temperatura corporal, sobrepeso u obesidad, acné, elevación del colesterol, ácido úrico... Daría lugar a una verdadera entropía de tus sistemas.

Lo primero que debes tener en cuenta es que nuestra jornada laboral biológica es de veinticuatro horas. Lo segundo que hay que considerar es que casi la totalidad de nuestros ritmos hormonales son dependientes de nuestro reloj biológico. Lo tercero que tienes que valorar es que con nosotros viven millones de bacterias —unas diez bacterias por cada célula humana, es decir, unos trescientos sesenta billones de bacterias, además de hongos, parásitos y virus—. Y ¿crees que estos bichitos viven ahí, sin más? No, ellos también son dependientes de nuestro tictac interno. Muchos de ellos trabajan muy duro mientras tú duermes y otros descansan cuando tú trabajas. Así que no olvides que cuando una noche te da por irte de fiesta y acostarte a las cinco de la mañana, estás cabreando a trescientos sesenta billones de bacterias y otros pocos cientos de miles de millones de microorganismos. Te recuerdo que este microbioma nos aporta multitud de beneficios y fabrica muchísimas sustancias imprescindibles para la vida, desde vitaminas a neurotransmisores. Pero ellas, al igual que tú, tienen su jornada laboral y sus horarios bien establecidos y regulados por sus sindicatos. No les toquemos las narices y provoquemos una huelga indefinida porque hay mucho en juego. Tanto es así que podemos perder hasta la propia vida.

Como ves, manipular el reloj biológico es jugar con una bomba de relojería. Si desajustas el tictac externo puedes generar un caos en tu vida; si modificas el interno, acabas con ella. No juegues con esto porque te aseguro que la bomba, tarde o temprano, te estallará en las manos.

Como estás pudiendo comprobar, la luz del sol rige nuestras vidas. No puedo estar más de acuerdo con el término «dar a luz». Sin regular la luz, no habría nacimientos. No habría vida. Pero, realmente, cuando estas ondas electromagnéticas que componen la luz solar inciden sobre nosotros, ¿de qué manera nos generan tanto beneficio? ¿Cómo se propaga la información contenida en los fotones a cada una de nuestras células? La respuesta es ¡a través del agua!

10

El ser humano, ser de agua y luz

El agua, al igual que el sol, tiene una connotación religiosa y sagrada. Desde el agua bendita y el bautismo en la religión cristiana, pasando por el río Ganges en el hinduismo y terminando en las abluciones islámicas, casi la totalidad de las religiones han considerado el agua como un elemento de devoción.

El 70 % del planeta está cubierto de agua y, curiosamente, el mismo porcentaje de la composición humana es agua —en el caso del cerebro es el 90 %—. En el organismo, el agua se encuentra distribuida en tres compartimentos, como ya hemos visto:

— Dentro de las células (intracelular).
— Fuera de las células (extracelular).
— En el plasma sanguíneo.

Resulta paradójico que en medicina se hayan establecido un sinfín de especialidades focalizadas en el estudio y tratamiento de cada uno de los órganos y sistemas, y no haya surgido ninguna disciplina que se encargue del estudio profundo del principal constituyente del ser humano, que es el agua. Creo que sería muy sensato y acertado que en los hospitales, además de los servicios de cardiología, neurología, traumatología, etc., existiese el de hidrología. Para mí, sería el primero de la lista y el más importante. Espero que cuando termines de leer este apartado compartas mi opinión.

La composición química de la sangre es casi idéntica a la composición del agua de los océanos. La vida surgió allí. Hay científicos que postulan que se podría sustituir el plasma sanguíneo humano por agua de mar y seguiríamos vivos. En 1897, René Quinton, fisiólogo francés, llevó a cabo esta proeza con perros moribundos y les salvó la vida. Pero ¿qué tiene el agua de mar?, ¿cómo es el agua que baña las células?

Tanto el doctor Mu Shik Jhon como Gerald H. Pollack, bioingeniero y profesor de la Universidad de Washington (Seattle, Estados Unidos), han dedicado su vida el estudio del agua. Gracias a ellos podemos afirmar que la comprensión de la estructura molecular del agua requiere de conocimientos de bioquímica, biología molecular, física cuántica y de una lista completa de algunas técnicas analíticas que incluyen la resonancia magnética nuclear, la difracción de rayos X y diversos métodos de espectroscopia. Y es que el agua que hace posible nuestra vida celular es una muy especial. Como escribió el físico Philip Ball en la revista *Nature*: «Nadie entiende el agua».

Por todos es sabido que el agua puede presentarse en tres estados, gaseosa, líquida y sólida, y que una molécula de agua está formada por dos átomos de hidrógeno y uno de oxígeno (H_2O) unidos por un enlace covalente. Si has leído un poco más sobre ella, sabrás que el ángulo que forman los dos átomos de hidrógeno con el de oxígeno es de 104,45°. Hasta aquí todo parece sencillo y nos hace pensar que la molécula de agua es algo muy simple, ¿verdad? Nada más lejos de la realidad. El número de moléculas de agua que se unen entre sí y la disposición o estructura que adquieren estas en el espacio modifican su comportamiento físicoquímico. Esto es un tema muy complejo, pero intentaré simplificarlo todo lo posible.

Como te decía, el número y la disposición de las moléculas de agua son clave para comprender algunas de sus propiedades. Te aconsejo que leas lo que te voy a describir, cierres los ojos y lo visualices. Las moléculas de agua pueden estar aisladas, sin unión alguna —es lo que ocurre cuando se encuentra en estado gaseoso—, o pueden unirse unas a otras de modos diferentes: en *cluster*, de manera lineal —como los vagones de un tren— o formando estructuras en el espacio. Estas estructuras pueden no tener geometría alguna o pueden adquirir formas geométricas perfectas. En la siguiente ilustración puedes ver varias posibilidades de disposición —estructuración— molecular.

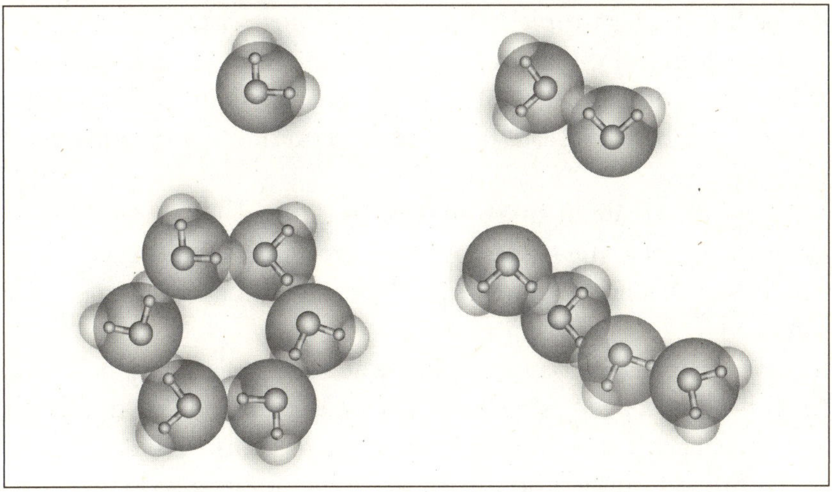

Moléculas y estructuras

Cuando las moléculas que conforman el agua están geométricamente ordenadas y forman estructuras como los dodeicosaedros, con caras pentagonales y hexagonales, sus características físicas y químicas hacen de este líquido una de las sustancias más extraordinarias jamás estudiadas. A esto se lo conoce como agua estructurada o la cuarta fase del agua. La cuarta fase del agua convierte a este líquido en una sustancia con una densidad, viscosidad, poder calorífico, punto de ebullición, de congelación y conductibilidad muy distintos a los del agua en cualquier otro estado.

¿Te has pinchado alguna vez con una aguja en el brazo o el abdomen? Si las células están llenas de agua en estado líquido,

¿cómo es posible que no te salga un pequeño chorrito como cuando pinchas una bolsa llena de agua? La respuesta es porque el agua en las células está —o debería estar— estructurada, se encuentra en esa cuarta fase que le da consistencia de gel. La salud de un individuo depende de su hidratación. Solo el agua estructurada es capaz de mantener las células bien hidratadas. Además, la estructuración convierte al agua en cristal líquido, capaz de conducir electricidad y energía.

El cristal líquido mantiene las propiedades del movimiento de los fluidos, las propiedades ópticas de los cristales sólidos, sirve como unidad de almacenamiento de memoria y responde a diferentes longitudes de onda vibratoria. Esta red cristalina geométrica hace posible la vida tal y como la conocemos en el planeta Tierra.

Soy consciente de que este tema es difícil de comprender —al menos para mí lo fue—, pero seguiré profundizando un poco para que entiendas la relevancia que tiene la calidad del agua en la salud.

Por si lo has leído muy rápido o no te has percatado del tema, te repito que el agua estructurada tiene la capacidad de transmitir y almacenar información. Es decir, tiene memoria. Este es el punto de inflexión donde quizás pienses que me he bebido unas cervezas de más o que consumo algún tipo de estupefaciente. Créeme, estoy más sobrio y sereno que nunca. Si haces memoria, recordarás que en las células tenemos unas organelas, las mitocondrias, que te describí como nuestras «centrales hidroeléctricas». Te conté que en estas mitocondrias producimos energía celular en forma de ATP. Ahora ha llegado el momento de decirte que estas estructuras, además de producir energía, producen agua. Mucha. En realidad, la principal función de la mitocondria no es generar energía, sino agua. Pero no de cualquier tipo. Agua estructurada. Te daré un dato que te debería hacer pensar. Por cada gramo de hidrato de carbono que comes generas 0,6 gramos de agua, y por cada gramo de grasa saludable, como la de la yema de huevo o el salmón, produces 1,1 gramos de agua. El doble. ¿Qué crees que sería positivo que abundara, pues, en tu alimentación? Ahí te lo dejo.

¿No te resulta extraño que donde producimos energía fabriquemos también agua? Sencillamente, la eficiencia de esa energía dependerá del agua estructurada que esté en contacto con esa energía. Imagina que las centrales hidroeléctricas de nuestros pueblos y ciudades generasen electricidad y agua, y pudiéramos llevar la electricidad a cada vivienda a través de la propia agua que hubiésemos fabricado. No necesitaríamos cables y nos ahorraríamos una infraestructura brutal. Pues esto es lo que hacen las células.

Cuando las moléculas de agua tienen una disposición geométrica pentahexagonal, responden a las ondas electromagnéticas, a las longitudes de onda vibracionales. Es decir, cuando el agua estructurada es estimulada por ondas electromagnéticas naturales o armónicas —y ahí está el quid de la cuestión—, no solo transmite la información contenida en la onda, sino que, además, refuerza su estructura. La onda electromagnética natural genera una disposición armónica y geométrica en las moléculas del agua que provoca una combinación de cargas eléctricas en su estructura y que es el registro de información. La memoria. Si crees que esto es ciencia ficción o que sigo con las cervezas, te animo a que investigues el trabajo de Manu Prakash, profesor adjunto de Bioingeniería en la Universidad de Stamford, que después de una década de investigaciones al fin ha visto materializado su proyecto: la creación de un chip que opera gracias a la física de las gotas de agua estructurada.

Esto va mucho más allá. Piensa que todos los componentes celulares están bañados en agua, las propias células están rodeadas de agua —no lo veas en 2D, imagínatelo en 3D—; somos, literalmente, un océano y en nuestro interior bucean todas las células, estructuras y sistemas. Tú estás leyendo este libro ahora mismo porque tu ojo está lleno de agua estructurada que hace posible la visión y la cara externa del globo ocular está bañada en agua —lágrimas—. Cada célula de tu corazón está bañada por agua, cada neurona.... Todo, absolutamente todo. Piensa que pasaste nueve meses sumergido en agua en la placenta de tu madre hasta que «rompió aguas».

Ahora te voy a pedir que actives el *zoom* de tu cerebro y aumentes el tamaño de las imágenes que creas en tu cabeza. Imagina una célula, observa el núcleo, métete en él: has llegado a los cromosomas y, dentro de ellos, al ADN. Nuestro libro de instrucciones. El lugar de donde parten los mensajes para fabricar todas las sustancias que nos permiten vivir y adaptarnos al medio. Pero un fallo en la lectura también da lugar a las enfermedades y a la muerte.

El ADN está formado por una doble cadena con una disposición helicoidal. Piensa en una larga escalera construida con un alambre muy fino, que pudieras girar desde un extremo hacia un lado y desde el otro hacia el lado contrario. Digo una «larga» escalera porque en realidad, si desenrollamos con sumo cuidado el ADN contenido en cada célula, observamos que mide dos metros. Es decir, en cada célula de tu cuerpo tienes dos metros de ADN perfectamente enrollado. Si multiplicas dos metros por 37,2 billones de células... No sé, me pierdo en estas cifras.

Bueno, regresemos a la estructura del ADN, a la escalera. El ADN, como no podía ser de otra manera, también está bañado en agua estructurada, y es su fortaleza lo que le da estabilidad. Cuando hablo de estabilidad del ADN estoy hablando de la fuerza de unión o atracción de sus distintos componentes. Esto ha sido demostrado por investigadores de la Universidad Tecnológica de Chalmers, en Suecia. Como dice Bobo Feng, uno de los investigadores del estudio: «no es la fuerza de los enlaces de hidrógeno lo que mantiene estable el ADN, es el juego de polos hidrófilos e hidrófobos de un ADN bañado en agua».

La desestabilización del ADN puede dar lugar a todo tipo de enfermedades, incluido el cáncer. He de decirte que, al igual que la estabilidad del ADN depende del agua estructurada que lo envuelve, al colágeno le ocurre lo mismo. Cuando me refiero al colágeno no hago solo referencia al colágeno de la piel relacionado con las arrugas, sino también al que conforman los cartílagos de las rodillas, las caderas, los discos intervertebrales o el que tapiza los vasos sanguíneos. Si eres de esas personas diagnosticadas de artrosis, condromalacia rotuliana, hernias de disco, problemas vasculares... piensa que, a lo mejor, el problema de tu dolor de espalda no radica en tu colchón, sino en la calidad del agua que baña tu colágeno. Quizás estás deshidratado.

Otro concepto o cualidad muy interesante que quiero resaltar sobre el agua estructurada es su dipolaridad. El agua, al estar formada por un elemento muy electronegativo —el oxígeno— y por otro electropositivo —el hidrógeno—, tiene un carácter dipolar. Es decir, la molécula se comporta como si por un extremo tuviera carga negativa y, por el otro, carga positiva.

La estructuración del agua potencia exponencialmente este efecto, y cuando entra en contacto con cualquier partícula u objeto se produce una separación de las cargas y de las sustancias disueltas en dicha agua y se genera, pegadita a la partícula u objeto, una zona libre de solutos —sustancias— denominada zona de exclusión.

Esta zona de exclusión está ocupada por agua pura y limpia. Ya puedes imaginarte, por tanto, que la capacidad de las células y órganos que se encargan de la eliminación de residuos tóxicos —hígado, riñón, intestino...— depende de esta agua estructurada para poder incrementar su eficiencia en la eliminación de tóxicos. Y te preguntarás: pero ¿dónde hay objetos o partículas en mi cuerpo? Cuando el agua entra en contacto con los glóbulos rojos, las neuronas, las enzimas... se produce este mágico proceso. ¿No te parece maravilloso?

Entonces, si el agua es capaz de separar el polo positivo del negativo... Abre el capó del coche y mira la batería, o coge una pila y observa los dos polos. Uno positivo y uno negativo. Así es, el agua estructurada genera, literalmente, baterías de energía. Cuanto mayor es la zona de exclusión, mayor es la capacidad de eliminar tóxicos. Y, como suele ocurrir con frecuencia en la ciencia, un día, por casualidad, un alumno observó que el agua expuesta a la luz incrementaba su zona de exclusión y potenciaba, así, su dipolaridad —y, por ende, la posibilidad de generar energía—. ¿Comprendes ahora por qué te doy tanto la tabarra con el tema de que te expongas al sol?

Antes de pasar a explicarte cómo puedes obtener agua estructurada, déjame que te aclare que su formación en la naturaleza, agua no modificada por el hombre, es algo que forma parte del propio ciclo de la vida. Si observas un arroyo, te darás cuenta de que el movimiento del agua no es puramente lineal. Va zigzagueando y generando vórtices. Esta acción fue la que observó a lo largo de su vida el austriaco Viktor Schauberger, uno de los mayores investigadores del agua y autor del libro *Agua viva.*

El dinamismo del agua a través de los vórtices provoca su estructuración. Las bajas temperaturas también incrementan el grado de complejidad geométrica de su estructura molecular —recuerda la típica imagen geométrica de un copo de nieve—. La exposición a los rayos solares y la presencia en su composición de ciertos iones, como el calcio o el magnesio, son también factores condicionantes para favorecer la formación de la red geométrica. Es por ello por lo que el agua procedente del deshielo de un glaciar es posiblemente la más y mejor estructurada de la naturaleza, junto con la que se obtiene en los vórtices marinos a ciertas profundidades.

Beber agua de un manantial cuando vas de excursión a la montaña es una manera maravillosa de mejorar tu estado de salud. Pero seamos prácticos; no es habitual vivir cerca de un glaciar, ni en las faldas de las montañas donde se tiene acceso a ricos manantiales, ni poder beber pequeños tragos de agua de mar extraída de los vórtices marinos. Entonces, ¿qué hacemos? La respuesta a esta pregunta quizás radica en ver el tema desde otra perspectiva. Valorar no la ingesta, sino las pérdidas. El organismo fabrica durante las veinticuatro horas del día agua estructurada en las mitocondrias, por tanto, la madre naturaleza nos brindó la oportunidad de tener acceso a este preciado elemento de manera automática. Venimos de serie con este dispositivo incorporado. El gran problema radica en que hay multitud de hábitos y gestos en el día a día que provocan la desestructuración del agua o minimizan su producción en las mitocondrias.

Si eres de esas personas que considera cara la comida ecológica y eres reticente a consumirla, debes saber que la producción de agua estructurada en las mitocondrias depende de los electrones que nos aportan los alimentos. La información —energía— que reciben los alimentos del sol determina su capacidad de donarnos electrones para la producción tanto de energía (ATP) como de agua estructurada. Los alimentos criados en invernaderos y sometidos a tratamientos de plaguicidas o fertilizantes no reciben la información correcta del sol porque entre ambos hay un plástico que no deja pasar el espectro completo de longitudes de onda. La planta recibe entrecortado el mensaje del sol y lo malinterpreta. Perdona mi manera de explicarlo, pero quiero ser gráfico para que nos entendamos: cuanta más comida procesada ingieras, menos agua estructurada fabricarás e, igualmente, menos energía tendrás.

Si rizamos el rizo, o volvemos como siempre a escuchar y hacer caso a los abuelos y a la gente del campo, los alimentos que debemos consumir son los de temporada y los de la región. La razón es muy sencilla: los fotones que reciben estos alimentos son los mismos que estás recibiendo tú y, en consecuencia, las longitudes de onda del sol y las frecuencias vibracionales son las mismas. De este modo, hay una consonancia entre lo que ingerimos y el organismo. Es decir, el emisor y el receptor de ondas están en la misma frecuencia. Se sintonizan con facilidad y la señal llega alta y clara. El sol que nos baña debería bañar lo que comemos. Piensa que, en última instancia, lo que estamos haciendo cuando nos alimentamos es «ordeñar» los electrones de los productos, electrones que han obtenido de los rayos solares.

Otra manera de estructurar el agua o incitar a las mitocondrias a producir más agua estructurada es tomar el sol. Sí, has oído bien: cuando tomas el sol estructuras el agua celular. Tomar el sol hidrata las células —pero de manera inteligente, como te he explicado—. La ausencia de sol te deshidrata. Recuerda que donde no hay agua no hay vida.

Si quieres pulir este concepto aún más, te diré que son los espectros de luz infrarroja y luz roja los que más estructuración del agua producen. Por ello, tomar el sol en las primeras horas del día y en las últimas —si recuerdas, es cuando el sol parece rojo-naranja— es una buena opción. No puede ser casualidad que el ser humano siempre haya sentido una admiración especial por los momentos del alba y del ocaso. La sauna de infrarrojos de corto alcance es una buena solución para las personas que no viven en latitudes adecuadas para obtener los beneficios del sol o que no disponen de tiempo para exponerse en estas franjas horarias. Los estudios sobre la repercusión en la salud del uso de estos dispositivos son increíbles y esperanzadores.

Siento amargarte el día, pero uno de los principales motivos de deshidratación o de pérdida de estructuración del agua celular es la exposición a las ondas electromagnéticas artificiales —del teléfono móvil, la *tablet*, el ordenador, las señales wifi...— y a la luz azul aislada. Así es; cuando estás mirando el móvil estás envejeciendo tú y, sobre todo, tu cara, tanto por las ondas de radiofrecuencia que estás recibiendo como por la luz azul que emite la pantalla. Pido perdón por el fastidio que te haya podido producir esta noticia, pero mi obligación es informarte.

Ahora cuenta las horas que pasas al día mirando el móvil. Bueno, no hace falta que las cuentes. Si te vas al menú de tu teléfono y buscas en ajustes en una pestañita que pone «tiempo de uso», quizás te asombres de las horas que pasas al día mirando la dichosa pantalla.

Concluyendo, piensa en esta situación que te voy a volver a describir, que vimos al inicio de este libro y que es muy habitual: estar chateando con el móvil en una hamburguesería llena de luces led, a las doce de la noche y comiéndote una hamburguesa ultraprocesada. «Señor agente, no me multe, métame en la cárcel directamente».

Por primera vez desde que el *Homo sapiens* apareció en la Tierra, el volumen cerebral está disminuyendo. El uso desmesurado de los dispositivos electrónicos desempeñan un papel muy relevante en este asunto. El teléfono gestiona muchas de las actividades que antes hacíamos mentalmente. Incluso lo llamamos *smartphone* o teléfono inteligente. No sé si es inteligente o no, lo cierto es que sustituye —a veces, complementa— al cerebro en una gran cantidad de funciones. Ya nadie memoriza los números de teléfono de sus familiares o amigos porque ni siquiera tiene que marcarlos para hablar con ellos. Tampoco tenemos que recordar los cumpleaños o aniversarios de las personas que nos importan porque el teléfono o la red social nos avisan para que los felicitemos. No hacemos el menor cálculo mental porque llevamos una calculadora en el bolsillo. Y no es necesario que busquemos en un mapa cómo ir de aquí a allí porque nos lleva el GPS. Una ayuda que puede parecer maravillosa, pero que tiene aspectos muy negativos. Un estudio británico demostró que el volumen promedio de los lóbulos temporales —donde se encuentra, entre otras cosas, nuestro sistema de orientación y memoria— de los taxistas de Londres se había reducido de forma significativa desde que utilizan el GPS.

El cerebro «sabe» que su mantenimiento es muy caro. En proporción, consume mucha más energía que cualquier otro órgano —alrededor del 20 % de todas las calorías que consumimos en un día, si no hemos tenido mucha actividad cognitiva—. Por eso anula lo que no usa, lo que le resulta inútil, e hipertrofia lo que es de mayor utilidad. De este modo, la tecnología está modelando nuestro cerebro. Recuerda: lo que no se usa se pierde. He de decir que el estrés crónico y mantenido también afecta de manera negativa al volumen cerebral. De este modo nuestro cerebro reptiliano se está convirtiendo en *red*-tiliano.

Perdón, volvamos al agua estructurada. Se me ha ido la cabeza porque he recordado que el volumen que va perdiendo el cerebro, ese espacio, es ocupado por agua. Así que ve dejando el móvil un poco que pronto vas a sacudir la cabeza y va escucharse como un botijo lleno de agua cuando lo agitas.

¿Qué más cosas rompen la estructura del agua? Cuando te comes una verdura, una fruta, un pescado… el agua que estos alimentos contienen es estructurada —cuanto más ecológica, más estructurada—. No obstante, cuando lo cocinas o calientas en el microondas, cuando lo fríes, cuando lo pones a hervir en la placa de inducción a temperaturas muy altas, rompes su estructura. Lo óptimo es cocinar a fuego medio y no dejar hervir los alimentos por largos periodos de tiempo.

La falta de sueño deshidrata

Imagino que te estarás preguntando si el agua que bebes a diario es agua estructurada. Si consumes agua de grifo, sencillamente, no. Es la primera consideración que deberías tener presente. No beber agua de grifo. Los motivos son varios. El contenido en cloro, flúor y otras sustancias indeseables presentes en todas las aguas de grifo del mundo nos debería hacer recapacitar sobre este tema, tal y como expone Charlie Ryrie en su libro *Las energías curativas del agua.*

Memoriza estos consejos —no los apuntes en el móvil— para mejorar tus niveles de agua estructurada y tu hidratación:

— Respeta el sueño.
— Toma el sol sin crema protectora como te he enseñado, y en las primeras y últimas horas del día.
— Bebe agua de los manantiales, si es posible.
— Toma verduras, frutas y alimentos ecológicos cada vez que puedas.
— Come alimentos de tu región y de temporada.
— Evita los hidratos de carbono y los alimentos procesados.
— Bebe agua de mar (la puedes comprar en cualquier herbolario). Un par de chupitos al día diluidos en un litro de agua.
— No bebas agua de grifo. Que sea embotellada y, si es posible, en envase de vidrio. Si no, vierte el agua en una botella de cristal y déjala al sol veinticuatro horas. Luego métela en la nevera y enfríala a unos cuatro grados.
— Toma agua fría.
— Antes de beber el agua agita la botella como si quisieses generar un vórtice (remolino) en ella.
— Procura que el agua que vas a beber no esté cerca del *router*, de tu teléfono móvil o de cualquier dispositivo electrónico.
— Evita pasar largos periodos de tiempo delante de pantallas electrónicas.
— No uses microondas, freidora ni pongas en ebullición durante mucho rato los alimentos que vayas a consumir.

Piensa que tu cuerpo es tu casa, tu hogar. Entre los requisitos más importantes exigidos por cualquier ayuntamiento para conceder una cédula de habitabilidad es que la vivienda posea luz y agua. De lo contrario, no se considera habitable. Reflexiona.

¡Aviso de nuevo!

Nos hemos pasado un poco, pero ¡estaba tan interesante! ¡Toca levantarse! ¡Arriba!

Llevas demasiado tiempo en modo reposo. Te espero de vuelta en dos minutos ;).

11

Tóxicos, la re-*in*-volución industrial

Factores externos

Los factores externos inciden sobre la expresión de los genes de una manera muy potente, ya que pueden generar marcas epigenéticas favorables o desfavorables.

El exposoma

La re-*in*-volución industrial, como yo la llamo, trajo consigo la aparición de multitud de factores de riesgo antropogénicos, es decir, factores novedosos para los que la especie humana no cuenta con un plan genético de actuación con el que defenderse porque no nos ha dado tiempo a generar mutaciones genéticas adaptativas para gestionarlos. Estos factores son los que más daño nos hacen. Entre ellos tenemos el sedentarismo, la luz artificial, los metales pesados, la normotermia, etc. Pero, sin duda, uno de los factores más letales a los que está expuesto el ser humano actual es la aparición de miles de sustancias químicas artificiales que se han incorporado a la cadena trófica y nos envuelven en el día a día. A este conjunto de exposiciones tóxicas se lo conoce con el nombre de exposoma.

Dicho exposoma es el responsable de la muerte de más de doce millones seiscientas mil personas al año y constituye la causa primaria de más de cien tipos distintos de enfermedades —incluido el cáncer—. Menuda pandemia cronificada. La comida, el agua, el aire, los fármacos, la ropa y casi la totalidad de los objetos de uso cotidiano contienen sustancias potencialmente dañinas. Huir de los tóxicos hoy en día constituye una ardua, difícil y casi imposible tarea. La lista de sustancias químicas a las que podemos estar expuestos sobrepasa los límites de la imaginación. Se estima que existen en el mercado mundial alrededor de trescientos cincuenta mil elementos químicos artificiales a los que podemos estar expuestos. Un ciudadano europeo suele exponerse cada día a unas setenta y cinco mil sustancias tóxicas. No has leído mal, son decenas de miles de agentes químicos sintéticos los que, hora tras hora, se incorporan en el organismo a través de los pulmones, el intestino y la piel.

Existen diversos tipos de tóxicos, también llamados xenobióticos, que podemos clasificar atendiendo a su naturaleza en físicos, químicos y biológicos, pero me voy a centrar en los que considero muy peligrosos y que están muy presentes en el día a día.

Disruptores endocrinos

Quizás nunca te hayas parado a pensar que el tónico facial, la crema hidratante diurna, la nocturna, el maquillaje, el tinte del pelo, el champú, el gel, el desodorante, el protector solar, el *aftersun* o la mascarilla para el pelo que usas cada día puedan ser los responsables de hipotiroidismo, celulitis, obesidad, diabetes, ovarios poliquísticos o cáncer de mama o próstata, entre otras patologías. Suena a ciencia ficción, ¿verdad? Para comprenderlo debes entender primero qué es un disruptor endocrino. Y es una sustancia que tiene la capacidad de poder acoplarse a los receptores hormonales por presentar una estructura molecular muy parecida a las propias hormonas, o porque el receptor tiene afinidad con estas sustancias artificiales. Sea como fuere, el gran problema que generan estos disruptores es que «hackean» nuestra fisiología y provocan los siguientes problemas:

— Mimetizan la acción de las propias hormonas naturales.
— Alteran su producción y metabolismo.
— Modifican la expresión de los receptores hormonales.

Hay órganos que son más sensibles a este «hackeo» hormonal. Tiroides, ovario, mama y testículo se llevan la palma. Se conocen alrededor de mil disruptores endocrinos presentes en productos de uso habitual, pero probablemente el número sea mayor, ya que la gran mayoría de los productos químicos que se usan en el mercado nunca han sido probados para detectar sus propiedades endocrinas. Te cuento acerca de algunos de los disruptores a los que nos exponemos de manera continua:

— Contaminantes ambientales como las dioxinas, los furanos y ciertos hidrocarburos aromáticos policíclicos, abreviadamente conocidos como HAPs. Son sustancias generadas por la industria cuando se incinera casi cualquier cosa, en la fabricación de pasta de papel, en los procesos donde se usa cloro… o cuando nos comemos algo hecho a la barbacoa.
— Bisfenoles en policarbonatos y resinas epoxi, presentes tanto en maderas transparentes como en envases de alimentos, juguetes, material de oficina, etc.
— Bifenilos policlorados (PCB) y polibromados (retardantes de llama PBB).
— Parabenos.
— Triclosan (bactericida).
— Estrógenos artificiales como el dietilestilbestrol (DES), uno de los más usados en anticonceptivos.
— Acrilamidas (presente en los alimentos fritos, entre otros).
— Alquifenoles tensoactivos neutros, presentes en muchos artículos de limpieza y en algunos alimentos ya elaborados o precocinados.
— Componentes de los filtros UV de ciertas cremas de protección solar como el compuesto químico 3-benzofenona.
— Ftalatos (siendo uno de los componentes principales de plásticos blandos en juguetes infantiles).

— Herbicidas (atrazina, trifluoralin) y fungicida (mancoceb y zineb).
— Insecticidas de uso doméstico: diclorodifeniltricloroetano (DDT). Es una sustancia insoluble en agua y muy soluble en la grasa. Fue prohibido en 1972 en una inmensidad de países, pero aún perdura en las aguas de los ríos, en la sangre y grasa de los ciudadanos y en la leche materna.
— Perfluorados.

Que no te invada la angustia. La información es poder. Es por ello por lo que quiero detallarte algunos disruptores a los que te expones cada día para que pongas remedio. Siempre hay soluciones para todo. Lo único que espero es que desde hoy leas las etiquetas y leyendas de los productos que vayas a comer, de las cremas, tintes y de todo aquello que vaya a entrar en contacto con tu piel. Al menos, vamos a intentar de manera voluntaria disminuir la carga tóxica, ¿no? Bastante tenemos con aquellas fuentes de toxicidad que no podemos controlar. Es de género estúpido envenenarte de forma consciente sumándolo a lo que la sociedad que hemos construido nos envenena.

Pon atención a estos disruptores que están presentes en tu cuarto de baño y en la despensa de tu cocina. Ojalá se queden ahí y no pasen a tu sangre desde hoy. Ya hemos nombrado algunos de ellos, pero te doy algo más de información:

Parabenos

Pueden camuflarse con nombres como isopropilparabeno, propilparabeno, isobutilparabeno y butilparab, methylparaben y ethylparaben. Al penetrar en la piel actúan de la misma forma que los estrógenos, modifican el sistema endocrino y tienen graves implicaciones en la salud menstrual y reproductiva femenina.

Bisfenoles

Están presentes en cosméticos y en los envases de plásticos de policarbonato o que contengan el símbolo 7. Existen varios tipos de bisfenoles, pero quizás el A sea el más estudiado. Este tiene la capacidad de atravesar la barrera placentaria, por lo que en diversos estudios se ha visto que había restos de este disruptor en los bebés. Los encontramos también en el recubrimiento de algunas latas de conserva, en el vaso de las batidoras, en biberones, vajillas, botellas de plástico, envases de almacenaje de alimentos... Calentar alimentos en dichos envases desprende e incrementa exponencialmente la contaminación de estos bisfenoles. Por tanto, evita consumir alimentos que se sirvan calientes sobre papel o cartón reciclado, ya que contienen una delgadísima película plástica que entra en contacto directo con el alimento caliente.

Es frecuente encontrar esta situación en la venta de *pizzas*, hamburguesas, patatas fritas y comida para llevar. Recuerda que el cartón es superabsorbente. Si pones una gota de aceite en estos envases de comida rápida y la gota resbala... *Warning!!!* Ahí hay plástico. Por este mismo motivo debes tener cuidado en no calentar el túper con comida, en usar tapaderas de plástico al cocinar en el microondas o en dejar las botellas de agua al sol, y no debes cocinar con utensilios fabricados con plástico; sustitúyelos por otros de madera. Evita las sartenes y cacerolas con teflón. No hace falta que te diga nada del film de plástico que se usa en cocina, ¿no? Sobre todo, si lo calientas.

El plástico nos envuelve y nos abriga, ya que está hasta en la ropa que usamos a diario. ¿Qué crees que es el poliéster?, una resina plástica.

Hasta los geólogos se han encontrado con la sorpresa de hallar un nuevo mineral con incrustaciones de plástico al que han denominado plastiglomerado. Nuestros antepasados nos dejaron maravillosas construcciones de piedra que han soportado terremotos y el paso de cientos y miles de años. Hoy le dejaríamos a los de épocas venideras catedrales de plástico. ¡¡Maravilloso!!

Conservantes que liberan formaldehído

Estos son algunos de los conservantes que se deben evitar en los productos de cosmética. Revisa tu armario y mira con atención los componentes de lo que pones en tu piel cada día.

— DMDM hydantoin: 1, 3-dimethylol-5, 5-dimethyl hydantoin, dimethylol-5, 5-dimethylhydantoin.
— Hidroximetilglicinato de sodio.
— Imidazolidinil urea.
— Bencilo hemiformal.
— 2-bromo-2-nitropropano-1,3-diol.
— 5-bromo-5-nitro-1,3-dioxano diazolidinil urea.
— Polyquaternium.

Protectores solares

Los productos con filtros UV como las cremas solares son los más propensos a contener los siguientes disruptores endocrinos: benzophenone-1, benzophenone-2, cenfenos, cinamatos y ethylhexyl methoxycinnamate.

Sin saberlo, puede que te pongas crema protectora para que no te aparezca un melanoma por el sol y a la vez estés aumentando las posibilidades de padecer un cáncer de mama o de tiroides... Menuda solución. No caigas en ese error, el sol no produce cáncer. Si eso fuese así, los seres humanos no hubiésemos llegado hasta aquí, puesto que pasábamos el 95 % del tiempo despiertos en el exterior y en contacto con el sol. Te lo explicaré más adelante.

Los disruptores endocrinos no solo están presentes en los cosméticos. Los encontramos en los herbicidas, en productos bactericidas, en fármacos, colutorios bucales, pasta de dientes, en el aire que respiramos, en las tapicerías de los automóviles —el olor a coche nuevo procede de estos productos—, en sofás, en los cables —de tu ordenador, de los electrodomésticos, del cargador del móvil y se desprenden de estos al calentarse por el uso—, en los productos de limpieza, en la ropa, en los anticonceptivos, etc. Estamos sumergidos en una auténtica sopa de tóxicos.

Uno de los grandes problemas de esta exposición continua radica en la absorción por parte del ser humano de los metabolitos y subproductos liberados tras el metabolismo de los disruptores endocrinos por parte de la microbiota. Esto aumenta la peligrosidad a la exposición. No puedes olvidar que no estamos solos. Lo que tú absorbes, lo absorben tus bichitos.

Te preguntarás cómo es posible que aún se encuentren restos de DDT en la población si su producción y uso fueron prohibidos hace décadas, ¿verdad? La respuesta es muy sencilla. Muchos de estos disruptores son persistentes y bioacumulables. Sí, sí, persisten durante años y décadas. Si el pobre Paul Hermann Müller —ganador del Nobel de Fisiología en 1948 por el descubrimiento del DDT— levantase la cabeza, creo que le daría un infarto al comprobar la demoledora sustancia que fabricó. ¿Bioacumulables? ¿Y qué es eso? Pues muy sencillo: cuando un agricultor fumiga sus tierras y cosechas con un plaguicida o herbicida, esta sustancia queda impregnada en la planta, luego viene el corderito, se come la planta y luego nosotros nos comemos al corderito. Por tanto, el herbicida y plaguicida ha pasado de la planta y el suelo a tus células y tu sangre. Y da igual que el cordero esté alimentado con pienso, ya que el pienso está hecho con cereales tratados igualmente con herbicidas y plaguicidas. Es decir, el ser humano, al ser el último eslabón de la cadena trófica, no se salva de ir acumulando estas sustancias persistentes. ¿De verdad sigues viendo caros los productos ecológicos?

La aparición de la agricultura y ganadería intensiva ha propiciado y favorecido el uso de estos herbicidas, plaguicidas y abonos artificiales que hacen trizas los perfiles hormonales. Pero el asunto no queda aquí.

Metales pesados

La re-*in*-volución industrial también trajo consigo la aparición de una contaminación nueva para el ser humano: los metales pesados. Cadmio, mercurio, plomo, arsénico, níquel, cromo, aluminio son algunos de los metales que podemos encontrar también en la sangre, grasa, pelo, tiroides, mamas, testículos... de los seres humanos que habitan incluso en la Antártida.

Estos metales pesados tienen la capacidad de comportarse como un disruptor endocrino. Pero si hay algo que me inquieta mucho más es la exposición de las embarazadas o los lactantes a los metales, ya que la literatura correlaciona las concentraciones de estos compuestos con desórdenes de aprendizaje, retraso madurativo, autismo, problemas de conducta, déficit en la atención e hiperactividad en el bebé. En el adulto pueden provocar náuseas, mareos, vértigos, irritabilidad, euforia, descoordinación de movimientos, alteraciones de la memoria y del comportamiento y alteraciones de los nervios periféricos.

El aire que respiramos —principalmente, en ciudades industrializadas y con densidad de tráfico rodado—, el tabaco, los cosméticos, el agua de grifo, los aditivos de algunos fármacos, los suplementos y el pescado graso de gran tamaño son las principales puertas de entrada en el organismo de estos metales.

Hace unos años, Guillén y sus colaboradores analizaron treinta y seis latas de atún en conserva de marcas muy populares en España. Los resultados fueron algo más que desagradables. Más de un tercio de las latas presentaron niveles de metales por encima de los límites de seguridad establecidos por la Agencia Española de Seguridad Alimentaria (0,5 mg/kg). Es por esto por lo que te recomiendo que consumas estos tipos de pescado con precaución —no más de una vez cada ocho/diez días—, ya sea fresco o en lata y, si estás embarazada o dando el pecho, te sugiero que los destierres de tu alimentación.

Dado que parece complicado dejar de ingerirlos o absorberlos, la mejor manera de eliminar estos metales del organismo es hacer deporte habitualmente —la sudoración es una vía de excreción de metales pesados—, recibir sauna con frecuencia y consumir alimentos con poder quelante, como zanahoria ecológica, brócoli, vinagre de manzana y cilantro, también ecológico. El alga chlorella es también una buena opción. Existen en el mercado multitud de suplementos queladores, pero te aconsejo que antes de que vayas a un herbolario o parafarmacia y te compres algunos de estos productos, acudas a una persona cualificada en este asunto que estudie tu caso y te asesore. Existen varias pruebas de laboratorio para poder cuantificar los niveles de toxicidad por metales pesados. Quizás el mineralograma en cabello sea el más utilizado y fiable.

Antes de seguir avanzando en este capítulo de los tóxicos, quiero que des un poco marcha atrás y recuerdes que la entrada de estos compuestos dañinos son el intestino, los pulmones y la piel. Imagino que has pensado que cuando me refiero a piel estoy haciendo alusión a la entrada de los componentes tóxicos presentes en cosméticos, jabones, cremas protectoras, etc., pero no quiero pasar por alto una moda que se ha impuesto en los últimos años de manera desmesurada. Me refiero a los tatuajes. En la actualidad cuesta trabajo encontrar a personas que no tengan su piel decorada con letras, símbolos o dibujos de todo tipo. Algunos tatuajes son monocromáticos y otros presentan toda la paleta de colores. Y siento decirte que sí, que estos pigmentos son tóxicos. Contienen minerales inorgánicos y metales pesados. Existen tintas vegetales que son más inocuas, pero por desgracia este tipo no se usa mucho. Si estás pensando en hacerte un tatuaje, creo que es recomendable que sepas lo que te aporta cada color.

— La tinta roja es la que más reacciones alérgicas produce y contiene mercurio.
— La amarilla suele contener cadmio y sulfito de cadmio.
— La azul se suele fabricar con sales de cobalto.
— La verde contiene cromo.
— La púrpura/violeta contiene magnesio.
— La marrón presenta óxido de hierro o sales de cadmio.
— La tinta blanca se fabrica con titanio u óxido de zinc.

Este arcoíris no es el que aparecía en los dibujos de *Heidi*. Sería lógico pensar que esta tinta se queda en la piel y... ¡¡chimpún!!, pero por desgracia la realidad no es esa. Científicos alemanes y franceses han publicado en la revista *Scientific Reports* un artículo que pone de manifiesto que estas sustancias tóxicas viajan por el sistema linfático hasta alcanzar los ganglios linfáticos y de ahí viajan al resto del organismo y generan una alteración en la actividad del sistema inmune.

Factores internos

Como has podido observar es muy fácil tener niveles altos de toxicidad, considerando la cantidad y variedad de fuentes de exposición a la que nos sometemos cada día. Y cuidado, tan solo hemos hablado de los tóxicos exógenos, es decir, los que proceden de fuera, pero no podemos pasar por alto que el propio organismo, por el hecho de estar vivo, está generando metabolitos tóxicos día y noche. Si tu vecino ha dejado el coche aparcado en tu plaza de garaje y vas de camino a su casa bufando como un toro para enfrentarte a él, estarás liberando adrenalina por si tienes que atacar o huir y, como consecuencia, se te acelerará el corazón, la respiración, tu tensión arterial subirá y los músculos se tensarán. Pero cuando el vecino te diga que ha dejado el coche mal aparcado porque ha tenido un percance y ha sido un acto sin mala intención y, por tanto, se te pase el enfado, deberás eliminar esa adrenalina que ya no es necesaria porque, de lo contrario, se comportará como un tóxico y te hará daño.

Lo mismo ocurre con los estrógenos que liberas todos los meses, la progesterona, la histamina, la dopamina y las hormonas, neurotransmisores y sustancias de desecho que generas fruto de tu propio metabolismo como son la urea, el ácido úrico o la bilirrubina. Y por supuesto, no te olvides de los desechos de los miles de millones de bacterias que viven en tu interior —tener una alteración del microbioma supone un incremento enorme de la toxicidad—. Pobre cuerpecito nuestro, ¿eh? Tóxicos desde el exterior y desde el interior. Y encima, y de manera voluntaria, vamos y fumamos, bebemos alcohol, ingerimos drogas, etc. Qué fenómeno es el ser humano. A veces oigo comentarios del tipo «es increíble la de casos que hay de cáncer, nunca ha habido tantos» y yo siempre pienso: «¡¡¡Pues pocos hay para cómo nos maltratamos!!!».

Los tóxicos pueden ser gestionados —soportados— por el organismo hasta que se alcanza un umbral tóxico total, es entonces cuando comenzamos a enfermar.

La gota que colma el vaso

El umbral tóxico está determinado en gran medida por el componente genético y los hábitos. Todos somos distintos en el manejo y sensibilidad de los tóxicos. Ya hemos visto que hay quien toma un café a las diez de la noche y duerme como un bendito, y otros que no pueden tomarlo más allá de las cuatro de la tarde porque de lo contrario no pegan ojo. Hay quien necesita seis cervezas para sentirse mareado y con sensación de estar en la cubierta de un barco y otros que con media caña ya no pueden ni levantarse de la silla. También los hay que al oler gasolina sufren de náuseas y otros a quienes le agrada ese olor. Pero ¿por qué? Eso ocurre porque todos somos seres humanos, pertenecemos a la misma especie pero somos genética y epigenéticamente distintos.

Los procesos de desintoxicación se llevan a cabo en todas y cada una de las células, pero hay órganos que están más especializados en la eliminación de residuos tóxicos. Entre estos se encuentran el intestino, el riñón, la piel, el pulmón y, el rey de reyes: el hígado.

Cuando un tóxico penetra en una célula, esta intenta transformar el veneno en una sustancia inocua que podamos eliminar mediante la orina o las heces, que son las dos vías principales de eliminación. Aunque te cueste creerlo, si todo marcha bien, las heces no deberían apenas oler, al igual que el sudor. Por tanto, la desintoxicación o detoxificación, en realidad, es una trasformación química de una sustancia. Esta trasformación se hace mediante un complejo sistema de enzimas —proteínas— y en dos fases. El hígado es el único órgano que presenta todas las enzimas para potencialmente poder metabolizar todo tipo de tóxico.

La primera fase se llama biotransformación y las enzimas que se encargan de hacer esta primera modificación de la estructura química del tóxico se denominan citocromo P450. Pero este citocromo es una gran familia de enzimas. Es como nombrar a los Pérez o a los García. Cada una de ellas está especializada en la transformación de un tipo de tóxico. Te pongo un ejemplo. Cuando enciendes un incienso y se desprende ese olor tan rico es porque unas moléculas volátiles procedentes de la combustión de la barrita penetran en la nariz y estimulan unos receptores olfatorios. Pero las células de la mucosa de la nariz tienen que desintoxicar esas moléculas, ya que no pertenecen al organismo. Son partículas extrañas. Esto lo hacemos gracias a un citocromo de la familia P450 que se llama CYP1A2 —una variante del mismo que elimina la cafeína—. Si tienes una mutación en el gen que fabrica la enzima CYP1A2, este proceso no se puede realizar de manera correcta y ese humo te generará dolor de cabeza o náuseas y en ese caso es muy tóxico para ti.

Lo mismo te ocurre cuando comes salmón ahumado, carnes cocinadas a la brasa, pan muy tostado o el *socarrat* de la paella. En esos casos, la desintoxicación no se realiza en la nariz, se realiza en el aparato digestivo principalmente y quizás no te genere problemas de los que seas consciente, pero sin duda te los estará produciendo, y puede que muy serios.

Después de someter al tóxico a esta primera fase —biotransformación—, se generan metabolitos que tenemos que seguir transformando mediante una segunda fase que se denomina conjugación, que no es otra cosa que añadirle a ese residuo una molécula de diversa naturaleza —grupo metilo, glutatión, cisteína, acetilo, ácido glucurónico, etc.—. Para añadir estas moléculas a los residuos tóxicos resultantes de la primera fase necesitamos unas enzimas cuya función es «pegar» —conjugar— estas moléculas a los residuos para, al fin, transformarlos en sustancias inocuas y que sean ya candidatas a ser transportadas al váter. Estas enzimas son la glutatión S-tranferasa, acetil transferasa, metiltetrahidrofolato reductasa, etc. Igualmente, mutaciones en los genes que fabrican estas enzimas generan que la eliminación de los residuos tóxicos no se haga de manera correcta. Estas mutaciones se conocen con el nombre de polimorfismos de un solo nucleótido.

No pienses que esto es algo difícil de ver. Todos presentamos polimorfismos genéticos que hemos heredado de papá o de mamá o de ambos. En los dos primeros casos se denominan heterocigotos y en el segundo, homocigotos. Cuando lo heredamos de ambos progenitores, la disfunción es más severa y el trastorno en la desintoxicación es mucho más acentuado.

Hay dos tipos de polimorfismo: de ganancia de función o de pérdida de función. Es decir, que la mutación genética puede producir que generemos mucha más concentración de enzimas de lo habitual o que fabriquemos mucha menos. En el primer caso, la sustancia tóxica la eliminaremos a la velocidad del rayo y en el segundo, muy lento —depende de si somos hetero u homocigotos—.

Podrás pensar que tiene que ser una maravilla eliminar una sustancia tóxica muy rápido, ¿verdad?; pero si estás sometido a un tratamiento de quimioterapia y resulta que el fármaco lo eliminas a la velocidad de la luz, lo más probable es que esa quimioterapia no mate todas las células cancerígenas que debiera. A esto se le conoce como metabolizador rápido o ultrarrápido de un fármaco. En ese caso, lo denominan fallo terapéutico o puede llevar a confusión y creer que te has hecho quimioresistente. Si por el contrario la mutación es de pérdida de función y generas muy pocas enzimas para eliminar ese fármaco de quimioterapia, este permanecerá muchas más horas y días de lo que debiera en tu organismo, matando lo que debe y lo que no debe, y te aparecerán todos, o gran parte, de los efectos secundarios que se explican en el prospecto del fármaco, o incluso puedes morir por intoxicación —iatrogenia—. Serías metabolizador lento del fármaco. Es por ello por lo que antes de poner un nuevo ciclo de quimioterapia siempre se hace una analítica para valorar cuánto ha descendido el número de glóbulos rojos, plaquetas, leucocitos, etc., y decidir si se puede seguir el tratamiento o hay que esperar a que el organismo se recupere un poco antes de continuar con el protocolo. Dicho de otra manera, esa analítica nos viene a reflejar a qué velocidad detoxificas ese fármaco y cuánto tiempo ha actuado aniquilando células malas y buenas. Recuerda que el efecto nadir se fraguó en el ámbito de la oncología valorando este punto de descenso de células. A esto hay que añadir que cuando ingerimos otros fármacos, ciertos alimentos, infusiones, especias, suplementos nutricionales, o nos exponemos a otras sustancias como colorantes, conservantes, aditivos, metales pesados, etc., podemos potenciar o enlentecer la acción de estas enzimas por interacción, lo que puede agravar estas situaciones.

Las enzimas no trabajan solas

Has de saber que estos complejos enzimáticos encargados de la detoxificación necesitan unas sustancias llamadas coenzimas y cofactores para poder desarrollar su función. Es más, sin estas sustancias la detoxificación se paraliza por completo. Es como si tuvieras un magnífico vehículo, el depósito de gasolina lleno y un viaje programado, pero has perdido la llave del coche. Pues, sencillamente, no hay viaje. La llave serían los cofactores y las coenzimas. Estas no son otra cosa que vitaminas —coenzimas— y minerales —cofactores—.

Por favor, integra en tu cabeza que si no hay un aporte correcto de selenio, azufre, magnesio, vitamina B, zinc, etc., se paraliza todo y la iatrogenia aumenta exponencialmente. Por tanto, cuanto mayores sean los niveles de toxicidad a los que estemos expuestos, mayor debe ser el aporte de estas sustancias, ya que los sistemas de depuración gastan cantidades ingentes de estas vitaminas y minerales en estos procesos, y pueden dejar desabastecidos al resto de los tejidos y órganos, con los consiguientes efectos que esto genera.

Es por ello por lo que, en nuestra clínica, y después de hacer un estudio de farmacogenética para valorar las posibles interacciones, a los pacientes polimedicados o que reciben quimioterapia les aportamos por vía intravenosa cócteles de vitaminas y minerales con el fin de que gestionen mejor la metabolización de los fármacos y no sufran los deletéreos efectos secundarios.

Si eres un paciente polimedicado u oncológico en tratamiento, te aconsejo que no tomes suplementos nutricionales, infusiones, etc., sin consultarlo con un profesional experto en este campo. Por desgracia, esto no se estudia con detenimiento en las consultas de oncología y es algo que nunca podré entender. En el mejor de los casos aconsejan no tomar pomelo y poco más. Evidentemente, no culpo a los oncólogos ni a los médicos en general, culpo al sistema que debería actualizarse un poco más rápido. Un paciente polimedicado necesita un consejo algo más amplio que no comer fritos y llevar una dieta mediterránea. Cuando vas a comprarte unos zapatos te preguntan la talla y cuando te haces un traje te toman medidas para ajustarlo a ti. ¿Cómo es posible que un tratamiento farmacológico crónico y/o agresivo como es la quimioterapia no se personalice también? ¿Te imaginas que solo existiesen pares de zapatos del treinta y siete? Pues, si tienes otro número, o vivirías con dolor de pies o te estarían enormes. Pues esto ocurre con la farmacología hoy día. Nos calzan en el treinta y siete sí o sí. Y allá las consecuencias.

Como puedes ver, esto es algo muy serio, tanto que la muerte por iatrogenia o toxicidad causada por fármacos constituye la tercera causa de muerte en los Estados Unidos. Y en España se calcula que acaba con la vida de unas ciento noventa y siete mil personas al año. ¿Se podría, por tanto, personalizar la administración de fármacos de acuerdo con la genética de cada individuo? La respuesta es sí.

Los avances tecnológicos han hecho posible una secuenciación del material genético de manera rápida y precisa, y hoy puedes hacerte un test genético para estudiar estos posibles polimorfismos y actuar en consecuencia. Es algo que nuestro equipo realiza con mucha frecuencia en nuestra clínica para así asesorar con mayor precisión en relación con hábitos de alimentación, ejercicio, suplementación... Mi eterna pregunta es: «Si esto lo podemos hacer en nuestra clínica, ¿cómo es posible que no se haya extendido a los hospitales para ofrecer tratamientos más personalizados y seguros?».

El asunto reviste tanta seriedad que el 14 de noviembre de 2014 salió publicado en el *BOE* lo siguiente: «La Orden SSl/2065/2014, de 15 de septiembre, por el que se establece la cartera de servicios comunes del Sistema Nacional de Salud y el procedimiento para su actualización. Sección I. Página 91281. Apartado 6.º. Análisis de farmacogénica y farmacogenómica: Se realizan en personas que necesitan ser tratadas con determinados medicamentos incluidos en la prestación farmacéutica del Sistema Nacional de Salud, y sirven para determinar la estrategia terapéutica, valorar la respuesta al tratamiento o evitar posibles efectos adversos en un individuo determinado». Por tanto, los reconoce. Por tanto, pueden y deben hacerse. Sin embargo, después de este reconocimiento viene la letra pequeña y al final dice que estas nuevas pruebas —todas las de la orden— «se pondrán en práctica, pero no deberán aumentar el presupuesto de sanidad de las Comunidades Autónomas». La consecuencia es que estas, de momento, no lo aplican, salvo casos excepcionales y tras un gran papeleo, lo que es una gran contradicción porque, si se incluyen en el petitorio del Servicio Nacional de Salud, es que se consideran necesarias y, por ende, beneficiosas para el paciente. Es por ello por lo que los médicos, aunque no esté financiado por el Servicio Nacional de Salud, tienen la obligación de informar a los pacientes de que existen estas pruebas de farmacogenética; que para determinados medicamentos —niveles 1 y 2—, es muy importante hacerlas —como lo reconoce el propio Servicio Nacional de Salud— y que, si lo desean, pueden realizarlas en un laboratorio privado. De no hacerlo, el facultativo puede caer en una falta de «mala práctica» por «responsabilidad por pérdida de oportunidad del paciente a decidir si quiere hacerse la prueba, aunque de momento no la financie el Servicio Nacional de Salud». Es decir, al no informárselo, se priva al paciente de un beneficio reconocido por el Servicio Nacional de Salud, ya que podría decidir hacérselo privadamente, y al no conocerlo no puede beneficiarse de ello.

La presencia de estos polimorfismos genéticos determina en gran medida la capacidad de eliminar los tóxicos exógenos y endógenos y poder marcar el umbral tóxico máximo. Cuantos más polimorfismos genéticos presentemos en los genes encargados de sintetizar las enzimas involucradas en la detoxificación, más baja será nuestra tolerancia a los tóxicos. Esto justifica que haya muchos fármacos que nos sienten mal, al igual que muchos alimentos. A veces nos preguntamos: «Si he comido lo mismo que mis amigos ¿por qué solo a mí me ha dado diarrea, gases, hinchazón…? ¿Cómo es posible que un poco de brócoli me produzca este malestar?».

Cuando menciono una interacción, me refiero a que una sustancia puede inhibir una enzima que se encarga de eliminar o metabolizar un tóxico. Por ejemplo: si te tomas un café y un zumo de piña, el zumo inhibe a la enzima CYP1A2, que es la que se encarga de eliminar la cafeína, lo que derivará en que ese café te hará más efecto y podrá generar más nerviosismo o taquicardia. Si tomas anticoagulantes, como la warfarina, y los combinas con una manzanilla, el fármaco puede incrementar su acción cuatro o cinco veces. Si te tomas un café mientras fumas un cigarro, la nicotina del tabaco hace que se elimine más rápido la cafeína del café. Y así en miles de ejemplos más que podría ponerte.

Como puedes comprobar, todo esto es muy complejo y cuando tu médico te receta un fármaco, quizás tiene presente el resto de los fármacos que puedas estar tomando, pero es imposible tener en consideración las decenas de miles de tóxicos —exógenos— a los que estás expuestos a diario. Así que cuando te compres algo envasado en el supermercado y compruebes que la etiqueta de los ingredientes es como el libro del *Quijote*, te aconsejo que vuelvas a dejar ese producto en el estante y te decantes por algo más natural y sin tantos tóxicos. Recuerda que, en la etiqueta, los ingredientes deben aparecer en orden según la cantidad que contenga el producto, de mayor a menor.

El efecto cóctel

Un chupito de vino al día no hace daño, un chupito de cerveza al día es inocuo, un chupito de ginebra al día es insignificante, un chupito de tequila al día no genera daño alguno, un chupito de vodka al día es inofensivo... Pero ¿y si te los tomas todos mezclados y de una sola vez? No sé a ti, pero a mí me ingresan en el hospital con toda seguridad.

Para evaluar la toxicidad de una sustancia química y establecer su límite legal, se compara la exposición humana a esa sustancia con un valor de referencia que generalmente es el NOAEL, el nivel sin efecto adverso observable o dosis más alta de la sustancia que no causa efectos adversos. El problema es que esta comparación se hace de forma individual para cada sustancia y, de ese modo, la legislación solo vigilará que cada uno de los tóxicos, de manera individual, se encuentre por debajo de su valor límite legal. Esto no nos protege de nada. ¿O acaso venden productos de cosmética, higiene o alimentación con un solo químico?

Por ponerte un ejemplo, un desodorante de los que anuncian como orgánicos puede llegar a contener hasta veinticuatro aditivos químicos de los cuales algunos son catalogados como de alto riesgo para la salud humana. Un dulce de bollería industrial puede contener ocho/diez aditivos. Así, suma y sigue.

Un ejemplo de investigación sobre el efecto cóctel es el proyecto sueco Eu Horizon 2020 EDC-MixRisk, que analizó cincuenta y cuatro posibles disruptores endocrinos en la sangre y orina de dos mil trescientas mujeres embarazadas. El equipo científico creó en el laboratorio varias mezclas modelo con los tóxicos y concentraciones similares a los que se encontraba en las mujeres. El experimento demostró que la mezcla causaba efectos adversos y disfunciones en los modelos animales y celulares.

En concreto, observaron que el «cóctel» alteraba la producción de hormonas sexuales y que se generaban cambios morfológicos en los órganos reproductores de ratones. Igualmente, interfería en la señalización de la hormona tiroidea y alteraba la expresión de genes implicados en el trastorno del espectro autista y la discapacidad intelectual en humanos. También modificó la función neuronal e indujo cambios de comportamiento en renacuajos, peces cebra y ratones. Por tanto, el umbral tóxico total es la concentración mínima de tóxicos capaz de provocar efectos nocivos en un individuo.

Evidentemente, el organismo tiene estrategias para evitar la entrada de tóxicos a la sangre. Los tejidos expuestos al exterior constituyen una verdadera barrera que —en teoría— impide la entrada de tóxicos. Tejidos como el intestino, el pulmón y la piel, que nos ponen en contacto con posibles tóxicos que nos invaden desde fuera, cuentan con sofisticados sistemas de seguridad que impiden que ciertas moléculas penetren en nuestro interior.

Será la integridad de estas barreras un requerimiento imprescindible en la lucha contra los estados tóxicos. El consumo continuo de gluten, productos lácteos de origen animal —excepto mantequilla—, legumbres, cereales y alimentos precocinados y cargados de aditivos, ponen en conflicto nuestro férreo blindaje de protección de estas barreras. Pero en los últimos años se nos han colado unos tóxicos que se burlan de estas barreras que hemos mencionado y de la hematoencefálica, de la hematorretiniana y de la hematorenal; en definitiva, se burlan de nosotros y del sistema inmune. Me estoy refiriendo a las nanopartículas.

Las nanopartículas. Verdaderas *crackers*

Quizás el maquillaje o la sombra de ojos que utilizas cada día contienen dióxido de titanio u óxido de zinc. El chicle que estás mascando o la sopa instantánea que tomas de cena casi con seguridad contiene nanopartículas de sílice, o incluso se encuentren en el antiinflamatorio que te has tomado para el dolor de cabeza, en la vacuna para la gripe o el vendaje que te han puesto en el esguince de tobillo.

El uso de estas partículas que miden menos de cien nanómetros de diámetro se ha multiplicado por cinco en los últimos años. Más de treinta países están fabricando más de mil trescientos productos basados en nanotecnología incluyendo textiles, alimentación, juguetes, detergentes, fármacos... Su pequeño tamaño otorga a las nanopartículas algunas propiedades físicas inusuales debido a que el área de su superficie es proporcionalmente mayor a su volumen en comparación con partículas más grandes. Esto también puede hacerlas biológicamente más activas. Por ejemplo, cuando el oro —un material que, por lo regular, es inerte— se convierte en una nanoforma, actúa como un catalizador de reacciones químicas debido a la elevada reactividad de su superficie. Esto sugiere que las nanopartículas podrían interactuar de forma diferente con los sistemas biológicos, en comparación con partículas más grandes, y que podrían llegar más lejos dentro del cuerpo.

Varios estudios han documentado toxicidad *in vitro* e *in vivo* ante la exposición a nanopartículas. La evidencia sugiere que estas pueden inducir daño al ADN, especies reactivas al oxígeno —estrés oxidativo—, daño a organelas celulares y muerte celular. Por si esto fuera poco, la microbiota no queda inmune a la nanotoxicidad. Las actividades biocidas, tal como se ha descrito en los últimos años para la mayoría de las nanopartículas inorgánicas y metálicas, podrían favorecer cambios crónicos en la composición o actividades metabólicas de las bacterias comensales —es decir, disbiosis intestinal— con consecuencias sobre las funciones inmunitarias.

Lo que en verdad me inquieta es que el día 1 de enero de 2020 entró en vigor el Reglamento (UE) 2018/1881, que establece el etiquetado obligatorio de nanomateriales, pero su uso se remonta casi a los años setenta. Son muchas décadas sin control sobre este tema. Te aconsejo, como te he comentado antes, que leas las etiquetas de todo lo que comas, huelas y te apliques en la piel y, atendiendo a la nanotoxicidad, procures huir de estos aditivos:

— Dióxido de titanio (TiO_2).
— Óxido de zinc (ZnO).
— Óxido de hierro (Fe_2O_3).
— Óxido de aluminio (Al_2O_3).
— Dióxido de silicio (SiO_2).
— Nanocelulosa.
— Nanocristales de celulosa.
— Nanocristales de almidón.
— Nanocristales de quitosano.
— Nanopartículas de plata (Ag).
— Nanopartículas de oro (Au).
— Nanopartículas de cobre (Cu).
— Nanopartículas de sílice amorfa (SiO_2).
— Nanopartículas de sílice mesoporosa (SiO_2).
— Nanopartículas de carbono (C).
— Nanopartículas de óxido de cerio (CeO_2).
— Nanopartículas de óxido de circonio (ZrO_2).
— Nanopartículas de dióxido de silicio recubiertas con plata (Ag y SiO_2).
— Nanopartículas de dióxido de titanio recubiertas con sílice (TiO_2 y SiO_2).

Sé que llegado a este punto te ha podido invadir frustración e impotencia. No te preocupes, como te comenté un poco más atrás, para todo hay solución, y la información es poder.

Ahora que eres consciente de que tu genética es determinante para la eliminación de los tóxicos, has de saber que hábitos como dormir menos de siete horas sin respetar el biorritmo, el sedentarismo, la falta de micronutrientes, el estrés crónico, la falta de contacto con el sol y la naturaleza, y tu código postal agravan exponencialmente los estados tóxicos. Para el epidemiólogo Manuel Franco, en la salud influye más el código postal que el código genético. Por tanto, tu toxicidad será mayor o menor según cómo te portes y dónde vivas.

Los síntomas asociados con estados de toxicidad son muy numerosos y las patologías que pueden generar un estado de toxicidad crónico son incalculables. Te expongo aquí los síntomas y signos más habituales:

— Alergias e hipersensibilidad a materiales corrientes que antes no producían ninguna reacción.
— Intolerancia a ciertos alimentos, sensibilidad a los olores y a ciertos medicamentos o suplementos.
— Fatiga y cansancio inexplicable.
— Insomnio e interrupción del sueño.
— Pérdida de concentración y sensación de niebla mental.
— Alteración del estado de ánimo, especialmente la depresión, la ansiedad, el miedo y la ira.
— Dolores musculares y en las articulaciones.
— Adormecimiento o parestesias en manos o pies.
— Congestión y goteo nasal.
— Dolores de cabeza.
— Malas digestiones, acidez estomacal, hinchazón o flatulencias.
— Intestino irritable, heces malolientes y orina de color oscuro. Mal aliento y olor corporal desagradable.
— Erupciones en la piel y aftas bucales.
— Cambios del peso corporal y pérdida del tono muscular.
— Retención de líquidos, celulitis y exceso de peso.
— Resfriados recurrentes, dolor de garganta, febrícula e infecciones persistentes.
— Infertilidad y disminución de la libido.
— Envejecimiento prematuro y debilidad.
— Sensación de malestar general.
— Acné.
— Dermatitis.
— Alteraciones del periodo menstrual.

Cuando la capacidad para eliminar residuos tóxicos está comprometida, el sistema inmune permanecerá alerta y generará gran parte de los síntomas que he descrito. No es necesario presentar todos ellos para indicarnos un bloqueo en la detoxificación. Tan solo es necesario tener tres o cuatro para sospechar que los tóxicos nos están jugando una mala pasada.

¿Qué hacer?

Lo primero que te aconsejo es bajar la carga tóxica, es decir, dejar de ingerir o de entrar en contacto de manera voluntaria con sustancias tóxicas presentes en alimentos, bebidas, cosméticos, utensilios de cocina, detergentes, agua de grifo... Intenta consumir la mayor cantidad de productos ecológicos posibles. Cuantos más, mejor. Esto te puede resultar complicado hasta que integres el cambio de hábitos. Una vez integrado, se convierte en una normalidad y ya no te supondrá esfuerzo alguno. Ya, ya sé que lo ecológico es más caro..., no lo pienses más. Tú sabrás lo que valoras tu salud y tu vida. Quizás haya que cambiar el concepto.

Muchas veces, cuando compramos una vivienda, queremos las mejores calidades para las puertas, la cerámica de los suelos, la grifería, el mobiliario, y no escatimamos en gastos. Cogemos el catálogo de materiales y se nos va la cabeza. ¡¡Para mi casa, lo mejor!! Pero, merluzo, ¿no te das cuenta de que tú donde «realmente» vives es en tu cuerpo y en tu mente? Si no te cuidas, ¿dónde vas a vivir? Lo que tú consideras tu casa es donde te refugias para dormir, del frío, del calor, pero tu verdadero hogar eres tú mismo. ¿No escatimas en el precio de la cubertería o de los sanitarios del baño y sí lo haces en un kilo de tomates ecológicos? Definitivamente, tenemos mal establecido el orden de prioridades.

En la actualidad la partida presupuestaria destinada a alimentación en los hogares españoles ronda el 17 % mientras que en los años setenta era del 38 %. Ahora preferimos tener un buen teléfono móvil, ropa de marca o un buen perfume antes que alimentarnos de manera más saludable y sostenible. Sin duda, algo está fallando. Por tanto, para solventar el problema de la toxicidad, lo primero que debes hacer es consumir la mayor cantidad de productos ecológicos que te sea posible, ya que no solo evitarás tóxicos, sino que, además, estarás ingiriendo micronutrientes imprescindibles para que la maquinaria de la desintoxicación funcione correctamente. Por supuesto, hay que evitar el alcohol, el tabaco y todas estas cosas que ya sabes y que no te voy a repetir.

Debes ingerir con frecuencia estos alimentos, infusiones y especias que facilitan la detoxificación, ya que actúan modulando las enzimas de la primera y segunda fase de la detoxificación. Si eres un paciente polimedicado, te recomiendo asesoramiento y, si optas por ingerir estos productos por decisión propia, hazlo con moderación y en pequeñas cantidades: zanahoria ecológica, hinojo, cilantro ecológico, canela de Ceilán, cardamomo, jengibre, ajo, puerro, pescados azules pequeños —boquerones, sardinas...—, huevo, mostaza —no industrial—, rábano picante, chile, pimienta, *wasabi*, sandía, aguacate, brócoli. coliflor, col, repollo, col china, col lombarda, romanescu, bimi, espinaca, nueces, espárragos, kétchup ecológico, cacao puro, kiwis, moras, arándanos, grosellas, infusiones de cardo mariano, infusiones de ginkgo biloba, pipas de calabaza, nueces de Brasil, vinagre de manzana y chlorella.

Igualmente, es muy interesante que te realices un estudio genético para valorar cuáles son los polimorfismos genéticos relacionados con las rutas metabólicas de detoxificación, para poder así adecuar la alimentación, suplementación y hábitos de vida en general a los requerimientos genéticos.

Ya que te he resumido algunas cosillas con respecto a la toxicidad química, quiero recordarte que hay un tóxico físico que se nos ha colado en los hogares, el cual no vemos, olemos, oímos ni palpamos, que son las ondas electromagnéticas artificiales emitidas por los dispositivos electrónicos —teléfono móvil, *tablet*, ordenadores...—, redes wifi, antenas de telefonía, señales satelitales, cableado eléctrico, transformadores eléctricos, señales *bluetooth*... A esta contaminación se la conoce como *electrosmog*.

En el capítulo del biorritmo te he contado cómo estas ondas afectan el organismo. Tan solo quiero que sepas que existen alrededor de cuatro mil cuatrocientos estudios científicos que constatan los serios problemas de salud que este tipo de contaminación genera al ser humano y al medioambiente. Trastornos del sueño, alteración de la frecuencia cardiaca, alteraciones en el receptor de vitamina D, incremento del estrés oxidativo e inmunodepresión son algunas de las complicaciones que nos acarrea este nuevo factor antropogénico. Si los ojos tuviesen la capacidad de poder ver las ondas electromagnéticas de nuestro alrededor, nos daríamos cuenta de que estamos inmersos en una nube de ondas. Bañados en una sopa de químicos y en una nube de ondas. ¡Bravo, *Homo sapiens*!

Espero que una vez leído este capítulo compartas conmigo el convencimiento de que es hora de exigir un cambio de legislación que proteja nuestra salud y la del medioambiente. No olvides que lo que hagamos hoy repercutirá sobre las generaciones venideras. Recuerda: si no lo quieres hacer por ti, hazlo por tus hijos, nietos o sobrinos.

Las emociones y pensamientos negativos

Dentro del cuadro de la toxicidad endógena, debes tener en cuenta también los pensamientos y las emociones negativas como modificadores de la expresión genética. Considera un pensamiento negativo también como un mal hábito de vida y un tóxico. ¡Y menudo tóxico! Cuando uno de ellos te asalta y lo rumias, liberas sustancias como adrenalina o cortisol e inhibes otras como oxitocina o serotonina. Este desequilibrio hormonal o de neurotransmisores también tiene una consecuencia en la expresión de los genes y en la toxicidad, ya que la presencia de cortisol en sangre lentifica los procesos de desintoxicación. Cuanto más estresado estás, menos desintoxicas.

Pero volvamos a las emociones. Por ejemplo, desde un punto de vista clínico, el perdón es el proceso de abandono de los sentimientos de resentimiento y venganza. El perdón es uno de los actos más terapéuticos que existen. Esto incluye fomentar el amor, la compasión, la empatía y la generosidad hacia aquellas personas que nos han infligido dolor. Erróneamente es confundido con el olvido o la resignación, pero significa llegar a un estado de paz con uno mismo, con las demás personas y con el entorno frente a una situación específica. Según el doctor Michael Barry, autor de *El proyecto perdón*, más del 61 % de los pacientes con cáncer tienen problemas con el perdón. Si consideras que tienes toxicidad emocional o pensamientos tóxicos, no dudes en buscar ayuda con un psicólogo porque será tu mejor detoxificante.

Recuerda, por tanto, que todo lo que haces, piensas y sientes genera cambios epigenéticos. Si comes una manzana ecológica, estás introduciendo marcas químicas saludables en tu ADN que te protegen de ciertas enfermedades. Si tienes pensamientos, emociones tóxicas o comes alimentos procesados llenos de aditivos, serán marcas químicas nocivas las que invadan tu ADN y te predispondrán a enfermar. ¡¡¡Tú decides de qué tipo las quieres!!!

¡Aviso de nuevo!

¡Toca levantarse! ¡Arriba!

Llevas demasiado tiempo en modo reposo. Haz tus ejercicios y te espero de vuelta en dos minutos ;).

12

NO ES LO MISMO ALIMENTARSE QUE NUTRIRSE

Cada persona nace con la montaña
de comida que se va a comer
a lo largo de su vida.
Cuanto antes te la comas,
antes morirás.

PROVERBIO CHINO

Los países considerados del primer mundo hemos perdido el norte y el sentido común. Haciendo un inciso, nunca entendí quién se vio en el legítimo derecho de catalogar a los habitantes de este mundo en primeros, segundos y terceros. Mundo no hay nada más que uno, que yo sepa. ¿Qué criterios escogieron para hacer dicha clasificación? ¿Primeros en qué?

Antes de invertir energía y tiempo en pensar y evaluar lo referente a lo que comemos o deberíamos comer, creo que hay que poner el foco de atención en el hecho de no comer y plantearnos algunas preguntas. ¿Qué tiene una mayor repercusión sobre la salud? ¿Lo que ingerimos o las horas que pasamos sin ingerir alimento? ¿Qué ha hecho posible que nuestra especie haya conseguido colonizar los cinco continentes, soportar glaciaciones, sequías, guerras o hambrunas? ¿La disposición de alimento o la capacidad para tolerar grandes periodos de tiempo de inanición?

Cuaresma, Ramadán, Yom Kipur... Todas las grandes religiones ayunan. Aunque es difícil identificar el momento exacto de la historia en el que se originó la tradición de ayunar como un símbolo religioso, hay evidencias de esta abstinencia entre tribus nativas norteamericanas, en la antigua Grecia y en el Perú precolombino. La Biblia narra cómo Jesús se retiró al desierto durante cuarenta días, donde rezó, ayunó y fue tentado por el diablo. Al volver, su espíritu era más fuerte. ¿Realmente, el ayuno nos fortalece y es terapéutico, o es una moda, como opinan algunos?

La importancia de no comer

Pues mi reflexión al respecto es que, si nos ceñimos a la estricta definición de moda —uso, modo o costumbre que está en boga durante algún tiempo—, podría serlo, ya que lleva con nosotros dos millones y medio de años. Sin duda, es la «moda» más arraigada de la historia de la humanidad.

Dejando la ironía a un lado, hay que recordar que los humanos aprendimos de los animales, hace ya miles de años, que basta con ayunar, beber agua pura —estructurada—, respirar aire limpio, descansar y detoxificar para que el propio organismo se recupere por sí mismo de la gran mayoría de las enfermedades. Recuerda que cuando un animal y un ser humano están enfermos, lo primero que se les inhibe es el hambre. Frases como «ya está un poco mejor, hoy ha tomado un poquito de caldo» nos deberían hacer reflexionar. Cuando el organismo necesita recuperarse de alguna patología, elimina el apetito, ya que junto con la comida llegan bacterias con las que hay que lidiar y en las que hay que gastar energía. De ese modo, cerramos las puertas a posibles invasores que nos hagan derrochar energía y recursos que necesitamos en otra batalla; por esto y por muchos más motivos que analizaremos a continuación.

Ayunar es reparar

El ayuno constituye un arma muy poderosa y eficaz en el tratamiento de enfermedades endocrinas, metabólicas, cardiovasculares, articulares, musculares, óseas, neuronales e incluso el cáncer. Y es algo que no solo digo yo, ya que se han hallado referencias a las bondades del ayuno en textos de medicina tradicional china datados hace casi tres mil años, en el papiro de Ebers (1500 a. C.), pasando por textos de Hipócrates (400 a. C.), Galeno (200 d. C.) y Paracelso (1493-1541), además de en los estudios modernos.

Podemos realizar el ayuno de diferentes maneras, desde varias horas de inanición hasta días y semanas completas. Sin embargo, la investigación pone de manifiesto que no es necesario pasar grandes periodos de ayuno para obtener los beneficios de esta fácil, barata y segura medicina.

Estos son algunos de los efectos positivos del ayuno intermitente, considerando este permanecer al menos unas trece/dieciséis horas sin comer absolutamente nada:

— Se normalizan la actividad y los receptores de la insulina. Un ayuno bien supervisado es una de las herramientas más eficaces para tratar la diabetes tipo 2 y el síndrome metabólico.
— Se equilibra la acción de la leptina. Si haces memoria, recordarás que esta es una de las hormonas más importantes en la regulación del apetito y de la fertilidad.
— Se mejora la eficiencia energética de las mitocondrias. En definitiva, y lejos de lo que imaginamos, el ayuno nos aporta energía y vitalidad.
— Se favorece la betaoxidación de ácidos grasos o, dicho de otra manera, el ayuno induce a que usemos la grasa como fuente energética. La vasta evidencia sobre este asunto pone de manifiesto que, cuando usamos grasa como fuente energética en vez de glucosa, se reduce drásticamente el riesgo de enfermedades crónicas y de dolor e inflamación. Este tipo de ruta metabólica para la obten-

ción de energía genera, entre otros, una hormona llamada adiponectina, que tiene un efecto antiinflamatorio, y se inhibe además una plataforma multiproteica, el inflamasoma, que con ese nombre ya puedes imaginar qué genera.

— Se normalizan los niveles de una hormona llamada grelina. Esta hormona es fabricada en gran medida por el estómago y es la que nos despierta el hambre. Un hambre atroz. Es la que tira por tierra todos los regímenes y dietas. Cuando esta hormona se activa, no podemos contener las ganas de comer.
— Genera a medio plazo una disminución de los triglicéridos y mejora el hígado graso no alcohólico.
— Se reduce el estrés oxidativo, por lo que se previene enfermedades neurodegenerativas como el alzhéimer, la demencia... y previene igualmente la tan temida placa de ateroma que da lugar a los ictus, infartos, etc. La reducción del estrés oxidativo conlleva la prevención de casi la totalidad de las enfermedades crónicas, así como la ralentización del envejecimiento.
— Se provoca la activación del complejo motor migratorio en el intestino y se genera así una onda peristáltica de limpieza que barre los restos de bacterias muertas, restos tóxicos, células del epitelio intestinal deterioradas, etc., lo que contribuye al perfecto estado del intestino y de la microbiota y previene, de este modo, enfermedades como el colon irritable, la colitis ulcerosa, el Crohn, la diverticulitis, los pólipos e incluso el cáncer. Pero debes saber que, si no dejas descansar a tu intestino al menos cinco horas, esto no se produce. Cualquier cosa que te lleves a la boca inhibirá este sistema de limpieza. Incluso un chicle o un simple caramelo.
— Permite la reparación de los tejidos, el páncreas entre ellos.
— Se incrementa la producción (un 1300 % en mujeres y un 2000 % en hombres) de la hormona de crecimiento GH. Esta no solo sirve para crecer, también regula los procesos

de división y diferenciación celular, además de contribuir a la «quema» de grasa y a la lentificación del envejecimiento.

— Como puso de manifiesto en sus estudios el doctor Mark Mattson, el ayuno puede llegar a incrementar en un 400 % la producción cerebral de una proteína llamada BDNF (factor neurotrófico derivado del cerebro). Dicha proteína desempeña un papel primordial en la memoria, en la activación de células madre para crear nuevas neuronas y en evitar procesos neurodegenerativos como el alzhéimer o el párkinson.
— Se activa la autofagia, proceso por el cual las células, cuando detectan carencia de energía, son capaces de destruir estructuras deficientes, defectuosas o anómalas, usarlas como combustible para obtener energía y renovar estas estructuras, por lo que la célula se renovará y se sanará. ¿Te imaginas que los días de frío invierno pudieses quemar en la chimenea o caldera de tu hogar las puertas, ventanas y muebles viejos, obtener calor y que, además, te colocasen como por arte de magia los muebles, las puertas y las ventanas nuevos? Pues esto hacen las células cuando ayunamos. Piensa en lo que esto supone cuando estamos atravesando una enfermedad donde hay daños en los tejidos.
— El ayuno y la restricción calórica enlentecen el acortamiento de los telómeros, por lo que se alarga, literalmente, la vida.
— Se disminuyen la tensión arterial y el ritmo cardiaco.
— A medio-largo plazo, se baja el nivel del llamado colesterol malo (LDL) y se eleva el conocido como bueno (HDL).
— Se mejora el perfil de la respuesta inmune.
— Se rompe la barrera de ese miedo psicológico existente a desfallecer por no desayunar o a hacer deporte con el estómago vacío. El ayuno nos ayuda a no tener dependencia de la comida y a mejorar la relación con ella.

— Se mejoran los estados depresivos al generar una reparación intestinal y, con ello, una liberación correcta de los neurotransmisores que en él se generan como la serotonina, dopamina, GABA, etc.
— Se provoca flexibilización metabólica, es decir, nos da la oportunidad de que nuestras células escojan en cada momento el sustrato energético que más les interese. Esto genera eficiencia energética. Trasladado al deporte se traduce en mayor rendimiento deportivo; en el ámbito inmunológico significa mayor eficacia de ataque; en la reparación de tejidos conlleva cicatrización rápida y perfecta de heridas... ¿Te imaginas tener un coche al que le pudieses poner el combustible que más te interese en cada momento? Menudo chollo, ¿verdad? Pues esto es la flexibilidad metabólica.

No es mi intención cansarte con los beneficios del ayuno, pero quiero que sepas que la lista es aún mayor. Todos estos beneficios te los pierdes cuando picoteas esas patatas fritas, esa manzana de media mañana o esos frutos secos que llevas en el coche y que quizás te comes por puro aburrimiento.

Cómo comer

Y entonces, llega la pregunta del millón: ¿cuántas veces debo comer al día? Considerando que este consejo es generalizado, y presuponiendo que no padeces ninguna patología, lo ideal es comer un par de veces al día en el caso de los hombres y tres refiriéndonos a las mujeres. Repito que esto es de manera general y sin padecer enfermedades.

Si entrenas el ayuno, no necesitarás comer durante muchas horas y recobrarás una salud férrea basada en la sostenibilidad energética de todas y cada una de tus células.

Ya que hemos podido comprobar la repercusión que tiene el no comer, voy a darte mi opinión sobre las consecuencias que tiene el comer y qué es lo que deberíamos ingerir perteneciendo a la especie a la que pertenecemos.

La primera pregunta que me hago al pensar en este tema es: ¿cómo es posible que haya tantas dietas para todo? ¡Dios mío! Los estantes de las librerías se caen de tanto libro escrito sobre lo que debemos y no debemos comer. Hay tanta disparidad de criterios que nos volvemos locos, ¿verdad?

Nunca he oído a nadie decir: «Tengo ahora a mi perro con la dieta de la piña, a ver si se le baja el hinchazón de los tobillos». O «los cerdos de mi granja llevan dos semanas sin comer grasas. Será que quieren perder peso». O «mis gallinas están con la dieta Dukan». O «este año los osos pardos del Parque de Yellowstone han empezado la dieta de la manzana»... ¿Y por qué no? Sencillamente, y en definitiva, porque todos estos son animales omnívoros. Como nosotros.

¿Por qué los habitantes de los países occidentalizados necesitamos hacer dietas? La razón es muy simple. Nos hemos salido de la senda marcada por los cánones de la evolución. Hemos desvirtuado nuestro contexto de vida y el único problema que tenemos es no tener problemas con la adquisición de comida —al menos, en los países desarrollados—.

Antes de comenzar a darte mi opinión sobre lo que considero una nutrición saludable y preventiva, quiero expresarte mi tristeza, desesperación y frustración con respecto a la desinformación, desinterés y comentarios que inundan las consultas de muchos sanitarios con respecto a la importancia de la nutrición en muchas patologías como las enfermedades inflamatorias intestinales, enfermedades autoinmunes, alergias, o incluso el cáncer. «Come lo que se te antoje, no comas grasas, come lo que tú veas que te sienta bien...». Frases como estas dichas a un paciente oncológico pueden determinar que tenga más o menos calidad de vida durante la quimioterapia e, incluso, que esta sea más o menos efectiva, según nos exponen numerosos estudios. Una frase así, dicha a un paciente con una colitis ulcerosa o un Crohn, puede determinar que termine, o no, en un quirófano. No quiero que pienses que esto es una opinión mía personal. Es un comentario basado en evidencia científica y clínica.

La nutrigenómica y la nutrigenética

Si los alimentos no tienen impacto en la salud ni repercusión sobre las enfermedades, como oigo en muchas ocasiones, ¿cómo es posible que dentro de la ciencia de la genética haya una rama que se llame nutrigenómica? Según el Instituto Nacional del Cáncer (NIH), el término es definido de la siguiente manera: «Nutrigenómica: estudio del modo en que los alimentos afectan a los genes de una persona y de la forma en que los genes afectan a la reacción del cuerpo con los alimentos». La nutrigenómica se utiliza para aprender más acerca de cómo los genes y la alimentación en conjunto afectan a la salud y el riesgo de presentar enfermedades, como el cáncer. Por tanto, es la ciencia que estudia la repercusión que tiene la ingesta de unos u otros alimentos sobre la expresión de los genes. Es decir, no solo sobre el ADN, sino también sobre el ARN y las proteínas que las células fabrican atendiendo a la información almacenada en el ADN. Lo que los genetistas denominan un fenotipo.

Hay que señalar que un fenotipo aberrante puede y suele dar lugar a una patología. De hecho, cada patología se caracteriza por un determinado fenotipo patológico. Es fácil vislumbrar que los alimentos saludables cargados de nutrientes y micronutrientes suelen generar fenotipos genéticos que nos protegen contra las enfermedades, o incluso las resuelven.

Aclarado este concepto, creo que también hay que hacer referencia a otra ciencia que es la nutrigenética. Esta disciplina estudia las distintas mutaciones genéticas que presenta un individuo, las cuales determinan que ciertos alimentos sean beneficiosos para él y otros, no tanto; o que, incluso, sean perjudiciales.

Todos somos distintos desde un punto de vista genético. Cada uno de nosotros presenta pequeñas variaciones genéticas —polimorfismos de un solo nucleótido— que determinan nuestra susceptibilidad a los componentes de los alimentos. Es por esto por lo que es muy común oír comentarios como «mi cuñado se come un plato de brócoli y le sienta de maravilla y a mí me da diarrea»; o «mi hermano es capaz de cenar un plato de fabes, pero, si yo ceno eso, me tienen que hospitalizar». Es por este motivo por lo que no se puede generalizar en cuanto a una dieta. Dentro de la mediterránea, por ejemplo, está contemplado como algo saludable tomar un poco de vino tinto y algo de legumbres con cierta asiduidad. Sin embargo, para mí, en lo personal, estos dos alimentos son altamente perjudiciales, y lo he descubierto tras hacerme un estudio nutrigenético y observar que presento varios polimorfismos que me impiden metabolizar la rafinosa —un tipo de azúcar— presente en las legumbres, así como la histamina y los sulfitos presentes en el vino tinto. Por fortuna, cada día son más los centros que, como el nuestro, cuentan con personal cualificado para interpretar y realizar estos estudios de nutrigenética en caso de que se estime necesario.

Es posible que después de leer esto estés pensando que es difícil hacer las cosas bien con respecto a la comida, ¿verdad?; pues tranquilízate porque no es así, todo es mucho más fácil. Déjame que te dé mi opinión porque es mucho más sencillo de lo que puedes llegar a imaginar.

Después de llevar muchos años viendo y valorando pacientes, cada día estoy más convencido de que para que el organismo funcione de manera correcta no puede haber discrepancia entre lo que los genes y el cerebro esperan recibir y lo que reciben. Es por esto por lo que, respecto al tema nutricional, bajo mi humilde opinión, no hay posibilidad de discusión en cuanto a qué dieta es la mejor. Simplemente, la más adecuada es aquella que se basa en alimentos humanos. ¿Y qué son alimentos humanos? Pues aquellos que nos han hecho evolucionar como especie, aquellos de los que nos hemos alimentado durante cientos de miles de años, aquellos que están cargados de nutrientes y, sobre todo, aquellos que el sistema inmune reconoce como amigos. Como si fuesen de la familia.

Un alimento cargado de nutrientes es el que tiene una densidad nutricional alta, es decir, que abundan en él proteínas, grasas saludables, azúcares saludables, antioxidantes, vitaminas, minerales, oligoelementos, etc. Pero los cultivos de explotación masiva, así como la industria agroalimenticia, llenan los supermercados de productos, pero no de alimentos.

La nutrición se basa en pocos pero inamovibles conceptos. Uno de ellos es el que te expongo a continuación. Pensemos un poco y reflexionemos sobre los siguientes aspectos para entender la prioridad jerárquica de las grasas y las proteínas sobre los hidratos de carbono.

Energía

Si para que podamos metabolizar, digerir y extraer los distintos nutrientes —principios inmediatos— de los alimentos, necesitamos de unas sustancias llamadas enzimas digestivas —que fabrican el páncreas y el tubo digestivo—; y si los seres humanos tenemos en el genoma quince genes encargados de fabricar enzimas para metabolizar grasas, diez para las proteínas y seis para los hidratos de carbono, ¿qué alimentos crees que han predominado en la alimentación? Resulta evidente que han sido las grasas las que han hecho posible que seamos lo que somos y hayamos llegado hasta aquí.

El 60 % del cerebro es pura grasa. De esa grasa, el 25 % es colesterol y el 50 % de todas las membranas de todas las células también es colesterol. Grasa, grasa y más grasa. Si por cada gramo de grasa que ingerimos obtenemos aproximadamente nueve kilocalorías, y por cada gramo de proteína o de hidrato de carbono obtenemos cuatro, es lógico que nuestra especie, forjada en un ambiente carente de energía, escogiera la grasa como el combustible con mayor eficiencia energética.

Reproducción

Cuando los adipocitos —las células que almacenan grasa— tienen unos niveles óptimos de grasa almacenada liberan una hormona llamada leptina, y es esta hormona la que da la orden de la secreción de los precursores de las hormonas sexuales y la que las regula de manera perfecta y sincronizada con el fin de que seamos fértiles y podamos reproducirnos, entonces, ¿qué jerarquía crees que debe ocupar la grasa en la pirámide nutricional? Es por esto por lo que las mujeres con anorexia suelen perder con rapidez el periodo menstrual al disminuir su porcentaje de grasa corporal. Es lógico, la evolución sabe que criar a un hijo conlleva un gasto energético brutal —si eres padre o madre no creo que tenga que darte más explicaciones sobre esto—. Por tanto, la evolución dice: «¿Cómo voy a permitir que te quedes embarazada si no tienes energía almacenada —grasa— y no vas a poder criar correctamente al bebé?». Así que ya puedes sacar como conclusión que, si tienes infertilidad, dolor menstrual, ovarios poliquísticos..., quizás tengas problemas con la regulación de la grasa o la señalización de la energía.

¿Te acuerdas de lo que ocurría cuando en el organismo había un exceso de una sustancia u hormona? Las células dejaban de responder a esa sustancia. Seguro que has tenido alguna vez el extractor de la cocina encendido y cuando lo has parado has dicho: «¡¡Ufff, qué alivio!!». Mientras sonaba no eras consciente porque te habías vuelto insensible al ruido permanente, ¿verdad? Pues eso les ocurre a las células. Las hormonas se pasan todo el día llamando a las células y llega un momento que estas ni las escuchan.

Volviendo a la grasa, es posible que, si tenemos sobrepeso y liberamos demasiada leptina, se genere una resistencia a ella y, por tanto, la secreción de hormonas sexuales se puede ir al traste —y, con esta, la fertilidad—.

Almacenamiento

En caso de necesidad energética el organismo puede utilizar los tres principios inmediatos –grasas, hidratos de carbono y proteínas– como combustible para obtener energía. Si usa las proteínas, acabaremos lesionándonos porque las proteínas conforman los músculos y tendones, entre otros; por tanto, no sería idóneo que degradáramos estos tejidos para obtener energía. El cuerpo solo lo hará en situaciones anómalas o críticas. Es por esto por lo que son las grasas y los hidratos de carbono los dos principios que almacenamos como combustible.

Somos capaces de almacenar unos cuatrocientos noventa gramos de hidratos de carbono en forma de glucógeno, mientras que en forma de grasa el almacenamiento es... ¡¡infinito!! Luego, si la evolución le ha dado rienda suelta al almacenamiento de la grasa, eso significa que este principio inmediato es para el organismo el más importante e interesante desde un punto de vista metabólico. No pienses que la evolución es idiota por esta decisión; no lo pienses bajo nuestro concepto y menos como miembro de una sociedad que demoniza las grasas. Piénsalo en un marco prehistórico y de supervivencia con carencia absoluta de recursos energéticos. Hace cincuenta mil años tener un michelín era un tesoro. Para que veas que todo es cuestión de perspectiva.

Podría seguir enumerando multitud de conceptos de este tipo que justificarían la prioridad jerárquica de las grasas y las proteínas sobre los hidratos de carbono. Si analizamos el tipo de alimentación que hemos tenido los seres humanos a lo largo de la historia, nos daremos cuenta de que, aparte de pasar hambre hemos sido carroñeros, mariscadores y oportunistas. Es decir, comíamos lo que podíamos y cuando podíamos.

Está claro que la sociedad actual ha sido marcada y dividida por las eras a. C. y d. C. No pienses en Cristo, me refiero a antes del COVID y después del COVID. Esta pandemia ha marcado un cambio en nuestras vidas en cuanto a economía, revolución tecnológica, patrones sociales..., aunque, sin duda, ni siquiera se acerca un poco al cambio de paradigma que generó la Revolución Industrial.

En 1840 comenzó la era del sedentarismo; de la contaminación de las aguas, del aire; de la producción de productos refinados, sintéticos y cargados de aditivos artificiales; del uso y abuso de herbicidas, plaguicidas y demás productos fitosanitarios para el cultivo de los alimentos. Comenzó la era de la enfermedad y la bonanza de la industria farmacéutica.

Evidentemente, si quieres buscar la dieta humana más sensata y de acuerdo con tus necesidades, tendrás que dejar de regirte por la percepción del tiempo, el marco temporal y pensar con una perspectiva evolutiva. Ten siempre presente que hay una discordancia entre la evolución biológica-genética de nuestra especie y el entorno y modo de vida. Es decir, el cuerpo se sigue rigiendo por leyes de hace treinta mil años, donde la piedra, lo orgánico y la naturaleza constituían la religión, sustento, cobijo, entretenimiento; el modo de vida. Era un mundo difícil donde la supervivencia era la compañera de viaje, pero a la vez era un mundo que generaba una inercia hacia la vida. Nos permitía estar en consonancia con el medio. Un mundo donde la noche era oscura desde que se iba el sol, donde bebíamos agua pura y estructurada, donde sí o sí se ayunaba, donde lo que comíamos —aunque en ocasiones fuese poco— estaba cargado de nutrientes, donde el mismo sol que nos calentaba a nosotros hacía crecer y madurar todo lo que comíamos, una vida donde existía la presión evolutiva. En definitiva, una vida respetuosa con las leyes que marcan la constitución de la vida.

El gran problema radica en que los seres humanos hemos cambiado tanto nuestro escenario y el modo de concebir la vida que nos hemos creído que nuestras leyes están por encima de las leyes de la propia vida. Si pienso en mí mismo, me doy cuenta de que llevo más de dos décadas estudiando para tener conocimientos, herramientas y estrategias que me sirvan para intentar convencer a mis pacientes de que lo correcto es acostarse temprano y respetar la luz y la oscuridad, respetar el sueño, hacer ejercicio, beber agua pura, no envenenarse con aditivos, exponerse al sol, comer pescado, carne, verdura, fruta... ¿No es de locos? En muchas ocasiones me tachan de extremista, o incluso de descerebrado por intentar inculcar a mis pacientes y a las personas que quiero los hábitos que promueven la vida. Ojalá que algún día se revierta esta situación y que el sentido común y la sensatez desbanquen a los intereses económicos.

Qué comer

Pero volvamos a la comida. Si tuviéramos que establecer una pirámide nutricional para el ser humano, deberíamos tener en consideración estos puntos:

— El ser humano es omnívoro. Es algo anómalo para nuestra especie seguir una dieta estrictamente vegetariana, vegana o carnívora, por ejemplo. No quiero que esto suponga una discordia con ningún lector. Por supuesto que hay conceptos individuales que deben ser respetados, cuestiones éticas, morales o religiosas, pero quiero decirte que yo solo me dedico a informarte de cómo funciona el organismo. Es evidente que si tu religión, cultura o creencia conlleva la abstención de la ingesta de algún grupo de alimentos, posiblemente ingerirlos te genere más daño que privarte de ellos. Siempre hay que intentar actuar en consonancia con nuestros principios.

— El tubo digestivo no es muy largo. Según la paleontóloga francesa Yvette Deloison, nuestra especie se desvinculó del protohominoide hace unos siete millones de años y comenzó a incorporar en su alimentación productos más escasos de fibra y más ricos en proteínas y grasas, por lo que se generó una adaptación anatómica y funcional de nuestro tubo digestivo. Su longitud va en relación con la densidad del microbioma, es decir, la cantidad de bichitos que viven con nosotros en el aparato digestivo. A mayor consumo de fibra, mayor cantidad de bacterias necesitamos para metabolizar dicha fibra. El ser humano no tiene capacidad de degradar eficazmente la fibra de la verdura y la fruta. Necesitamos la ayuda y la colaboración de las bacterias que viven con nosotros. Conforme nuestra especie fue incorporando alimentos como la carne, el pescado o los huevos, el tubo digestivo se fue acortando considerablemente y enriqueciéndose el microbioma con nuevas cepas.

— La evolución y complejidad del cerebro viene determinada, en gran medida, por haber agregado alimentos con alta carga nutricional. La incorporación de distintos tipos de ácidos grasos y de aminoácidos colaboró al incremento del volumen cerebral. ¿Has pensado cuántas horas dedica una gacela a comer al día?, ¿y un caballo? Muchas, ¿verdad?; casi toda la jornada. ¿Y un león? Pocas, sin duda. La explicación viene de la mano de la densidad nutricional de cada tipo de alimento consumido. Para obtener los nutrientes y kilocalorías que consigue un león de una sentada, las gacelas necesitan estar varios días pastando.

— La absorción de nutrientes está determinada, en primera instancia, por la presencia de enzimas digestivas. El organismo humano es maravilloso metabolizando grasas, proteínas e hidratos de carbono, pero no tiene ningún plan de actuación para los colorantes, conservantes, aglutinantes, potenciadores del sabor, etc. No sabemos qué hacer con estas sustancias tan nuevas para nosotros. Todo lo que el organismo no reconoce como algo «humano» activa el protocolo de defensa del sistema inmune, lo que se puede traducir en inflamación.
— El ser humano no está habituado a ingerir alimentos que procedan de otras latitudes. La globalización ha hecho posible que, por ejemplo, en España la soja se considere un alimento habitual, pero, en realidad, para los países bañados por el Mediterráneo la soja es relativamente nueva. Y estarás pensando y diciéndome: «Jolín, Rafa, que la soja lleva consumiéndose en España algo más de veinte años...». Efectivamente, y quizás creerás que es mucho tiempo, pero veinte años en la historia de la humanidad es un diminuto granito de arena en el desierto. Tanto es así que, por ejemplo, ya que estamos hablando de soja, uno de los metabolitos más saludables que se originan a partir de ella es el equol. Esta sustancia es un fitoestrógeno (sustancia con capacidad de activar los receptores de estrógenos) que nos aporta muchos beneficios, como paliar los síntomas de la menopausia, mejorar el estado de ánimo, disminuir los triglicéridos o incrementar el HDL (el llamado colesterol bueno). El equol lo producen las bacterias del intestino cuando metabolizan la soja. Como no podía ser de otra manera, en los países occidentales tan solo el 20-25 % de los habitantes lo producen frente al 55 % de los asiáticos. ¿La razón?, la microbiota adaptada a este tipo de alimento. De modo que, aunque te atraiga la gastronomía de otros países, procura consumir la de aquellos que vivan en tu misma latitud y que tenga cierta semejanza culinaria con tu país de origen.

— No todo lo natural es saludable. Evidentemente, es mejor tomarte un zumo casero que beberte uno industrial, pero la mejor opción es no tomar zumos. ¿Te has parado a pensar por qué la farmacología ha surgido de la botánica y no de la zoología? Antibióticos, corticoides, la aspirina, algunos quimioterapéuticos para el cáncer o la morfina son algunos ejemplos. Las plantas nos llevan millones de años de ventaja evolutiva. Fueron de los primeros seres vivos en aparecer en la Tierra, hace unos quinientos millones de años. Ellas no tienen patas para salir huyendo de sus depredadores, garras o colmillos con los que atacar, así que han desarrollado defensas químicas para sobrevivir. Sus sistemas inmunológicos producen sustancias químicas que, tomadas en dosis altas, pueden ser fatales. ¿O te creías que los humanos éramos los únicos con sistema inmunológico?

Este es el caso, por ejemplo, de las legumbres y los cereales, que contienen antinutrientes que desactivan las enzimas digestivas, generan daño en el epitelio intestinal, e incluso provocan inflamación generalizada. Es lógico, cuando nos comemos una semilla o un grano nos estamos comiendo la parte más noble de la planta. Nos estamos comiendo el futuro bebé de esa planta. ¿Tú no defenderías a tu bebé? La mamá planta también, y para ello envuelve a las semillas y granos en sustancias químicas (saponinas, lectinas, factores de Bowman-Birk, factores de Kunnitz, rotenona, etc.) para que cuando un insecto, hongo o animal se las coma, o bien muera, o bien las expulse intactas para que caigan al suelo y germinen, o bien se enferme y no las vuelva a comer. A nosotros, los humanos, estas sustancias nos hacen daño igualmente. Los métodos de cocción, cocinado a presión o remojo disminuyen la concentración de estas sustancias, pero de todas maneras nos generan bastantes problemas. ¿O nunca te has comido unas fabes y has estado pesado toda la tarde con gases? ¿A que no te ocurre esto cuando comes gambas o un filete de pavo (sin patatas)? Ojo con las plantas y con lo natural.

Entonces… ¿qué como y cómo me lo como? Pues bien, suponiendo que eres una persona que no padece de ninguna enfermedad y que quieres tener una alimentación saludable y preventiva, te recomiendo estas generalidades:

— Consumir todos los alimentos ecológicos que estén a tu alcance, excepto las legumbres, por su alto contenido en antinutrientes. Ten presente que cuanta más variedad pongas en tu plato más salud tendrá tu microbiota. Cuando hablo de variedad me refiero incluso a que, si comes manzanas, alternes el tipo de manzana (hoy tomas reineta; mañana golden, etc.). En la variedad (no en la cantidad) radica el éxito de una buena alimentación. La dieta mediterránea está considerada una de las más saludables del mundo y uno de sus secretos es la variedad.
— No bebas agua (ni ninguna otra bebida) mientras comes y, si la bebes, añádele un poco de zumo de limón (bébela con una pajita para proteger el esmalte dental). De esta manera mejorará la acción de las enzimas digestivas.
— Levántate de la mesa con sensación de poder haber comido un poco más. Es lo que los japoneses llaman el *Hara Hachi Bu*, que significa «llena solo el 80 % de tu estómago».
— No termines nunca la comida con alimentos ricos en azúcar si quieres tener una buena digestión.
— No comas con frecuencia alimentos fritos, a la brasa o ahumados, ya que estarás ingiriendo sustancias potencialmente cancerígenas como la acrilamida o los hidrocarburos aromáticos policíclicos. Ten siempre presente que lo que nos enferma es el día a día, no lo que hagas de manera esporádica. Así que, si sales a comer un día a la semana a la calle (a no ser que tengas una patología y estés en tratamiento) come lo que desees y disfrútalo.
— No cocines en el microondas, ya que estas ondas electromagnéticas artificiales destruyen la vitamina C, así como las vitaminas del grupo B y la K, por no hablar de la desestructuración del agua contenida en los alimentos que calientes con este método.

— Mastica bien cada bocado. Te recuerdo que la digestión comienza en la boca y la ensalivación de los alimentos es clave para la buena salud del aparato digestivo.
— Come de manera consciente y no veas mientras tanto los informativos cargados de noticias con impacto emocional negativo. No consultes tu correo en el teléfono ni las redes sociales. Disfruta de lo que comes y céntrate en ello. Es un regalo y un deleite para los sentidos.
— Invierte tiempo en comprar los alimentos que vas a cocinar y en preparar platos suculentos que te resulten apetecibles. Hoy tienes a golpe de clic acceso a recetas de todo tipo y para todo tipo de alimentos.

Respecto a los alimentos que deberías consumir, este sería el listado con el que recomiendo armar los menús familiares para ganar en salud.

1. Alimentos que provengan del mar

Al menos tres o cuatro veces por semana. Lo que consumas procura que se encuentre en estos cinco grupos: pescado azul, blanco, cefalópodos, marisco en general y algas. Recuerda que las migraciones del ser humano siempre han ido siguiendo márgenes costeros, fluviales o de grandes lagos. Tiene una explicación: es más fácil esperar a que baje la marea y coger los cangrejos o mejillones, que cazar una presa. Los humanos hemos sido más marineros que cazadores. Estos alimentos son la principal fuente de omega 3 de cadena larga y este ácido graso tiene un verdadero poder modulador de la inflamación —antiinflamatorio—. Su consumo habitual previene enfermedades de toda índole, desde patologías inflamatorias a autoinmunes o cáncer, además de contribuir a la buena función cognitiva, e incluso al cociente intelectual de los niños. Los alimentos marinos nos aportan considerables cantidades de vitaminas, oligoelementos y minerales tan sumamente importantes como el selenio y el zinc. Acércate a la vida marinera si quieres tener una salud envidiable. No olvides que la vida surgió allí.

— Pescado azul. Salmón, caballa, trucha asalmonada, sardina, boquerón, bonito, anchoas, arenque, anguila, congrio, cazón, lamprea, chicharro o jurel, palometa, melva... Consume con menos frecuencia los pescados grasos grandes como el atún o el pez espada por su alto contenido en metil-mercurio.
— Pescado blanco. Dorada, lubina, merluza, rodaballo, bacalao, salmonete, mero, gallo, bacaladilla, acedía, lenguado, abadejo, rape, raya, rosada, fletán, perca...
— Cefalópodos. Calamar, pota, pulpo, sepia y chipirones.
— Marisco en general. Gamba, langosta, langostino, cangrejos, camarones, buey de mar, centollo, nécora, percebe, almeja fina, chirla, berberecho, coquina, mejillón, navaja, ostra, vieira, lapa, bígaro, cañaílla, cigalas...
— Algas. Nori, kombu, wakame, hiziki, arame, alaria, cochayuyo, dulce, agar agar, carragaheen, espirulina, chlorella...

2. Carne

Consúmela tres o cuatro veces en semana. Procura que sea de pasto y ecológica. Este tipo de carne está cargada de nutrientes y antioxidantes y no tiene nada de perjudicial, como se tiende a creer. Trata de no comer carne roja más de una o dos veces a la semana.

— Carne roja. Pato, perdiz, faisán, ternera, cordero, buey, cerdo (en forma de jamón), ciervo, venado, toro, caballo, cabra... No le temas a las grasas de este tipo de carnes. La clave está en no incrementar el consumo de hidratos de carbono. La grasa saturada sin hidrogenar es una de las grasas más saludables que puedes consumir. Si te da miedo ingerirlas, allá tú. Pero te informo que todas tus células la van a fabricar para incorporarla en sus membranas celulares. Comas lo que comas. La grasa saturada es la más estable al calor y la que menos se oxida. Constituye el 36 % de toda la grasa de las membranas celulares. Es la grasa más estructural que existe. Sin ella no podrías estar de pie. Así de sencillo.

— Carne blanca. Pollo, higaditos de pollo, pavo, codorniz, picantón, pularda, conejo, cerdo…

3. Huevos

Cómete unos cinco/siete huevos a la semana. Gracias a su contenido de colina y omega 3 de cadena larga, el consumo de huevo ecológico, lejos de generar problemas con el colesterol, lo regula, elevando el HDL —el llamado bueno—. Solo en el caso de que tengas certeza de presentar una mutación en los genes APOE4, LDLR, APOB, PCSK9, debes tener cierta precaución con su consumo y con alimentos ricos en colesterol. Aunque realmente no es la concentración de los transportadores de colesterol —apolipoproteínas LDL, HDL, VLDL…— lo que predispone a los accidentes cardiovasculares. Es la oxidación o la glicación —una reacción química que se produce cuando los niveles de glucosa están más altos de lo que debieran en sangre— lo que verdaderamente desencadena la formación de la placa de ateroma. El huevo es un alimento maravilloso, principalmente, la yema. Recuerda que para saber si estás comprando huevos ecológicos, debes fijarte en el código impreso en la cáscara. Es un código de números del 0 al 4. Uno ecológico es aquel cuyo primer número de la izquierda es el 0 o el 1. Si no son ecológicos, mejor no comerlos con mucha asiduidad.

4. Verdura

Consume verdura ecológica variada a diario. No es necesario que tomes mucha cantidad, lo importante es la diversidad. Si el consumo de carne y huevos ecológicos es muy recomendable, en el tema de la verdura quizás lo sea aún más. Procura comer las verduras cocinadas al vapor o hervidas con poca agua y con escasos minutos de ebullición. Todas contienen sustancias que nos aportan beneficios, pero te nombro a continuación las más destacables:

— La familia de las crucíferas es muy conocida por sus propiedades anticancerígenas, antioxidantes, antiinflamatorias, etc. Dentro de esta se encuentran el brócoli, la coliflor, el romanescu, la col verde, la lombarda, las coles de Bruselas, el rábano negro, el nabo, la rúcula, la kale, el *wasabi*, la col china, el repollo, bimi... Si padeces o has padecido de miomas uterinos, endometriosis, fibroquistes mamarios, cáncer de mama, cáncer de ovario o alguna patología relacionada de manera directa con la actividad de los estrógenos, te aconsejo que no consumas crucíferas más de una o dos veces a la semana, ya que pueden estimular la acción de la enzima CYP 1B1 y generar metabolitos estrogénicos proliferativos. Si quieres salir de dudas te aconsejo que te hagas un estudio nutrigenético.
— Las alcachofas o alcauciles son altamente depurativas desde un punto de vista hepático y renal gracias a su contenido en cinarina. Está considerada una de las plantas con mayor capacidad azotúrica y uricosúrica, es decir, de eliminar urea y ácido úrico. También mejora de forma considerable la producción de jugos gástricos y ayuda a la excreción de bilis. Además de su buen balance de minerales, la alcachofa es rica en inulina y, por tanto, es maravillosa como prebiótico.
— Ajo y cebolla. Creo que podría escribir un libro solo de las propiedades de estos dos bulbos. Se han encontrado en ellos más de treinta sustancias con efectos anticancerígenos, entre las que destacan el sulfuro de alilo, la quercitina y el ajoeno. El ajo es hipoglucemiante, hipotensor, antiséptico, expectorante, antioxidante, etc. La quercitina de la cebolla es antihistamínica, expectorante, inhibidora de la replicación vírica y su poder antibiótico es en verdad espectacular. Es por ello por lo que el viejo remedio de poner una cebolla recién cortada en la mesita de noche para aliviar los problemas respiratorios realmente tiene un fundamento científico impresionante gracias a las fitóncidas que este bulbo libera al aire. Te aconsejo tomar todo tipo de ajos y de cebollas.

— Escarola, cardos, borraja, ruibarbo, okra, salicornia (espárrago de mar), puerro, espárrago, endivia, berros, hinojo, hojas de roble, canónigos, pepino y calabacín constituyen también un grupo de verduras que no deberían faltar en tu plato.
— Las solanáceas como el tomate, la berenjena y el pimiento te recomiendo que los comas con moderación por su contenido en saponinas. No los consumas fuera de temporada más de una o dos veces en semana. Los tomates han de comerse rojos y blandos y, si puedes, quítales la piel. Tomar la verdura licuada es una manera maravillosa de consumir vitaminas, minerales, antioxidantes… y de beber agua estructurada. Procura usar una licuadora de prensión en frío.

5. Fruta

Te aconsejo no tomar más de un par de piezas al día —o un par de puñados en caso de arándanos, frambuesas, etc.—, y nunca en zumo. Escoge las frutas con menor carga glicémica si tienes problemas con la glucosa, el colesterol o algún trastorno metabólico. Entre estas te aconsejo granada —para mí es la reina de las frutas—, arándanos, moras, papaya, aguacate, sandía, frambuesas —cuidado que interacciona con muchos fármacos, al igual que el pomelo y el zumo de piña—, albaricoques, kiwis, cerezas, grosellas, ciruelas, manzana —esta sería mi princesa—, pera, melocotón, nectarinas, paraguayos, lima, limón, coco —de él, excepto la cáscara, usa, cómete y bébete todo— y fresas —que sean ecológicas, por favor—. La fruta es una fuente maravillosa de antioxidantes.

6. Los tubérculos o bayas de cáscara dura

La remolacha, la zanahoria, la calabaza, el nabo, el boniato, etc., son maravillosos para obtener hidratos de carbono complejos. Constituyen una fuente de prebióticos fantásticos y tienen propiedades antioxidantes, procinéticas, etc. Te recomiendo tomarlos una o dos veces en semana.

7. Pasta, arroz, patata y pan

Personalmente, apenas lo consumo. El aporte de hidratos de carbono de asimilación rápida que nos proporcionan estos productos, con el incremento de la glucosa que ello conlleva, no compensa los minutos de placer que genera el comerlos. En cuanto al pan, he de decirte que, si escoges un cereal o pseudocereal de calidad, introducir un poco al día no te generará problemas. Entre mis preferidos está el de trigo sarraceno, centeno puro, kamut, teff, mijo y espelta. Pero, sin duda, el que más me convence por sus propiedades es el de sarraceno. Aquí, he de decir que después de llevar muchos años de mi vida leyendo sobre cereales, siempre te aconsejaré que huyas del trigo convencional y del gluten en general. Al menos del gluten del trigo industrial. Piensa que el organismo no fabrica ninguna enzima para descomponer el gluten. Esto nos daría también para otro libro, pero mi opinión es que el gluten es uno de los grandes enemigos del ser humano y su consumo tendría que estar legislado de alguna manera. Si quieres profundizar un poco en este tema, te aconsejo que leas al doctor Alessio Fasano.

8. Lácteos

Sé que su consumo está muy arraigado en nuestra cultura, al igual que lo fue el tabaco, pero no por ello quiere decir que sea saludable, como no lo es fumar. Sé también que el símil que he usado a lo mejor te resulta exagerado, pero la verdad es que tomarlos de manera continuada puede llegar a ser devastador para el ser humano. No me refiero a la intolerancia a la lactosa, que compartimos casi el 70 % de la población mundial, me refiero al resto de componentes que hacen de este líquido un verdadero tesoro para un ternero, cordero, cabrito o bebé humano en caso de la leche materna. Pero una vez alcanzada la edad adulta, consumir leche de vaca o cabra o de cualquier tipo de especie no tiene beneficio alguno. Por supuesto, si nos trasladamos a países en desarrollo, los lácteos pueden ser salvavidas a los que aferrarse. No hay que ser reduccionistas y radicales y quiero matizar que no es lo mismo beber leche entera procedente de vacas de pasto y en un contexto natural, acompañado de un estilo de vida saludable, que tomar leche procesada en un ambiente urbano cargado de estrés.

Como recomendación te diré que, si te decides a tomar lácteos, hazlo con moderación; si es posible, que la leche sea A2 (un tipo de caseína), esté fermentada en forma de yogur, queso, etc., y nunca leche desnatada o semidesnatada. Si quieres información sobre los lácteos, puedes ver el vídeo «La leche de vaca. Un maravilloso alimento... para los terneros» —el cual puedes encontrar en el canal ME TÓ DI CA, en YouTube—, en el que te explico todo lo referente a este tema, pero te adelanto que hay pocos alimentos que generen más estreñimiento, alteraciones del pH del estómago, trastornos digestivos, disminución en la absorción del calcio —sí, has leído bien—, dolor articular, mucosidad, problemas de piel, etcétera, que los lácteos consumidos de manera habitual.

El único lácteo que defiendo a capa y espada es la mantequilla —no margarina— y preferiblemente si es clarificada —la *ghee* para mí es la mejor—. Este alimento, gracias a su contenido en ácido butírico, incrementa la sensibilidad de los receptores de insulina, mejora la permeabilidad selectiva del intestino, mejora las digestiones, tiene acción cardioprotectora, por su contenido en vitamina A es una buena aliada de la piel, tiene acción antioxidante, antiinflamatoria...

9. Especias

Soy un amante de las especias; me gustan todas y todas tienen propiedades curativas. Si no estás acostumbrado a su consumo, empieza por tomar poca cantidad y no mezcles muchas. Como lectura sobre el tema te recomiendo *Las especias curativas*, de Bharat B. Aggarwal.

10. Setas

Son las reinas de la naturaleza. No existe quizás un alimento con mayor repercusión positiva sobre el sistema inmune que los hongos. Su composición rica en glucanos hacen de ellas un fármaco nutriente. No dejes de consumirlas al menos dos veces en la semana.

11. Legumbres

Si no tienes ningún problema de salud y quieres tomarlas, te recomiendo que no lo hagas más de una vez en la semana. Y siempre que las dejes en remojo cuarenta y ocho horas y las cocines en olla a presión. Incluso es más sensato utilizar las legumbres envasadas en cristal y lavarlas bien antes de cocinarlas. No olvides que los guisantes, las habas, la soja y los cacahuetes también son legumbres.

12. Frutos secos

El consumo regular de frutos secos constituye, sin duda, un aporte de fibra insoluble que te ayudará a regular el tránsito intestinal. Además de este efecto mecánico, los frutos secos aportan proteínas, vitaminas y minerales, pero como futuras plantas que son, también contienen antinutrientes como el ácido fítico.

Te aconsejo que nunca los comas fritos ni tostados, ya que son ricos en ácidos grasos poliinsaturados que se oxidan rápidamente en temperaturas altas. Es decir, si te comes los frutos secos fritos o tostados, estarás comiendo ácidos grasos oxidados —te recuerdo que tus células los incorpora a sus membranas celulares—; ¿quieres tener unas células oxidadas? Lo ideal es que los actives y los comas crudos. Es un proceso un poco tedioso, pero te alegrarás a largo plazo. Uno de los problemas del ácido fítico es que nos hace perder minerales por la orina. El calcio entre ellos.

13. Aceites

Sin duda, el de oliva virgen extra es el aceite con más propiedades saludables que puedes consumir. Es interminable la lista de componentes que hacen de él un nutriente digno de estar en el botiquín más que en la cocina. Sé generoso con él. Para cocinar, el de coco también es muy buena opción dada su estabilidad.

14. Hidratos de carbono refinados

De todos los alimentos, son los hidratos de carbono refinados —dulces, golosinas, pasta, arroz, patata, pan blanco, etc.—, los que más problemas de salud generan. Estos no formaban parte de nuestra alimentación hasta hace unos cientos de años, cuando, además y como ya sabes, los ingredientes, el contexto y los hábitos eran muy distintos.

Estas recomendaciones son generales y, por supuesto, se deben adaptar a los hábitos y circunstancias de cada persona.

Investigadores de *National Geographic* concluyeron que un ser humano con una vida media de setenta y ocho años y medio consume unas cincuenta toneladas de comida a lo largo de su vida. Recuerda: cuanto antes te las comas, antes morirás.

Comer es un proceso oxidativo. Come con moderación.

¡Aviso de nuevo!

¡Toca levantarse! ¡Arriba!

Llevas demasiado tiempo en modo reposo. Haz tus ejercicios y te espero de vuelta en dos minutos ;).

13

La cabeza, nuestra peor enemiga

Tenemos dos vidas.
La segunda empieza cuando nos damos
cuenta de que solo tenemos una.

Confucio

Primum vivere, deinde philosophari —primero pensar en vivir y, luego, en filosofar—. Fue Thomas Hobbes (1588-1679) quien pronunció esta frase, aunque algunas fuentes se la atribuyen a Aristóteles. Según un equipo de investigación de la Universidad de Indiana (Estados Unidos), los primeros homínidos comenzaron a tener funciones cognitivas consideradas como los esbozos iniciales del pensamiento hace aproximadamente 1,8 millones de años. Sin embargo, fue la mutación del gen —específicamente humano— ARHGAP11B, hace unos quinientos mil años, lo que generó la posibilidad de desarrollar nuestro neocórtex y, con él, la facultad de reflexionar, resolver problemas complejos, etc.

Fue en el Neolítico —hace diez mil años—, con la adopción de la agricultura y la ganadería, cuando pudimos generar poblados estables. Poseer un cobijo y un sustento alimenticio más o menos asegurado nos dio la oportunidad de pasar del *vivere* al *philosophari*. Quizás durante la noche, y alrededor de la hoguera, nuestros antepasados iniciaron las primeras tertulias sobre religión, futuras cosechas o vete tú a saber. Pero, sin duda, la atracción, sensación de confort y relajación que sentimos los humanos al ver o escuchar el crepitar de una hoguera debe de tener un significado evolutivo.

La palabra «hogar» procede del latín y significa «fuego». No es lo mismo tener una casa que tener un hogar. Un hogar es un espacio emocional y afectivo que evoca calor y cercanía. De una manera filosófica, Alonso Escribano lo define como «el espacio donde se forja nuestra identidad, donde nos preguntamos constantemente quiénes somos, en el que recibimos lo que somos y en el que se siembra aquello que seremos». Sea como fuere, la llegada de la agricultura y la ganadería fue lo que comenzó a amargarnos la existencia. Mucha más comodidad, sí, pero más quebraderos de cabeza, también.

¿Te has preguntado alguna vez quién es tu peor enemigo?, ¿quién es la persona que más daño te hace? No la busques en tu trabajo, ni en tu familia, ni en tu lista de contactos del móvil. Eres tú. Tu cabeza se ha convertido, sin darte ni cuenta, en la peor de tus pesadillas.

Me pondré un poco filosófico. ¿Qué es la vida? Pues ahora mismo tu vida es el reglón de este libro, el tacto del papel entre tus manos —o la voz de Florentino si lo has adquirido en formato audio—, los olores y sonidos que te rodean, la silla, el sillón, la cama o donde sea que te encuentres, tu corazón que palpita y tus pulmones que respiran y ya ¡¡¡y yaaaaa!!! No es otra la vida en este momento. Estás aquí, conmigo. Punto. La vida no es ayer; ni lo que no hiciste y crees que debiste haber hecho hace dos años, cuando te divorciaste; ni la vida se quedó en la muerte de tu padre; ni si hubieses dicho o dejado de decir tal o cual cosa. La vida tampoco es el ¿qué me ocurrirá si me contagio de COVID?; ni dentro de seis años, cuando tus hijos terminen los estudios y se dé la posibilidad de que no encuentren trabajo; ni es cuando te hagas mayor y quizás nadie te cuide; ni tan siquiera cuando piensas qué será de ti y de tu familia en unos meses o unos años ahora que te han diagnosticado un cáncer. ¡¡¡Noooo!!! Esa no es la vida. La verdadera existencia está aquí y ahora. En el presente.

Un estudio de la Universidad Estatal de Pensilvania refleja que, de media y siendo muy conservadores —porque otras fuentes hablan de un mayor porcentaje—, el 91 % de los fantasmas o preocupaciones que atormentan nuestra existencia jamás se materializan. Son problemas imaginarios.

Pero, entonces, ¿tenemos tantos problemas para que casi la mitad de la población española sufra angustia? La respuesta es un rotundo no. El problema radica en que el cerebro tiene la capacidad de crear escenarios virtuales y realidades inexistentes basadas en experiencias previas o conjeturas sin fundamento. Situaciones ficticias que vivimos bioquímica y físicamente como si fuesen reales.

¿No me crees? Sé valiente y vete un fin de semana por ahí sin el teléfono móvil. ¡¡¡Vengaaaa, échale valor!!! El simple hecho de no notar su peso en el bolsillo te hace saltar todas las alarmas. Tu cerebro se convierte en James Wan y comienza el rodaje virtual de una superproducción de terror con cien relatos distintos. En diez minutos, tus hijos han tenido un accidente mortal; tus padres se han caído, se han roto la cadera y están en el suelo sin que nadie los pueda atender; nos han llamado del hospital para darnos los resultados de una prueba que llevamos esperando dos semanas, y mil situaciones desagradables más. Es desesperante; ¡¡creo que ya te habrás vuelto a por el móvil!! Si te vas a tu trabajo con la duda de si has desenchufado la plancha, y tu cabeza comienza a montar el guion de la película «mi casa en llamas», en unos minutos tu corazón estará a cien por hora, la tensión arterial te subirá, la respiración se agitará, la secreción de saliva habrá descendido y la boca se secará. Pero eso no es todo; el pH del estómago se altera, tu hígado se pone a fabricar glucosa, tus músculos se contraen, la distribución de sangre se modifica, dejas de eliminar tóxicos y creo que, si te concentras, incluso olerás a quemado. Tu cabeza te ha hecho entrar en pánico.

Quizás mi ejemplo te ha resultado una exageración, pero créeme que me he quedado corto en la descripción. Una vez que has conseguido que tu hijo, la vecina o quien sea se acerque a tu casa y compruebe que la plancha está apagada, tu organismo recupera la calma y te invade el pensamiento de «tanto sufrimiento para nada». Estas situaciones son agudas y duran, como mucho, unas horas. Pero ¿te imaginas tener en la cabeza largometrajes menos intensos, pero que duren meses o años? Pues tu cabeza te mata, literalmente. Una situación así genera tal desajuste fisiológico que las analíticas saldrán alteradas y tu probabilidad de enfermar se incrementa de manera exponencial. ¿Te puede subir el colesterol por ello? La respuesta es sí, y el azúcar, y puedes tener hipertensión, y sufrir un infarto, y desarrollar una esclerosis múltiple, una artritis, o incluso un cáncer. Puedes tener cualquier enfermedad descrita; solo hace falta tener una predisposición genética y... ¡¡la bomba explota!! Ahora la pregunta que debes hacerte es: ¿en realidad tienes mucho estrés? ¿O poca capacidad para gestionarlo?

Quiero contarte que este botón del pánico que tenemos los seres humanos en el cerebro y que pone en funcionamiento toda la maquinaria para preparar al organismo para atacar o huir, se originó hace millones de años y no ha cambiado ni un ápice. El león, el tigre de dientes de sable y los depredadores de entonces ahora son las hipotecas, recibos, matrículas del colegio de los niños, horarios y objetivos laborales que cumplir. Solo que hay una gran diferencia: en tiempos primitivos tenías que moverte sí o sí para solventar esa situación de estrés o morías. Hoy en día, cuando el cerebro detecta peligro, te prepara la máquina para salir huyendo o pelear. Como comprenderás, esto conlleva un incremento de la tensión arterial, de la glucosa... Pero, claro, ahora no hay leones, ni tienes que caminar veinte kilómetros para encontrar agua. Hoy me quedo sentado en mi sillón o en la cama dando vueltas al problema en mi cabeza y con mi organismo preparado para la actividad. ¿Quieres saber lo que le pasa? Arranca tu coche, ponle el freno de mano, mete primera y pisa a fondo el acelerador. Eso le pasa.

Evidentemente, en aquellos contextos ancestrales los factores estresantes eran agudos y, o los solventabas o morías. Es lo que se conoce como presión evolutiva. Eso desapareció. Lo que no ha desaparecido, y aún perdura en la especie humana, es la respuesta fisiológica al estrés. Sigue siendo la misma, pero recuerda: el cerebro no discrimina entre lo real y lo virtual. Este es el motivo por lo que se calcula que entre el 70 y el 80 % de todas las consultas médicas guardan una relación directa con factores de estrés psicoemocional.

No es el estrés, sino su gestión lo que nos falla. El único y verdadero factor estresante crónico que nos puede hacer enfermar es vivir en un contexto poco acorde a nuestros principios morales o éticos. Un ambiente favorable debe permitirte la posibilidad y capacidad de realizarte como persona, tener libertad de expresión y sentirte respetado, mientras que un contexto que no salvaguarde tus valores y esencia como persona te enfermará, ya que mantendrá tus ejes de estrés activados las veinticuatro horas del día.

Si te sientes en esta situación, te animo a que salgas de ella cuanto antes. Puede ser una decisión difícil, pero más difícil será cuando tengas que vivirla con el agravante de estar enfermo. Si no te ves capaz de hacer un cambio de vida, de dar el salto, entonces te aconsejo que uses este libro hasta de almohada porque, o adoptas estrategias para paliar el daño que te está ocasionando el estrés crónico o acabarás mal. No le tengas miedo a la libertad.

El resto de los factores son agudos. Piénsalo. Todo lo demás son preocupaciones. Pre-ocupación, del latín *praeoccupatio*. Ocuparse antes de que ocurra. Es decir, estar proyectados en el futuro y desarraigarse del presente. Presente. No puede haber una palabra más indicada para referirnos a lo que estamos viviendo en cada momento y para mencionar un regalo u ofrenda. Porque ¿hay mejor regalo que estar vivos, aquí y ahora?

Cuando te preocupas de manera crónica por algo que no ha ocurrido —y que casi con total seguridad no va a ocurrir— sientes angustia, ansiedad, pánico y desasosiego. Cuando te recreas en desgracias, malos momentos o vivencias negativas del pasado, tiendes a sufrir tristeza y depresión. Futuro es angustia y pasado es tristeza. Futuro es ansiedad y pasado, depresión. ¿Y quién viaja al pasado o al futuro? ¿Tú? No, viaja tu maldita cabeza.

No subestimes el estrés crónico porque es algo que mata en silencio. Es el origen o el catalizador de todas las enfermedades descritas actualmente.

En 1990, el neurocientífico Marcus Raichle descubrió mediante imágenes de resonancia magnética las áreas cerebrales que se activan cuando no tenemos actividad perceptiva o motora. Cuando intentamos dejar la mente relajada de manera voluntaria, el cerebro desobedece nuestro deseo y, como si se tratase de un niño travieso al que castigamos sin moverse, comienza a divagar por todos lados en modo piloto automático. ¿Y adónde va? Pues donde él quiera. Es una lucha entre lo voluntario y lo involuntario y es una lucha tan potente que no somos capaces de dominarla.

Raichle localizó cinco áreas cerebrales bien diferenciadas que aumentan su actividad eléctrica cuando estamos en esa situación de ensimismamiento, de rumia y de pensamientos reiterativos. La zona medial de los lóbulos temporales, corteza parietal, cuña ventral, corteza cingulada posterior y la corteza prefrontal son las zonas que constituyen lo que se conoce como la red neuronal por defecto. Lo que los budistas llaman «la mente del mono» —por estar saltando de rama en rama—. Esta red es la que siempre se nos activa —por defecto— cuando estamos en situación de NO OBSERVACIÓN o haciendo tareas que no requieran una atención plena.

Te lo diré de otra manera: siempre que no estés siendo consciente de que estás viviendo el presente, y te mantengas en reposo, tu mente divagará hacia el futuro o hacia el pasado y creará situaciones virtuales que en el 95,5 % de las ocasiones no son ciertas y que amargan tu vida.

«Lo único que me apetece es llegar a casa, tumbarme en el sofá y ver alguna serie». Esta frase está cada día más en boga. Ahora entenderás por qué plataformas como Netflix, Amazon Prime Video, HBO, etc., están triunfando. Cuando ves una peli o una serie, estás con la atención focalizada en la trama y tienes desactivada la red neuronal por defecto; te ancla en el aquí y el ahora, y mantiene al caballo desbocado de la mente bajo las riendas del director de la serie. Es una manera fácil de desconectarse de la red, pero no genera cambios neuroanatómicos, como veremos más adelante. No es la solución. Es como dar una píldora para el dolor de cabeza sin solucionar la causa primaria que genera el dolor. Mientras dura el efecto de la pastilla, estás feliz. Como cuando comes chocolate para calmar la ansiedad. Pero al finalizar el capítulo de la serie, la cabeza vuelve a divagar.

Si eres feliz yéndote a Benidorm, sentándote en una tumbona y dedicándote a observar a los bañistas, los transeúntes, a los que juegan a las palas o al señor encargado de las hamacas, ya sabes por qué es. Estás en modo observador y tu red neuronal por defecto permanece en *off*. En esos momentos, tus pies, posados sobre la arena de la playa, han comenzado a echar raíces y te están sujetando al presente. Bienvenido a la vida. Bienvenido a la felicidad.

Menos mal que el grueso de la población duerme unas seis/ocho horas y trabaja otras tantas, porque de veinticuatro horas del día pasamos el 47 % en esta red, mientras que los días de descanso ese valor puede llegar al 75 %. Una auténtica locura. Es decir, te pasas cerca de once horas diarias con tu mente en piloto automático, saltando de pensamiento en pensamiento y tiro porque me toca. Por desgracia, la cabeza no es nada benévola, y en la mayoría de los casos siempre bucea en nuestras miserias, inseguridades e incertidumbres, con lo que nos sumerge en una espiral de tristeza, impotencia, angustia y desesperación. De las once horas de divagación mental sin rumbo, unas siete y media estamos inmersos en diálogos autorreferenciados, es decir, hablando de nosotros mismos y situándonos como los protagonistas de la película.

Como puso de manifiesto el científico Matthew A. Killingsworth en su estudio «A wandering mind is an unhappy mind» («Una mente errante es una mente infeliz»), la mayor causa de infelicidad de la población es la divagación mental, la falta de paz interior. No debemos confundir el éxito profesional con el personal. El dinero nos da bienestar y comodidad, pero no necesariamente da felicidad.

Es fácil cuestionarse el porqué de esta activación permanente del cerebro incluso cuando dejamos de prestar atención a los estímulos del mundo externo. ¿Para qué servirá toda esta actividad mental? ¿Qué finalidad evolutiva tendrá? ¿Qué procesos neuronales se estarán beneficiando de todos los recursos energéticos invertidos en estas abstracciones errantes, que no van encaminadas a resolver cuestiones relacionadas con la supervivencia, ni tan siquiera con nuestro entorno? Pues siento decirte que no te puedo ayudar en la resolución de este enigma, ya que hasta hoy sigue siendo una incógnita. Algunos investigadores la referencian como «la energía oscura del cerebro», haciendo un símil con la energía oscura del cosmos en cuanto a que se sabe que está ahí, pero se desconoce su función.

El gasto energético es casi tan elevado como cuando focalizamos el pensamiento en estímulos externos. Realmente agotador. Dan ganas de desenroscarse la cabeza y dejarla reposar en la mesita de noche, ¿verdad? Pero ¿por qué nos genera tanta ansiedad y sensación de desasosiego permanecer conectados a esta red?

Las amígdalas cerebrales

Las relaciones anatómicas de las cinco áreas que conforman la red neuronal por defecto son íntegras con el resto del encéfalo. Son varias las zonas involucradas en la gestación de la ansiedad y la angustia, pero, sin duda, son los cuerpos amigdalinos o amígdalas las mayores responsables de los ataques de pánico, miedo, intranquilidad, estado de alerta permanente, etc. No confundas las amígdalas cerebrales con las de la garganta. Las primeras son dos pequeñas zonas que se encuentran en la profundidad de los lóbulos temporales y se encargan, entre otras cosas, de enviar información relacionada con el miedo y la ansiedad a los centros nerviosos superiores. También se encargan del procesamiento y almacenamiento de los procesos relacionados con las emociones.

Numerosos estudios han correlacionado el tamaño de las amígdalas con las experiencias de angustia, inquietud, pánico y timidez. A mayor volumen de las amígdalas, mayor es su actividad y mayor es la experiencia negativa sufrida. Las conexiones neuronales de la amígdala con distintas áreas del cerebro nos aseguran y facilitan la activación del sistema nervioso autónomo con liberación de adrenalina, cortisol y dopamina, nos incrementan los reflejos de paralización, escape, ataque y vigilancia y activan los núcleos del nervio trigémino y facial para poder expresar el miedo en el rostro. La amígdala puede crear el ambiente idóneo para provocar estados de distrés o estrés patológico, donde el sujeto permanece en estado de angustia permanente y no es capaz de adaptarse a los factores estresantes, lo que puede llevar a que sufra un agotamiento de las glándulas suprarrenales —*burnout*—.

Por si esto fuera poco, la amígdala también se relaciona con el sentido del olfato. Es la responsable de que un olor te pueda transportar, por ejemplo, a tu infancia y provocarte un sentimiento de añoranza, pena o alegría. La amígdala —así como otras muchas áreas cerebrales— presenta multitud de receptores para las hormonas sexuales como los estrógenos, la progesterona y la testosterona. El desequilibrio de estas hormonas —como ocurre en los periodos menstruales que no están bien regulados— puede generar trastornos en la actividad de la amígdala, así como influir en su tamaño anatómico. Ya sabes por qué durante la ovulación o en los días previos a la regla puedes tener alteraciones del estado de ánimo y las emociones a flor de piel.

Después de conocer este dato es posible que te estés planteando amputarte las amígdalas, ¿verdad? No es necesario. Te voy a explicar cómo, a través de la meditación, puedes «desenchufarlas», disminuir la actividad y el tamaño de los cuerpos amigdalinos y encontrar un verdadero atajo hacia la felicidad, la calma y la paz, una trocha hacia la salud.

Meditación, un atajo hacia la salud

Se estima que hace algo más de cinco mil años los védico-hinduistas de la India comenzaron con la puesta en práctica de ejercicios de yoga y atención plena. Fueron los primeros en darse cuenta de las bondades de la meditación. Pero ¿qué es la meditación?

Existen diversas corrientes en el ámbito de la meditación —zazen, mantra, vipassana, kundalini…—, aunque yo me voy a centrar en la atención plena o *mindfulness*. Como puntualizó el doctor Jon Kabat-Zinn —para algunos considerado el padre del *mindfulness* en Occidente—, meditar consiste en «prestar atención de un modo particular al momento presente con intencionalidad y sin juzgar».

La finalidad del *mindfulness* es conseguir la consciencia del ahora, el disfrute de cada segundo de la vida, centrarse en cada momento del presente y en la autoaceptación. Solo así nos sentiremos plenos y felices. La focalización en el presente contrasta con el aprisionamiento en cadenas de pensamientos sobre el futuro y el pasado. Este enraizamiento en el aquí y el ahora obliga al cerebro a «desenchufar las amígdalas». Estas áreas del cerebro disminuyen su actividad, e incluso su tamaño —medible en una resonancia magnética funcional— después de pocas semanas practicando la atención plena durante unos treinta minutos al día.

En contrapartida a la desactivación de las amígdalas, hay un incremento de la actividad de otra área del cerebro, el hipocampo. Es decir, este trabaja en sentido contrario que la amígdala. Cuando meditamos «apagamos la amígdala y encendemos el hipocampo».

El hipocampo, que tiene forma de caballito de mar —de ahí su nombre—, se encarga de los procesos de generación y recuperación de recuerdos. Es una pieza clave en la gestión de las emociones y en el aprendizaje y consolidación de los conocimientos que vamos adquiriendo. Gestiona la memoria declarativa, es decir, los recuerdos y contenidos que pueden ser expresados con palabras. Sin embargo, la memoria no declarativa, la que interviene en la memorización de patrones de movimiento como montar en bici o bailar, depende de otras áreas como el cerebelo o los ganglios basales.

Si eres de los que cuando van a una ciudad que nunca has visitado tienes facilidad para encontrar la catedral, el restaurante que andabas buscando o localizar un museo, si tu sentido de la orientación espacial es bueno, puedes asegurar que ese caballito de mar es un caballo purasangre y te funciona de maravilla. El hipocampo contiene unas células que los científicos denominaron células de lugar y te animo a que investigues sobre ellas porque te quedarás perplejo con la facilidad con la que el cerebro crea mapas espaciales. Tenemos un verdadero GPS en la cabeza que traemos de serie.

Rebobinemos. La meditación apaga la amígdala y enciende el hipocampo. Traducido al lenguaje coloquial, disminuye el estrés, la ansiedad, la angustia, el estado de alerta, el miedo y el pánico, y potencia la memoria, la recuperación de recuerdos, la gestión de las emociones y la orientación espacial. ¿Necesitas más datos para animarte a meditar?

Bueno, pues por si aún no estás convencido, te contaré alguna cosilla más. ¿Sabías que la meditación potencia dos estructuras cerebrales que se llaman corteza cingulada e ínsula? Estas dos estructuras forman parte de lo que se conoce como la matriz del dolor, es decir, de las redes neuronales que el cerebro utiliza para hacer consciente un estímulo doloroso —sea físico o emocional—. Sí, ¡¡has acertado!! Según diversos estudios, la meditación ayuda a disminuir la actividad neuronal relacionada con el dolor en la corteza cingulada anterior, la ínsula, el tálamo y la corteza somatosensorial secundaria. Así que, si tienes dolor, medita.

Está involucrada también en el rescate de información subconsciente. ¿Crees que toda la información que tienes almacenada en tu cocorota está ahí a tu disposición? Pues, afortunadamente, no. De toda la información que recogen tus ¡siete! sentidos, tan solo el 10 % es información de la que puedes ser consciente y a la que tener acceso. Imagino que estarás de acuerdo conmigo en que sería una auténtica locura que tu cabecita materializase en forma de pensamiento el monitoreo de glucosa, sodio, potasio, los latidos del corazón, los movimientos del estómago, la presión arterial… Imagina que estoy viendo mi peli preferida y mi cabeza continuamente diciéndome: «Rafa, el riñón está filtrando con normalidad, el calcio te ha subido un poco, el pH del estómago ya se ha normalizado después del almuerzo, la tensión mecánica de los ligamentos cruzados de tu rodilla derecha está un poco alta, la presión parcial de oxígeno del glúteo es baja…». ¡A tomar viento la peli!

De los 400.000 millones de bits de información que recibes cada segundo a través de los sentidos, tan solo eres consciente de 2 millones. ¿Te imaginas qué poder te daría tener la capacidad de acceder de manera voluntaria a información del subconsciente? Pues no lo dudes y comienza a iniciarte en el mundo de la meditación, si es que aún no lo has hecho. Sin duda, si perfeccionas esta técnica, tendrás la capacidad de tomar más decisiones correctas en tu día a día. La información te acerca a la verdad.

Unas páginas antes te comenté que, cuando estas conectado a la red neuronal por defecto y pasas horas rumiando y divagando en tus pensamientos, llegarás a conclusiones mayoritariamente falsas, generarás escenarios erróneos y vivirás momentos de angustia basados en hipótesis sin fundamento que te harán ver la vida gris y restarán felicidad a tu día a día. Te quedarás «pillado» en problemas imaginarios.

Quizás estés pensando que estoy muy seguro de esto y debería titubear un poco, pero ten en cuenta que tú solo puedes ver el espectro de luz visible al ojo humano, y no la luz infrarroja, la ultravioleta, la radiación gamma, las ondas de radio, las ondas electromagnéticas de tu móvil… que solo puedes percibir sonidos que se encuentran por debajo de 20.000 Hz, mientras que un perro y un gato, hasta 40.000; un delfín, 160.000 y un murciélago, hasta 200.000 Hz, y podría seguir un buen rato nombrando ejemplos de estímulos que están a nuestro alrededor y que no percibimos porque no disponemos de sentidos especializados para su captación. Evidentemente, eso no significa que no exista lo que no captas; simplemente, se trata de que los humanos estamos muy limitados en la recepción, ya que tan solo somos capaces de percibir el 5-6 % de la información que nos llega y que está en el entorno. De este pequeño porcentaje tan solo somos conscientes del 10 % de ella, por tanto, ¿de cuánta información real disponemos para poder acercarnos a la verdad? Es como si el presentador del informativo solo conociese el 0,5 % de las noticias. Menuda faena, ¿eh? Pues siento decirte que esto es nuestra realidad virtual, la realidad de tus proyecciones mentales de futuro. La posibilidad de que se materialicen esos fantasmas que te atormentan es, por tanto, ínfima.

Como dice el investigador en neurociencia David del Rosario, con este 0,5 % de información se toman decisiones trascendentales: el presidente de un país declara una guerra, nosotros optamos por estudiar biología o peluquería, o aseguramos taxativamente si una persona nos cae bien o no.

Pero volvamos a la meditación. Si la meditación mejora la funcionalidad de las estructuras que nos permiten rescatar información del subconsciente —y, por tanto, disponemos de más datos para crear una conjetura—, la probabilidad de tomar una decisión correcta es mayor. Es por ello también que cuando nos sumergimos en el mundo de la meditación se eleva nuestro nivel intuitivo. La intuición se forja basándose en los datos del consciente, subconsciente y de las experiencias previas; por tanto, creo que deberíamos prestarle algo más de atención.

La interocepción y la propiocepción. Los otros dos sentidos

Otras de las ventajas de potenciar el área de la ínsula y la corteza cingulada es que los sentidos de la interocepción y la propiocepción se perfeccionan y se afinan. Quizás piensas que el ser humano tiene solo cinco sentidos, pero los últimos avances en neurociencia los han ampliado a siete añadiendo la interocepción y la propiocepción.

Estoy casi seguro de que consideras la vista como el más importante de los sentidos, pero he de decirte que jerárquicamente está quizás en tercer o cuarto lugar y que el más importante —y, por tanto, el que más bits de información envía al cerebro— es la interocepción.

Todos los tejidos tienen receptores para poder cuantificar los estímulos existentes en el microambiente celular. Receptores de presión, oxígeno, pH, solutos, etc. Esta información es enviada a la ínsula para su procesamiento y toma de decisiones como, por ejemplo, elevar el ritmo cardiaco, respiratorio, la tensión arterial... Hay más flujo de información en dirección ascendente que descendente. Es decir, los órganos, músculos y tejidos en general envían más información al cerebro que este hacia ellos. Frases como: «Hace tres meses me diagnosticaron un cáncer de colon, pero yo desde hace algo más de un año y medio noto que no estoy bien» es un vivo ejemplo de la interocepción. La práctica de la meditación nos hace potenciar más la capacidad interoceptiva, facilitándonos la toma de consciencia del organismo, e incluso instruyéndonos en la percepción de pequeños síntomas y signos que nos pueden ayudar a adelantarnos al diagnóstico de una patología.

Autores como el doctor Gary Schwartz o el doctor Rollin McCraty afirman que el corazón es uno de los órganos que envía más datos por vía neurológica al cerebro de los que él recibe. Según ellos, el corazón cuenta con autonomía suficiente para inhibir o activar distintas áreas del cerebro con lo que influye en nuestra percepción de la realidad. Además de esta conexión neuronal, el corazón tiene una fuerte conexión bioquímica mediante la producción del péptido natriurético auricular que asegura la homeostasis corporal. Este péptido en realidad es una hormona que se encarga también de la inhibición de producción de cortisol y de la liberación de la oxitocina —la llamada hormona del amor—. Todos estos procesos se llevan a cabo atendiendo a las oscilaciones del ritmo cardiaco. Te cuento todo este rollo del corazón porque la amígdala está literalmente sincronizada con los latidos cardiacos y es el corazón quien informa al cerebro de cómo nos sentimos. Es el corazón el que informa al cerebro del estado emocional, y no al contrario.

Por si esto fuera poco, el corazón cuenta con el campo electromagnético más amplio de todo el cuerpo, pudiendo ser cinco mil veces más grande que el del propio cerebro. Su radio de acción es de entre dos y cuatro metros. Este campo electromagnético es percibido por las personas que nos rodean. Imagino que alguna vez has conocido a alguien cuya presencia, sin razón aparente, te generó una sensación de incomodidad que justificó la decisión de no forjar una conexión más profunda con ella, ¿verdad? Su campo electromagnético no generaba coherencia con el tuyo, sin más. No había buena resonancia. Sin embargo, habrás conocido a otras personas con las que, sin mediar palabra, serías capaz de irte de vacaciones. Choque o atracción de energías. ¡¡Maravilloso!!

Es por todo esto por lo que el corazón ha merecido tener todo un sinfín de expresiones a su nombre o derivadas de su nombre. Tengo una corazonada, tengo gratos recuerdos, se me parte el corazón, hemos llegado a un acuerdo, un cordial saludo... El corazón invade y dirige la vida, de ahí la importancia de tenerlo en cuenta.

Un artista, un humorista, un músico o un cantante hacen vibrar a miles de personas en un teatro y logran esa mágica sensación de fusión del público. El artista se convierte en un timonel y dirige las emociones de las personas hacia donde él quiere con un gesto, una frase o una nota musical; consigue que miles de almas se unifiquen y resuenen a la vez. No dudes de que esto es posible gracias a la sincronización de los campos electromagnéticos de los miles de corazones que allí laten. Lo mismo ocurre con un profesor y sus alumnos.

Volvamos a los sentidos. La propiocepción está en segundo lugar en cuanto a importancia para el cerebro. La propiocepción es un sentido que nos permite percibir la posición, el movimiento y la acción de cada una de las partes corporales. Si te despiertas por la mañana, sin abrir los ojos sabrás cómo está colocado tu pie derecho, tu cabeza, los dedos de las manos y el lóbulo de tu oreja. Toda esta información determina, aunque no lo creas, tu estado de ánimo. La postura corporal es un indicador de la felicidad: si estás cabizbajo, probablemente te sentirás triste; pero, si mantienes tu cabeza erguida y tu espalda recta, es difícil que entres en melancolía. Si Descartes levantase la cabeza... Como conclusión, cuida tu cuerpo y tu postura si quieres tener salud emocional.

Después de la interocepción y la propiocepción están los sentidos por todos conocidos: la vista, el olfato, el gusto, el tacto y el oído. Ahora sabes que gracias a la meditación puedes acceder a más información que si no la practicaras, además de potenciar la memoria y la toma de decisiones correctas. Te resumo algunas de las ventajas de practicar con asiduidad el *mindfulness* o atención plena:

— Provoca cambios neuroanatómicos en la red neuronal por defecto, lo que genera sensación de bienestar.
— Mejora la gestión del estrés.
— Mejora el control de la ansiedad y reduce los efectos negativos del estrés. En pocas semanas de práctica se consiguen efectos ansiolíticos similares, e incluso mayores, que los generados por las benzodiacepinas.
— Genera una visión más positiva de la vida y, por tanto, promueve una buena salud emocional. Tiene un efecto antidepresivo.
— Incrementa la capacidad de atención y concentración.
— Mejora la memoria.
— Genera un incremento de la calidad del sueño.
— Te protege contra enfermedades neurodegenerativas. Existe una correlación entre las horas que estamos en la red neuronal por defecto y la probabilidad de sufrir alzhéimer. A mayor número de horas con la mente divagante, mayor probabilidad de padecer alzhéimer.

— Modula y disminuye el dolor.
— Mejora la actividad del sistema inmunológico. Es por esto, entre otras cosas, por lo que el *mindfulness* se ha incluido en algunos protocolos de tratamiento de oncología integrativa.
— Mejora el rendimiento académico.
— Favorece tu percepción corporal.
— Genera cambios estructurales y funcionales de la red frontolímbica y de la amígdala, con lo que se obtiene una regulación general de las emociones.
— Ralentiza la atrofia cerebral provocada por el envejecimiento.
— Los efectos de la meditación se perciben en el plano de la actitud, por lo que nos acerca a la espiritualidad anímica de nuestro ser.
— Mejora la autoestima.

Si llegados a este punto aún crees que la meditación, el *mindfulness* o la atención plena es algo esotérico o una pseudociencia, te animo a que investigues sobre la ciencia que hay detrás. Las universidades más prestigiosas del mundo llevan realizando estudios sobre los efectos de esta práctica desde 1972. Harvard, Yale, New York, Stamford, Complutense de Madrid, Berkeley, Columbia, Cambridge, Oxford, London School of Economics y Melbourne son algunas de ellas.

No pretendo enseñarte la técnica de la meditación, puesto que es algo complejo —pero no difícil—, tan solo despertar tu inquietud por el tema y que investigues sobre ello. Te daré unas pinceladas que te pueden ayudar a iniciarte.

— Busca un lugar donde te sientas cómodo, que sea lo más silencioso posible y con una temperatura agradable.
— Siéntate o túmbate (estamos en iniciación, más adelante es recomendable adquirir la posición sentada, con la espalda erguida, etc.).
— Comienza con los ojos abiertos, ya que si los cierras tu mente se irá más fácilmente a la divagación.

— Focaliza tu atención en tu respiración (respiración consciente). Inspira por la nariz y espira por la boca. También puedes centrar tu atención en tus segmentos corporales y hacer un escaneo mental de todo tu cuerpo siguiendo un orden. Por ejemplo, sentir los dedos de tu pie derecho, el tobillo, la rodilla, etc. El escaneo se hace despacio y con plena toma de consciencia del cuerpo. Otra posibilidad es concentrarte en los sonidos que hay en tu entorno e identificarlos. Las posibilidades son diversas. Te aconsejo que lo hagas así y no caigas en el error, ahora que te estás iniciando en esta disciplina, de intentar dejar la mente en blanco por sí sola. Parar la cabeza con la cabeza es difícil.
— Puedes usar meditaciones guiadas que te ayuden a conseguir la quietud mental.
— No juzgues los pensamientos que te vienen a la cabeza, simplemente déjalos pasar.
— Cuando seas consciente de que la mente comienza a divagar, no te frustres, vuelve a centrar tu atención en la respiración, sonidos, etc., y sigue el ejercicio. El simple hecho de ser consciente de que la mente ha entrado en la red neuronal por defecto y la hemos reconducido ya es un acto terapéutico. No estás desperdiciando tiempo.
— Sé constante. No se doma a un caballo en un día.
— Te aconsejo poner una alarma con un sonido agradable que te avise de la finalización del ejercicio.
— Comienza por unos pocos minutos al día. Con diez es suficiente, pero tu objetivo debe ser llegar a los treinta-cuarenta de práctica.
— Realízalo a diario. No busques excusas. Llegará un momento en el que tu mente será capaz de concentrarte mientras estás haciendo la compra, en la cola del banco, montando en bicicleta o paseando. Cuando te ocurra esto, habrás domado al caballo y sentirás el increíble y maravilloso *flow* de la vida.
— Te aconsejo que al finalizar el tiempo que hayas dedicado a la meditación, restablezcas la actividad de manera pausada y con calma. No caigas en el error de pasar de un

estado de quietud mental y sosiego a conectarte a las redes sociales, mandar correos de trabajo o ver el informativo cargado de noticias violentas y desagradables.

— Igualmente, si no te atrae esta práctica, pero eres creyente y rezas u oras a diario, debes considerar el tiempo de rezo como un ejercicio de atención plena y, por tanto, absolutamente terapéutico.

Ojalá no me equivoque, pero si consigues adentrarte en la práctica de la atención plena, llegará un día en que considerarás esos minutos de quietud mental como el mejor momento de la jornada y estarás deseando encontrar el tiempo y el instante para desenchufar tu cabeza.

No habrá nada más placentero que sentir paz interior, la mente en calma y la sensación de que la vida fluye. Es hora de que seas amable contigo y de que entiendas lo afortunado que eres de estar contigo, de ser tú mismo; que sepas que tú eres lo único que necesitas para ser feliz y que las personas que te acompañan en tu vida no deben ser el bastón donde se apoye tu felicidad, sino compañeros de camino elegidos de modo consciente. De lo contrario, nunca serás emocionalmente libre.

¡Aviso de nuevo!

¡Toca levantarse! ¡Arriba!

Llevas demasiado tiempo en modo reposo. Haz tus ejercicios y te espero de vuelta en dos minutos ;).

14

Deporte, algo más que moverse

Los que piensan que no tienen tiempo para el ejercicio físico, tarde o temprano encontrarán tiempo para la enfermedad.

Edward Stanley

Berlín, 16 de agosto de 2009. Usain Bolt bate el récord del mundo de velocidad en los cien metros lisos. Toda una hazaña no superada hasta el día de hoy. Suerte ha tenido Bolt de haber nacido en estos tiempos; si llega a nacer hace unos veinte mil años, sería solo un deportista *amateur*. Un simple aficionado.

Peter McAllister, antropólogo australiano y profesor en Cambridge, tras estudiar unas huellas fosilizadas en el lecho de un río de Australia, concluyó que los hombres prehistóricos eran imbatibles. Analizando la profundidad, la separación de las huellas y el suelo —terreno fangoso de un lago— dedujo que los aborígenes podían alcanzar una velocidad media de carrera de treinta y siete kilómetros por hora —la misma que Bolt—. Si estos individuos hubiesen tenido acceso a la tecnología actual de las pistas de atletismo, podrían sobrepasar holgadamente los cuarenta y cinco kilómetros por hora.

El 25 de mayo de 1996, Jan Železný batió el récord de lanzamiento de jabalina con noventa y ocho metros, cuarenta y ocho centímetros. Suerte tuvo también el amigo Jan de nacer en este siglo, porque los primeros habitantes de Australia le hubieran pulverizado su marca, ya que eran capaces de enviar lanzas de madera más allá de los ciento diez metros.

Sin duda, la Revolución Industrial trajo el confort y con ello una disminución del 20 % del tamaño corporal del ser humano y otro tanto de la masa muscular. Sin embargo, se ha incrementado el peso relativo graso. Antes de 1820 el deporte no era un *hobby* ni una actividad realizada para preservar la salud. Antes de la Revolución Industrial el deporte, el movimiento y las actividades de fuerza eran un medio de vida. La vida estaba supeditada a la contracción muscular. El músculo era el medio para obtener sustento y el verdadero protagonista para el desarrollo de la vida. Nuestros ancestros se movían para poder comer y comían para poder seguir moviéndose.

Tener un coche de lujo, una buena casa, un reloj de elevado precio, ropa de marca… son factores que influyen en el cortejo del ciudadano actual. Antaño, la masa muscular era el más preciado abalorio.

Los tiempos han cambiado radicalmente. La máquina de vapor hizo posible que se pudiera prescindir de la fuerza de las personas y animales en los trabajos agrícolas e industriales, lo que supuso el pistoletazo de salida a contratos de sedentarismo a tiempo completo. Este término quizás te resulte jocoso, pero es algo que en verdad nos debería generar escalofríos y pánico.

El síndrome de la muerte sedentaria es un término acuñado por algunos especialistas estadounidenses, y en él se engloban todas las patologías que se originan o se agravan como consecuencia del déficit de actividad física. El sedentarismo ha subido ya al puesto número tres del podio mundial de los factores de riesgo de muerte prematura, por delante incluso del consumo de tabaco. Solo en nuestro país la falta de actividad física mata a 6,6 personas cada hora o, lo que es lo mismo, a más de ciento cincuenta individuos cada día —esto sí que es una pandemia, ¿verdad?—.

El listado de patologías ocasionadas por el déficit de actividad es demasiado extenso para que pase desapercibida para los gobiernos. Osteoporosis, diabetes tipo 2, ictus, apnea del sueño, hipertensión, cáncer de colon, demencia, enfermedad vascular periférica, problemas respiratorios e infartos, entre otras. Pero quizás el infarto te dé cuando sepas que la pereza española les cuesta a nuestros bolsillos unos mil quinientos sesenta millones de euros al año y unos sesenta y un mil setecientos millones de dólares en el ámbito mundial.

Y es que, tal vez, tenemos un concepto de la actividad física algo equivocado o distorsionado. Realizar unos treinta o cuarenta minutos diarios de ejercicio físico, y pasar el resto del día sentado, no te sacan del listado de «personas sedentarias». Pasar sentado horas ininterrumpidas hace estragos metabólicos.

Como puso de manifiesto Julianne van der Berg, investigadora en medicina social de la Universidad de Maastricht (Países Bajos), pasar largos periodos de tiempo sentado contribuye al riesgo de mortalidad independientemente de la cantidad de actividad física que efectúe un individuo a lo largo del día. Cada hora de sedestación adicional incrementa en un 22 % la posibilidad de sufrir diabetes tipo 2 y un 39 % de padecer síndrome metabólico. Así que, si eres un estudiante de los de verdad, trabajas en un despacho, eres taxista o camionero, y pasas seis u ocho horas al día sentado, pero luego echas un ratito en el *gym*, jugando al pádel con los amigos o andando en la cinta que tienes en casa, quiero que sepas que eres un sedentario activo. Es decir que el tiempo que le dedicas al ejercicio físico no compensa las horas de sedestación.

Estarás pensando cómo demonios puedes luchar contra esto, ¿verdad? La mejor manera de paliar el daño que hace la sedestación prolongada es realizar lo que se conoce como *sitting breaks*. Por cada treinta minutos que permanezcas sentado debes realizar alrededor de dos minutos de actividad. ¡Justo lo que te vengo pidiendo a lo largo de la lectura del libro, y ahora entiendes por qué! Lo ideal es hacer algo de ejercicio físico con los brazos, pero valen unas sentadillas o incluso caminar. Haz lo que prefieras, pero muévete cada equis minutos si quieres al menos tener un buen metabolismo de la glucosa, mejorar los niveles de colesterol y triglicéridos y disminuir, por tanto, la probabilidad de tener un síndrome metabólico o, lo que es lo mismo, de diabetes tipo 2, infartos, ovarios poliquísticos, etc.

No quiero amargarte el día con más datos que te hagan sentir mal si eres sedentario. Da gracias de que no te he hablado de las más de cinco horas que pasan al día nuestros hijos españoles sentados viendo algún tipo de pantalla, según nos dice la AIMC (Asociación para la Investigación de Medios de Comunicación), o que aproximadamente el 40 % de la población mundial es sedentaria. Vaya, pues sí, al final te amargo el día.

Debido a nuestra disposición perpetua de conductas de ahorro energético, por los motivos que ya he comentado en capítulos anteriores, y teniendo en cuenta el cambio drástico en el entorno y estilo de vida, has de tener presente que debes hacer uso de este neocórtex que nos ha dado Dios y ser consciente de que, si no te mueves, enfermas y mermas tu calidad de vida. Y si estás en edad reproductiva, recuerda que las marcas epigenéticas las heredarán tus hijos. Así que a ver qué manual de instrucciones les quieres dejar.

¿Es tan bueno el ejercicio físico?

Déjame decirte que el deporte constituye la estrategia más rápida, potente y con mayor repercusión fisiológica y terapéutica de todas las que podemos implementar en una persona con patología crónica, y es además un fuerte sincronizador de los ejes neuroendocrinos.

Quizás si no tienes esta visión del deporte sea porque aún sigues considerando al músculo como un tejido contráctil que solo sirve para que puedas caminar, levantar pesos y llevarte la cerveza de la mesa a la boca. Pero nada más lejos de la realidad. El músculo es toda una entidad endocrina con una repercusión metabólica espectacular. Es un órgano más como puede ser el estómago o un riñón. Pero con una salvedad, tenemos más de seiscientos cincuenta en el cuerpo. Por supuesto, no es lo mismo que te falle un riñón a que te falle un músculo. Pero no subestimes la funcionalidad de este último. La masa muscular se correlaciona con una disminución de la mortalidad por todas las causas. Cuanta más masa muscular tengas, menos probabilidad de morir de una patología crónica tendrás.

Realmente, la musculatura cobra protagonismo y nos protege de todas las enfermedades —has leído bien, todas— gracias a las sustancias que libera cuando sus fibras se contraen. No por el hecho de tener músculos estás protegido. Hay que trabajarlos y contraerlos cada día si quieres estar bajo la influencia de la sopa química más saludable jamás conocida. No creerías que por el hecho de tener esta sarta de músculos tenías asegurados sus beneficios, ¿no? Te veías ya jugando a la Play o viendo tu serie favorita mientras tus músculos están ahí liberando todas sus cositas saludables para ti, ¿verdad? Pues no. Hay que moverse. ¡¡Vamosss!! ¡¡Levántateee!! Cuando los músculos se empiezan a contraer, empieza la fiesta, comienza el espectáculo provida.

Las sustancias que liberan los músculos al contraerse se denominan factores inducibles por el ejercicio, aunque de manera común se las conocen como mioquinas. Todas son muy beneficiosas para nosotros. Las mioquinas son unos péptidos que tienen la capacidad de ejercer acciones no solo en el propio músculo donde se libera, sino también en órganos distantes como hígado, piel, vasos sanguíneos, corazón, hueso, páncreas, tejido adiposo, cerebro, sistema inmunitario, etc.; generan cambios metabólicos y afectan el control del apetito, la cognición, el aprendizaje, el estado de ánimo, la neurogeneración —generación de neuronas—…

La lista de estos factores que liberan los músculos es muy muy extensa. Se conocen unas seiscientas cincuenta de estas moléculas y apenas hemos descubierto la función de alrededor del 5 % de ellas. No habría árboles en este país para fabricar todo el papel que podría rellenar hablando de las bondades de estas mioquinas. Los beneficios van desde poder antiinflamatorio, reducir la obesidad, inducir la formación de hueso, regular los niveles de glucosa en sangre, protección cardiaca y renal hasta mejorar la memoria, el ánimo, la formación de neuronas, favorecer la fabricación de grasa parda… Quizás no estés familiarizado con el término de grasa parda, pero esto es algo tan maravilloso que, si me lo permites, te lo quiero explicar.

Esta grasa es toda una bendición. Es una grasa que se encarga de mantener, entre otras cosas, la temperatura corporal. Es una grasa que combustiona grasa blanca para producir calor. Cuando nacemos, estamos envueltos en ella y casi el 2 % del peso es grasa parda. Es lo que hace que los niños pequeños nunca tengan frío —por favor, mamá y papá, no tapes o abrigues tanto a tu hijo pequeño cuando tú tengas frío porque te estás cargando uno de los mejores mecanismos para mantenerlo sano: la termorregulación—.

Conforme crecemos nos vamos desprendiendo de este tipo de grasa y perdiendo así la capacidad para regular temperatura y, en paralelo, perdiendo salud. Si quieres recuperar esta maravillosa grasa, te aconsejo que hagas deporte, ayunos y te expongas al frío un poco. Y si haces ejercicio físico en ayunas y en un ambiente frío, entonces mejor, imposible.

Te hago aquí un resumen de todos los beneficios que generan las mioquinas. Sé que es extenso, pero te pido, por favor, que leas los efectos beneficiosos. Que no te aprendas los nombres de estas sustancias no tiene importancia, solo quédate con lo que ocurre en tu cuerpecito cada vez que sales a correr, montar en bici, haces ejercicios de fuerza, bailas o vas a nadar. No sé cuál es tu deporte preferido, pero no dudes en practicarlo cada vez que sea posible. Si eres de esas personas que afirman que no le gusta ninguno, entonces tómalo como una obligación, como cuando te tomas la pastillita del colesterol o la tensión. Si el ejercicio se pudiese meter en una cápsula, sin duda pasaría a ser el medicamento más prescrito por todas las disciplinas médicas. Me atrevo a decir que cuando lleves un tiempo practicando algún deporte ya no lo verás como una tortura. Te agradará y te hará sentir bien.

Factores beneficiosos

Recuerda que todas estas sustancias las liberas cada vez que haces deporte. Es maravilloso. Estas son las principales mioquinas:

1. Ácido alfa-cetoglutárico

— Estimula la hipertrofia —crecimiento— muscular y la pérdida de grasa.

2. Apelina

— Controla la presión arterial.
— Controla la contracción cardiaca y minimiza la hipertrofia cardiaca.
— Aumenta el consumo de glucosa.
— Mejora la función cognitiva.

3. Baiba

— Aumenta el pardeamiento, disminuye la inflamación del tejido graso blanco e incrementa la sensibilidad a la insulina.
— Disminuye la lipogénesis (formación de grasa) y la adipogénesis (formación de adipocitos).
— Reduce la resistencia a la insulina en el músculo.
— Aumenta la beta-oxidación de las grasas en el músculo e hígado, e incrementa la función mitocondrial.
— Tiene efectos antiinflamatorios sistémicos (generales).
— Reduce el acúmulo de grasa.
— Disminuye la fibrosis renal.
— Preserva la viabilidad de osteocitos (salud del hueso).
— Disminuye la inflamación hipotalámica.

4. BDNF

— Activa la AMPK y la oxidación de lípidos y estimula el pardeamiento del tejido adiposo blanco.
— Regula el metabolismo del sistema musculoesquelético.
— Promueve la neurogénesis (formación de neuronas), el crecimiento y la supervivencia de las neuronas del hipocampo, y tiene un efecto positivo en la memoria y el aprendizaje.

5. Catepsina-B

— Aumenta la liberación de BDNF en el hipocampo, por lo que repercute positivamente en la memoria.

6. CTSB

— Mejora la función cognitiva de la memoria.
— Optimiza la neurogénesis del hipocampo.

7. CX3CL1

— Protege las células beta del páncreas contra la acción negativa del TNF alfa —inflamación—.

8. CXCL10

— Imprescindible para la angiogénesis —formación de vasos sanguíneos— dependiente del ejercicio.

9. CXCL12(SDF1)

— Protege contra la pérdida de la masa muscular durante la caquexia por cáncer.
— Mantiene el crecimiento del músculo.

10. FGF-2

— Mejora la formación del hueso y la reparación de las fracturas óseas.

11. FNDC5

— Estimula la formación de grasa parda —la que quema grasa para producir calor—.

12. IGF-1

— Estimula los osteoblastos para la formación ósea.
— Mejora las funciones neuropsiquiátricas.

13. IL-15

— Disminuye el acúmulo de grasa en los adipocitos.
— Reduce la lipogénesis (formación de grasa) y aumenta la lipólisis (quema de grasa).
— Incrementa la biogénesis (formación) mitocondrial, la oxidación de los ácidos grasos, el consumo de glucosa y la sensibilidad a la insulina en el músculo.
— Estimula la hipertrofia (crecimiento) del sistema musculoesquelético.
— Aumenta el consumo de glucosa y la sensibilidad a la insulina.
— Mejora la actividad mitocondrial.
— Tiene efectos anabólicos (de crecimiento).
— Posee efecto antienvejecimiento de la piel.
— Tiene efectos antioxidantes y antiinflamatorios.

14. IL-6

— Presenta efectos endocrinos y paracrinos en el sistema musculoesquelético: afecta el consumo de glucosa y la oxidación de la grasa mediada por la activación de AMPK y aumento de traslocación del transportador GLUT-4 (un transportador de glucosa).
— Mejora la lipólisis y la oxidación de grasas.
— Disminuye el depósito de grasa visceral y cardiaca.
— Apetito: aumenta la proliferación de células pancreáticas y la secreción de GLP-1, retrasa el vaciado gástrico, controla la glucosa posprandial y suprime el hambre.
— Estimula la IL-1ra y IL-10 que inhiben la producción de TNF alfa (inflamación).
— Protege la cantidad y función de las células beta pancreáticas.
— Aumenta la producción de glucosa en el hígado.
— Incrementa la sensibilidad a la insulina y la disponibilidad de glucosa para el músculo.
— Induce la formación de grasa blanca.

— Tiene efecto antiinflamatorio.
— Aumenta la diferenciación de osteoblastos (mejora la formación de hueso).
— Regula el crecimiento muscular.
— Mantiene la homeostasis sistémica de glucosa y el metabolismo de lípidos.
— No creas que el aumento de esta sustancia en la sangre es de baja o moderada intensidad, cuando hacemos deporte puede incrementarse hasta cien veces sus niveles en sangre.
— Cuanto más dure y más masa muscular movilicemos, mayor concentración de IL-6.

15. Irisina

— Estimula el pardeamiento del tejido adiposo blanco y la termogénesis.
— Incrementa la lipólisis del tejido adiposo blanco y disminuye el acúmulo de lípidos.
— Tiene acción antiinflamatoria y antioxidante.
— Aumenta la oxidación de glucosa y ácidos grasos en el sistema musculoesquelético.
— Disminuye la glucogenólisis y la glucogénesis.
— Aumenta la biogénesis mitocondrial.
— Disminuye el acúmulo de lípidos en el hígado.
— Reduce la apoptosis (muerte) de las células beta pancreáticas.
— Mejora el control del apetito y el gasto energético.
— Probablemente estimula la neurogénesis.
— Promueve la diferenciación de osteoblastos.

16. Lactato

— Promueve la angiogénesis cerebral.
— Mejora la función cognitiva del cerebro.

17. LIF

— Estimula la proliferación de las células satélite.
— Modula la hipertrofia y la regeneración del músculo.
— Estimula la diferenciación de los osteoblastos.
— Inhibe la diferenciación de los adipocitos.
— Protege contra la caquexia por cáncer.

18. METRNL

— Aumenta el pardeamiento del tejido adiposo blanco.
— Estimula la expresión de los genes de la termogénesis de la grasa parda.
— Aumenta la sensibilidad a la insulina.
— Incrementa la oxidación de ácidos grasos, el consumo de glucosa y la sensibilidad a la insulina en el músculo.
— Tiene efecto antiinflamatorio.

19. Mionectina (CTRP15)

— Mejora el consumo de glucosa.
— Estimula la oxidación de ácidos grasos.

20. Miostatina

— Regula el crecimiento muscular.
— Regula la remodelación ósea.
— Disminuye la obesidad.
— Disminuye la resistencia a la insulina.
— Induce el gasto energético.
— Estimula el pardeamiento del tejido adiposo blanco.

21. MMP-2

— Aumenta la proliferación y diferenciación celular.
— Mantiene la homeostasis celular.

22. Musclina

— Esta sustancia es muy similar a los péptidos natriuréticos cardiacos.
— Disminuye el consumo de glucosa y la síntesis de glucógeno.
— Incrementa la capacidad del ejercicio.
— Protege contra la pérdida de masa muscular por cáncer.
— Regula el crecimiento óseo.
— Regula la remodelación cerebral.
— Controla la presión arterial y la contracción vascular.
— Genera biogénesis mitocondrial del músculo.
— Esta maravillosa mioquina la liberan principalmente las fibras musculares tipo 2 (las que reclutamos cuando hacemos ejercicio intenso).

23. PGC-1 alfa

— Aumenta la irisina que expresa UCP1 y otros genes *brown-fat-like* —mejora la regulación de la temperatura corporal—.

24. SPARC

— Regula la remodelación del tejido muscular esquelético.
— Inhibe la adipogénesis.
— Mejora la tolerancia sistémica a la glucosa.

Adipocinas

25. Adiponectina

— Aumenta la oxidación de ácidos grasos y la sensibilidad a la insulina en el músculo.
— Incrementa la oxidación de ácidos grasos, disminuye la lipogénesis y la gluconeogénesis en el hígado.
— Induce acción antiinflamatoria.
— Mejora la función de las células beta pancreáticas.

26. IL-10

— Induce efectos antiinflamatorios.
— Mejora la tolerancia a la glucosa.

27. LEPTINA

— Disminuye la inflamación hipotalámica.
— Aumenta el consumo de glucosa y la oxidación de ácidos grasos libres.
— Incrementa la oxidación de ácidos grasos en el hígado.
— Reduce el acúmulo de lípidos.

28. METRN1

— Estimula el gasto energético.
— Mejora la tolerancia a la glucosa.
— Aumenta la termogénesis del tejido adiposo pardo.
— Incrementa los niveles de citoquinas antiinflamatorias.

HEPATOCINAS

29. ANGPTL4

— Aumenta la lipólisis de tejido adiposo blanco.
— Disminuye la actividad de la lipoproteina lipasa.
— Disminuye la grasa corporal.

30. FGF21

— Aumenta el gasto energético en el tejido adiposo pardo.
— Incrementa el PGC-1 alfa y el pardeamiento del tejido adiposo blanco.
— Aumenta la lipólisis del tejido adiposo blanco.
— Incrementa la oxidación hepática de ácidos grasos.
— Disminuye la lipogénesis y la esteatosis hepática (hígado graso).

— Aumenta la sensibilidad a la insulina.
— Disminuye la necesidad de ingesta de alimentos ricos en azúcar.
— Reduce los niveles de glucosa y triglicéridos.

31. FSTL1

— Aumenta el pardeamiento del tejido adiposo blanco.
— Estimula la hipertrofia muscular.
— Estimula el consumo de glucosa.
— Promueve la función de las células endoteliales.
— Estimula la revascularización de la lesión cardiaca.
— Regula el metabolismo del miocardio.
— Mantiene el crecimiento y el desarrollo cardiaco.
— Mejora la función de las células beta del páncreas.
— Protege las células beta del páncreas de la apoptosis.
— Atenúa la fibrosis y el daño funcional hepático.

Osteocinas

32. BRINP3

— Mejora la diferenciación de los osteoblastos.

33. Osteocalcina

— Incrementa la PGC-1 alfa y la expresión de UCP-1 en el tejido adiposo blanco.
— Aumenta la sensibilidad a la insulina.
— Incrementa la oxidación de ácidos grasos libres y el consumo de glucosa en el músculo.
— Aumenta la PGC-1 alfa y la biogénesis mitocondrial en el músculo.
— Disminuye la inflamación hepática.
— Reduce el acúmulo de lípidos en el hígado.
— Disminuye la necesidad la ingesta de comida por efecto en el SNC.

— Aumenta la secreción de insulina.
— Incrementa el gasto energético total.

INMUNOCITOQUINAS

34. IL-10

— Tiene efecto antiinflamatorio.

35. IL-13

— Aumenta la sensibilidad a la insulina.

36. IL-33

— Tiene efecto antiinflamatorio.

He decidido no seguir enumerando sustancias que liberan los músculos para no aburrirte —más de lo que quizás ya lo haya hecho—. Después de leer —si es que lo has leído— todo este listado de elementos que mejoran la salud, te quiero hacer una pregunta muy sencilla: ¿conoces algún fármaco que contenga un mínimo de treinta y seis principios activos, no interaccione con ningún otro fármaco, no tenga efectos secundarios, lo puedas tomar cuando te apetezca, no necesite receta médica, tenga tantos mecanismos de acción y efectos positivos y sea gratis?

Si no crees que el deporte puede llegar a tener un efecto tan potente como el de un medicamento, te pongo a modo de ejemplo la acción del ejercicio en el diabético.

Por todos es sabido que los diabéticos utilizan insulina para bajar los niveles de glucosa en sangre. Esta insulina genera toda una cascada química en las células haciendo que se activen o migren unos transportadores (GLUT-4) y estos capten la glucosa de la sangre y la introduzcan dentro de las células musculares y del adipocito, principalmente. Pues quiero que sepas que cuando hacemos deporte, la contracción muscular hace lo mismo que la insulina. Es por esto por lo que muchos diabéticos tipo 2 comienzan a necesitar menos unidades de insulina cada día cuando empiezan a practicar de manera asidua algún deporte.

Los músculos de los brazos son los que más glucosa consumen debido al tipo de fibras musculares que predominan en ellos. El deporte es la insulina de los diabéticos. Evidentemente, si eres diabético, deberías acudir a un profesional sanitario que domine los saberes relacionados con el ejercicio físico y su repercusión metabólica para que te indique las pautas a seguir.

También te podría poner como ejemplo la liberación que, al hacer deporte, se produce de serotonina, dopamina y otros neurotransmisores que impactan de manera directa en el estado de ánimo. El deporte es un potente antidepresivo.

¿En el interior o en el exterior?

Evidentemente, es mejor hacer deporte en interior que no hacerlo. Es mejor correr en una cinta que no correr o hacer bicicleta estática que no hacerla. Pero debes pensar en los factores que ya has visto y vas a ver más adelante en este libro. La concentración de iones de aire negativos que hay en el exterior con relación al interior, las fitóncidas, la exposición a la luz solar, etc. Es más recomendable practicar deporte al aire libre no solo por lo que recibimos del exterior o por lo que el organismo genera cuando estamos en contacto con la naturaleza. Hay más.

Cuando vas corriendo, montando en bici o caminando al aire libre, el paisaje y el entorno cambian según avanzas. Los globos oculares van realizando pequeñas oscilaciones conforme van captando la modificación de tu alrededor. A esto se lo conoce como el flujo óptico. Como por obra de magia, estos pequeños movimientos —reflejos optocinéticos— generan un impulso neuronal que calma a las amígdalas. Las amígdalas. ¿Las recuerdas? Por si se te ha olvidado, te refresco la memoria. Son las zonas del cerebro que te amargan la vida con la ansiedad, el miedo, el pánico… las que calmas con la meditación. Increíble, ¿verdad? Ahora entiendes uno de los motivos por los que a veces estás estresado y te vas a correr un rato o a hacer cualquier deporte y regresas más suave que un guante. Vuelves que pareces otra persona. Esa es la magia del movimiento. Así que, por favor, no busques más excusas para no hacer deporte. Si eres de los que responde «yo salgo a caminar» cuando te preguntan qué deporte practicas, ten en consideración que caminar no es deporte. Caminar es solo movimiento. Evidentemente, mejor caminar que estar empotrado en el sofá, pero recuerda que es necesaria la contracción muscular, ejercitar las masas musculares para poder beneficiarnos de la sopa química que hemos descrito antes.

«Es que hace calor, es que hace frío, es que ahora con las lluvias, es que tengo que llevar a los niños a las actividades extraescolares». Excusas. Porque cuando llega la feria, la romería o la verbena de tu barrio desaparecen las inclemencias atmosféricas y hasta da igual que los niños se pierdan unas clases de guitarra. ¡¡Por favorrrrr…!! Considera el deporte como uno de los pilares más importantes de tu salud física y psicoemocional.

Ojalá no olvides nunca que cuando ejercitas tus músculos te ves envuelto en un precioso y sincronizado recital de moléculas que promueven y alargan tu vida. Por tanto, si tienes algún problema físico, psicoemocional, inmunitario, metabólico… y no sabes cómo atajarlo, no dudes en incorporar el deporte en tu agenda del día. Quizás, si el problema es muy serio, no te lo pueda solventar, pero te aseguro que al menos te lo mitigará en gran medida y te hará más resistente y resiliente.

¿Y cuánto deporte hacer a la semana? Esta es una de las preguntas más habituales en la consulta. Si eres de los que nunca hacen nada, te diré lo mismo que dice James Clear en su libro *Hábitos atómicos*. Solo con ponerte las deportivas los primeros días ya estoy contento. Ya habrás comenzado a modificar un hábito.

Busca un deporte que te motive; si lo puedes practicar en compañía de un amigo o con un equipo, mejor aún. Si te haces socio de un club deportivo, el refuerzo será aún mayor. La socialización es otro de los pilares básicos de la salud del ser humano. Somos tribales por naturaleza y la soledad física o mental es la peor de las circunstancias. La soledad nos enferma irremediablemente. Recuerda que los seres humanos siempre recolectábamos, cazábamos, buscábamos refugio, migrábamos… en manada. Ejercicio y tribu eran un binomio inexorable.

Aquí, de todos modos, la dosis hace el veneno. No es saludable las pruebas en extremo duras ni el sedentarismo. Si tengo que elegir, por supuesto, me quedo con el exceso de deporte. Te diría que procures cada día hacer deporte por unos cuarenta-cincuenta minutos a una intensidad media con algunos momentos de intensidad alta —no es una recomendación para sujetos con patología cardiaca o metabólica, quienes tendrían que buscar asesoramiento— y tener una vida activa sin pasar largos periodos de sedestación prolongada, como ya hemos mencionado. La OMS recomienda lo siguiente:

> Para niños y adolescentes de cinco a diecisiete años se debe limitar el tiempo de comportamientos sedentarios, en especial, el tiempo de pantalla, y realizar al menos sesenta minutos diarios de actividad física de intensidad moderada a vigorosa, y actividades de fortalecimiento muscular y óseo tres días a la semana.
>
> A los mayores de dieciocho años se les recomienda sentarse menos y moverse más durante el día, y realizar actividad física aeróbica de ciento cincuenta a trescientos minutos por semana, de intensidad moderada, o setenta y cinco-ciento cincuenta de intensidad vigorosa. Para tener mayores beneficios para la salud se pueden hacer más de trescientos minutos a la semana de actividad física moderada, o ciento cincuenta minutos de vigorosa, o combinación de ambas. La recomendación también incluye actividades de fortalecimiento muscular, de intensidad moderada a vigorosa de grandes grupos musculares al menos dos días no consecutivos por semana.

Esto es un protocolo y no soy muy partidario de protocolos. Creo que lo más sensato es tener en consideración todo lo que he comentado y aplicarlo a nuestra condición física y circunstancias actuales. Pero lo que debes de integrar es que sí o sí debes hacer deporte y estar activo. No caigas en el error de decir «ahora no tengo tiempo para hacer deporte». Prioriza. Por ejemplo, si estás preparando unas oposiciones y necesitas muchas horas de estudio, no caigas en el torpe error de considerar el tiempo invertido en el ejercicio como una pérdida de tiempo. El deporte facilitará la memorización, la concentración, el descanso y la eficiencia del estudio. Es el tiempo mejor invertido.

«El movimiento es una medicina para crear el cambio físico, emocional y mental», dijo Carol Welch. No puedo estar más de acuerdo.

¡AVISO DE NUEVO!

¡Toca levantarse! ¡Arriba!

Llevas demasiado tiempo en modo reposo. Haz tus ejercicios y te espero de vuelta en dos minutos para que leas el capítulo final.

15

La magia de la naturaleza

La enfermedad no nos llega de la nada.
Se desarrolla a partir de pequeños
pecados diarios contra la naturaleza.
Cuando se hayan acumulado
suficientes pecados, las enfermedades
aparecerán de repente.

Hipócrates

¿Te has preguntado alguna vez por qué, cuando pensamos en vacaciones, lo que buscamos es tener tiempo para pasear por la orilla del mar, tomar el sol, bañarnos en las aguas cristalinas de un río, estar con nuestros seres queridos al aire libre o disfrutar del silencio, la quietud y la calma?

En términos evolutivos, el ser humano lleva solo cinco ridículos minutos viviendo en ciudades. Hay algo en los genes que nos hace añorar de manera visceral e instintiva los ecosistemas naturales llenos de vida que hemos dejado atrás. A esa conexión innata que los seres humanos tenemos con las plantas, los animales, el mar, los bosques… se la conoce con el nombre de biofilia.

Fue Erich Fromm el primero en acuñar este acertado término haciendo alusión al amor hacia la vida, pero un poco más adelante

Edward O. Wilson profundizó en este concepto con un carácter más evolutivo y biologicista.

Para Wilson, la biofilia es conocida como «una afinidad innata del ser humano por la vida, por sentirse sano y por estar en contacto con la naturaleza». Quizás puedas pensar que este instinto ya quedó atrás y que las generaciones actuales, tras llevar algunos años caminando sobre asfalto —rodeados de antenas como árboles— y vivir alejados del contacto con la madre tierra, las personas ya no sienten esta necesidad imperiosa de estar conectados con los ecosistemas. Te aseguro que, aunque el cerebro consciente no les haga aflorar esa necesidad a muchos de ellos, el subconsciente no lo vive ni lo expresa de la misma manera. La acuñación del «trastorno por déficit de naturaleza» en el área de la psicología es prueba de ello, y cabe destacar que los niños son un sector de la población especialmente sensible a este déficit.

El distanciamiento de la naturaleza está llegando a unos niveles verdaderamente preocupantes. Los estadounidenses pasan el 93 % de su tiempo en interiores, pero las cifras europeas tampoco son halagüeñas, ya que entre el 85 y el 90 % del día lo pasamos bajo techo y lejos de entornos naturales. Se calcula que en 2050 el 66 % de toda la población mundial vivirá de espaldas a la naturaleza.

Ya he hablado con anterioridad del peligro del estrés, pero debo traerlo de nuevo a la palestra. La OMS considera al estrés la pandemia del siglo XXI. Tan solo en Reino Unido se pierden cada año más de once millones setecientos mil días laborables debido a este mal, y, según la Comisión Europea, el estrés nos cuesta unos veinte mil millones de euros al año. Y ¿por qué hablo de estrés? Pues, sencillamente, porque son numerosos los estudios que ponen de manifiesto que el simple hecho de dar un paseo en un entorno natural —incluso urbano, donde abunde vegetación— o por un lugar en el que se aminoren los ruidos del centro urbano, disminuye de forma drástica los niveles de estrés y depresión.

Construcción biofílica

Estos datos están calando en los Ministerios de Urbanismo y en empresas de arquitectura y diseño de interiores. La construcción biofílica no es una moda, es una necesidad. Este diseño conlleva el uso de materiales naturales, como piedra o madera, la predominancia de luz natural, la presencia de plantas, etc. Seguro que has entrado alguna vez a un hotel o a cualquier edificio donde había un pequeño jardín vertical, una fuente o techos con vigas de madera, y tus ojos, sin darte cuenta, se han quedado ahí clavados y el resto del edificio ha pasado casi desapercibido; incluso es posible que hayas sentido una sensación de calma al ver estos reductos de naturaleza en interiores. Se ha demostrado que incorporar elementos de la naturaleza en la arquitectura reduce la tensión arterial, la frecuencia cardiaca, la ansiedad y aumenta la sensación de bienestar.

Un estudio publicado en 2015 verificó que el 58 % de los trabajadores no poseen ningún tipo de planta viva en su puesto de trabajo —se estudió a siete mil seiscientos trabajadores de dieciséis países distintos—. En contraposición a esto, aquellos que tienen algunos elementos naturales en su entorno —como plantas o fuentes— incrementan su percepción de bienestar y su productividad hasta un 15 %. Si eres empresario, considera incorporar ingredientes naturales en tu centro de trabajo, ya que cuidarás de tu personal y, a la vez, de tu economía. Solo en absentismo laboral ahorrarás mucho dinero.

Pero esto va mucho más allá; otros estudios demuestran que si ponemos unas cinco plantas de tamaño medio en un entorno vital la calidad del aire aumenta en un 70 % y, lo que es mejor aún, la salud mental mejora en un 60 %.

Evidentemente, priorizar en la arquitectura un diseño biofílico y tenerlo presente en un espacio sanitario conlleva unas consecuencias que habría que tener muy en cuenta, ya que en los hospitales y clínicas donde abundan componentes naturales los tiempos de recuperación postoperatoria se reducen en un 8,5 % y el uso de analgésicos, en un 22 %. Incluso se ha evaluado el impacto que tiene la presencia de vegetación y el paisajismo en las tarifas medias de alquiler de espacios comerciales y viviendas, y la conclusión ha sido que los clientes están dispuestos a pagar entre un 8 y un 12 % más por estos bienes y servicios. Pero ¿qué tiene la naturaleza que nos hace sentir tan bien?

Los seres humanos somos multisensoriales, es decir, contamos con diversos sentidos para captar información del mundo que nos rodea. Al ser la vista el sentido más dominante, nos hemos centrado en ella, y la investigación de otras vías ha quedado un poco rezagada. Sin embargo, cuando nos sumergimos en un bosque o caminamos por la playa, nos vemos envueltos en una nube de estímulos que captamos no solo por las vías sensoriales convencionales. Todos somos conscientes de que mirar el mar o un paisaje de montaña bonito nos despierta emociones placenteras y relajantes, de la misma manera que escuchar el murmullo del agua de un arroyo o el sonido de los pájaros nos provoca sensaciones agradables. Igualmente, tocar el musgo, caminar descalzo por la arena o acariciar a tu perro siempre es bien aceptado, tanto o más —no olvides que el tacto es el primer sentido que se desarrolla cuando estamos en el vientre de nuestra madre— que el olor a pino, a tierra mojada, a madera o a hierba recién cortada.

Por mucho que nos urbanicemos, por mucho que nos fusionemos con el mundo digital y pretendamos confeccionar la comida con elementos artificiales, el sentido del gusto siempre nos incitará a buscar alimentos y sabores de origen natural. ¿O nunca has estado varios días comiendo productos precocinados y llega un momento que matarías por una ensalada o una pieza de fruta?

Todos somos conscientes de los estímulos que nos llegan por los cinco sentidos convencionales, pero quizás te resulte algo más novedoso saber que existen tres vías extrasensoriales con las que no estamos tan familiarizados y que son tan importantes, o más, que los cinco sentidos. No te dejes llevar por el sesgo sensorial y desacredites todo lo que no veas, escuches o toques. Hay un mundo maravilloso, rico y lleno de vida al que los cinco sentidos no tienen acceso, pero no por esto es inexistente. ¡Entremos en él!

Iones de aire

¿Has oído hablar de los iones de aire? ¿No? Pues he de decirte que tu vida, la de los animales y la de las plantas dependen de ellos. Son moléculas que te rodean y que no puedes ver, oír, oler, tocar ni saborear, pero que determinan tu estado de ánimo, tu sueño, el dolor... y la salud en general.

Estas partículas con carga eléctrica negativa o positiva se forman cuando una molécula gaseosa o un átomo reciben suficiente energía para expulsar un electrón de sus órbitas o incorporarlo. Los iones de aire de carga negativa son los que ganan un electrón, mientras que los de carga positiva son aquellos que lo pierden. Son los primeros los que más beneficios nos aportan a los seres humanos.

Las fuentes de energía que provocan la ionización negativa de las moléculas son la radiación electromagnética del sol, la radiación cósmica, los truenos, los relámpagos, el efecto corona, las fuerzas cortantes de agua como las de las cascadas o la de los ríos... Las plantas, igualmente, son grandes productoras de iones de aire negativos y también extraen radón del agua subterránea, que es una fuente de iones.

Los bosques, los ríos y todos los espacios naturales están inundados de iones de aire negativos. En contraposición, los entornos construidos se caracterizan por el agotamiento de los iones negativos, y sus interiores contienen tan solo el 10 % de la concentración de iones negativos del aire del exterior. No es lo mismo estar al aire libre en una ciudad que en plena naturaleza. La concentración de iones de aire negativos en el exterior de un entorno rural es de mil doscientos iones por centímetro cúbico mientras que en el entorno urbano es de alrededor de quinientos, y poco más si estás en un parque.

Los de aire negativos nos aportan efectos muy beneficiosos y son ampliamente conocidos. Te comento algunos de ellos:

- Mejoran los estados depresivos.
- Tienen efecto bactericida.
- Disminuyen fuertemente (en un 80 %) los síntomas de la ansiedad.
- Mejoran los estados de ira.
- Mejoran el insomnio.
- Regulan los niveles de serotonina en sangre y en el cerebro.

— Aumentan la actividad de las *natural killers* (células asesinas) que constituyen una importante línea de defensa contra el cáncer.
— Mejoran los síntomas del asma.
— Acentúan las ondas alfa cerebrales con lo que mejoran la relajación, la concentración y la memoria.
— Mejoran la cicatrización de las heridas.
— Generan una disminución del miedo.
— Mejoran el aprendizaje.

La industrialización, las pantallas de los televisores, los teléfonos móviles, la electricidad estática, el uso de calefacciones, el humo de los vehículos... son grandes generadores de iones de aire positivos. El exceso de estos iones en el ambiente nos puede generar migraña, dolor articular, problemas respiratorios, hiperactividad, malhumor, agresividad, jaqueca, náuseas, estados depresivos, insomnio y cansancio crónico, entre otros problemas.

Debido a las masas de aire que chocan entre sí, las tormentas eléctricas forman protones, es decir, iones de aire positivos. Normalmente, esta ionización se produce antes de las tormentas, por eso, si te has operado de la rodilla, tienes una cicatriz o sufres de migraña, puedes adivinar la llegada de una borrasca o un cambio del tiempo cuando estos tejidos comienzan a doler, molestar o picar.

Bama, una ciudad montañosa de China, destaca por el gran número de habitantes centenarios y por la pureza de su aire. De acuerdo con análisis científicos, en la atmósfera de este distrito el número de iones negativos de oxígeno alcanza los treinta mil por cada centímetro cúbico, cifra que en otras ciudades oscila entre mil y mil cuatrocientos. Esto es un dato que, a mí, personalmente, me hace pensar.

Los iones de aire negativos son nanopíldoras de vida que inhalamos y que bañan la piel cada vez que estamos en un entorno natural. No los subestimes.

Esos viejos amigos, los microorganismos

Ya que hemos cogido confianza, te diré algo que quizás no te guste leer. Perdona que sea disruptivo. Tus emociones, tus decisiones, tus sentimientos, tu energía y tu vida en sí misma no son tuyas ni dependen de ti. Dependen de los bichos que viven en ti y contigo. Quizás nunca te habías preguntado cuántos microorganismos tienen su residencia en tu cuerpo, ¿verdad? Pues la cifra es realmente astronómica. Solo en la piel habitan unos doscientos mil millones de bichitos y, en el intestino, unos cien billones. Viendo estas cifras lo único que se me ocurre decirte es que ¡¡no te sientas nunca solo!! Y la gente todavía se compra mascotas... ¿Más animales quieres? ¡Pero si llevas un zoológico encima!

Tenemos entre diez y cien bacterias por cada célula humana, lo que supone que poseemos más material genético bacteriano que «humano». Si pensabas en las bacterias como tus huéspedes, ¡qué equivocado estabas!: tú eres el huésped de ellas. Pero ¿cómo es posible que un gusano tenga unos veinte mil genes; una rata, treinta mil y un ser humano, unos veinticuatro mil? ¿Cómo es posible que el ser más avanzado del planeta —cosa que yo pondría en tela de juicio en algunas ocasiones—, el que ha colonizado los cinco continentes y ha conseguido llegar a la Luna, tenga un número de genes menor al de una mazorca de maíz?

La razón hay que buscarla en la cantidad y diversidad de especies que componen el microbioma. Una de las principales funciones de los genes es la de fabricar una proteína, una sustancia. El ser humano es tan complejo que, si tuviésemos que almacenar en el núcleo de las células los genes necesarios para poder fabricar todo lo que necesitamos para vivir y pensar, estas serían enormes y nuestra estatura se asemejaría a la de un gigante. Es por ello por lo que hemos hecho un trato con los bichitos que viven con nosotros. «Queridos bichitos, nosotros os cuidamos y os proporcionamos alimento, y vosotros nos fabricáis aquellas sustancias que no podemos fabricar y que son imprescindibles para la vida humana». Esta fue la conversación con ellos hace muchos miles de años. El trato. Es decir, hemos subcontratado servicios porque nuestra empresa no tiene infraestructura para la producción de todo lo que necesitamos. Por esta razón, si te aniquilo tus bichitos, mueres en pocos días.

Una pregunta lógica que te estarás haciendo es: ¿de dónde vienen todas estas bacterias? La colonización comienza con la inhalación e ingesta de distintos géneros como los *lactobacillus*, *prevotella* o *sneathia* al pasar por el canal del parto —si nacemos de parto natural—. Le siguen las de la lactancia, las bacterias del entorno, del agua, las de las esporas del aire y las de las heces de los animales.

Cuando comenzamos a tomar alimentación sólida, absorbemos los microorganismos presentes en los alimentos, ya que, además de los nutrientes que nos aportan cuando los ingerimos, recibimos de ellos multitud de microorganismos que proceden del suelo o del entorno donde han crecido. Los humanos hemos coevolucionado con estos bichitos durante millones de años, lo que ha dado lugar a una magnífica relación simbiótica. Ellos fabrican neurotransmisores como la serotonina, dopamina, GABA, acetilcolina, catecolaminas, melatonina, vitaminas, etc., y así intercambiamos señales neuronales, hormonales e inmunológicas de manera bidireccional entre los microorganismos del aparato digestivo y el cerebro.

Se sabía que la *Mycobacterium vaccae* es una bacteria aeróbica a la que nos exponemos cuando nos bañamos en los ríos o estamos en contacto directo con el suelo de los bosques, con las plantas y los árboles, pero científicos de la Universidad de Colorado en Boulder han descubierto que la bacteria se encuentra en suspensión en el aire de los bosques y la inhalamos con cada inspiración. Y me preguntarás cuánto de importante es esto, ¿verdad?

El doctor Matthew Frank, uno de los autores del estudio, afirma que la *Mycobacterium vaccae* —que se aisló por primera vez en el estiércol de las vacas, de ahí su nombre— es capaz de disminuir la inflamación neuronal, lo que tiene unas consecuencias maravillosas a la hora de lidiar con la ansiedad, el estrés y la depresión. Su actividad moduladora del sistema inmune es tan potente que se han abierto líneas de investigación en el tratamiento del asma, la psoriasis, la dermatitis y el cáncer. Asimismo, se ha comprobado en ratones que, gracias a la liberación que provoca de serotonina y noradrenalina, favorece la generación de nuevas neuronas.

Cuando penetres en un bosque frondoso e inhales aire profundamente recuerda que ese olor tan característico y maravilloso que lo caracteriza viene dado, entre otras, por esta bacteria, y que a la vez que estás percibiendo ese maravilloso olor estás recibiendo un probiótico por la nariz que te hará sentir en paz, calmará tu estrés y te protegerá contra mil enfermedades. Además, gratis, sin receta y sin soportar listas de espera médicas. Sin ningún «-pam».

Y cuando llueve en el campo y en el bosque… ¿cómo huele?, ¿no dan ganas de tirarse al suelo y chuparlo? Es un olor exquisito que evoca vida, calma, paz y serenidad. Pues bien, ese aroma —llamado petricor— procede de otra vieja amiga nuestra: la *Streptomyces coelicor*. Cuando la humedad se incrementa en el ambiente, nuestra amiga comienza a emitir una sustancia denominada geosmina, que es la responsable de ese maravilloso olor. Además, es de esta familia de las *Streptomyces* de donde las farmacéuticas sintetizan diversos antibióticos como la estreptomicina, el ácido clavulánico, la neomicina, la fosfomicina… De modo que, cuando te pones en contacto con la tierra del bosque, te estás impregnando de estas amigas que te protegen de la invasión de microorganismos hostiles. Entre seiscientos kilos y cinco toneladas de microorganismos por hectárea. Todo un baño de bichitos. Pero si no quieres emborrizarte en tierra —como hacen muchos animales y ya sabes el porqué—, dedícate al menos a inspirar profundamente, ya que por cada metro cúbico de aire del bosque encuentras unas cien mil bacterias y esporas de hongos.

Las bacterias saprofitas —las que habitan en los suelos de los bosques— estaban presentes en los intestinos de nuestros ancestros por su exposición a la tierra, el barro y el agua. Matthews D. M. descubrió que la exposición continua a estas bacterias genera una mayor tolerancia al estrés.

Después de leer esto ya podrás imaginar que, si estás de excursión en el bosque, y se te cae un trozo del bocata al suelo, lo último que debes hacer es desecharlo. Cógelo, sacúdelo un poco y zámpatelo. No pasará nada. Ahora, no se te ocurra hacer esto en una ciudad. En el bosque todo es distinto. Cuando vayas de excursión no dudes en acariciar con delicadeza los troncos de los árboles, la hierba, sumergirte en los ríos, tocar la tierra y empaparte de la esencia del bosque. En el bosque todo empuja hacia la vida.

Muchas de las enfermedades crónicas del mundo moderno son, en realidad, condiciones inflamatorias que resultan del agotamiento o la alteración en las colonias de los microorganismos con los que los humanos hemos evolucionado. No pienses que el microbioma se ciñe solo al intestino, como muchas personas creen. Todos y cada uno de los tejidos están tapizados de una biopelícula de microorganismos —bacterias, virus, protozoos, arqueas y hongos— y cualquier alteración cuantitativa o cualitativa de estas colonias genera una alteración en la actividad y modulación del sistema inmune. Si se afecta el microbioma de la piel, tendrás psoriasis, dermatitis, eccemas, etc. Si es el del intestino, colon irritable, colitis ulcerosa, diverticulitis, etc. Cuando ocurre con el del bronquio desarrollarás bronquitis… y así podría nombrar todo el vademécum, pero en este caso no de vida, sino de enfermedades.

Sin embargo, no es así de sencillo; en el cuerpo «lo que ocurre en Las Vegas no se queda en Las Vegas». Si se altera el microbioma intestinal, prepárate porque puedes padecer desde una enfermedad inflamatoria intestinal hasta una articular, una autoinmune, depresión, o incluso predisponerte a desarrollar cáncer. No olvides también que el microbioma de la boca, así como la salud bucodental, constituye uno de los puntos de inicio para todo tipo de patologías como las anteriormente descritas. Si crees que no puedes padecer una artritis reumatoide, o incluso una hernia discal en la columna por tener un problema en las encías o una caries, te equivocas radicalmente. Adquiere el hábito de acudir a tu odontólogo de manera habitual y mantén una higiene dental adecuada si no deseas tener problemas muy muy serios. Pero cuidado con los dentífricos que utilizas; por favor, úsalos carentes de flúor y cómpralos ecológicos. No utilices colutorios, enjuagues ni elixires que sean sintéticos y estén llenos de químicos. Cómpralos igualmente en un herbolario. Estos están formulados con eucalipto, salvia, canela, clavo y diversas plantas que son respetuosas con nuestro ambiente bucal. No escatimes en estas cosas.

Volviendo a los microorganismos comensales, he de decirte que, aparte de estar involucrados en la inmunorregulación, el comportamiento, las emociones y la salud en general, también están involucrados en el desarrollo de otros sistemas y órganos aparte del intestino, como son el cerebro o los huesos. Debes tener presente la llamada «hipótesis de los viejos amigos», también conocida como la «hipótesis de la higiene», si quieres disfrutar de una salud plena. La disminución de la exposición a los microorganismos —en la infancia aún más— puede aumentar el riesgo de sufrir enfermedades autoinmunes, asma, alergias, etc. La suciedad del bosque es la suciedad más limpia y la que más aman las células y nuestros bichitos.

Permíteme que te aconseje que no abuses de las duchas y del jabón. Si eres de los que se ducha dos o tres veces al día con jabón porque vas al gimnasio, a trabajar y quieres ir oliendo bien y con sensación de limpio, te diré que el concepto de limpio igual lo tendríamos que discutir. Si te alimentas correctamente, duermes cuando corresponde y lo que tienes que dormir, haces ejercicio y, en definitiva, llevas una vida como la que te propongo en este libro, créeme que el sudor no te olerá —e incluso las heces serán poco olorosas— y no tendrás esa sensación de suciedad. Si te duchas dos o tres veces al día, al menos no uses jabón en todas. Oler a jabón de avena, camomila, leche y miel creo que no es lo más fisiológico para la piel. Eso cómetelo mejor. Bromas aparte, estar limpio es no oler a nada. No te dejes llevar por las campañas publicitarias. Cuida a tus bichos o te morirás. Eso sí, te morirás muy limpito.

Si te interesa el tema de la microbiota, te animo a que leas el libro *¡Es la microbiota, idiota!*, de mi compañera y amiga la doctora Sari Arponen, por la que siento una profunda admiración. Desde aquí le mando un fuerte abrazo.

Las fitóncidas

Pero regresemos al bosque. Te recuerdo que entre los factores que hacen que el contacto directo con la madre tierra nos proporcione bienestar y beneficios se encuentran todos los estímulos que captamos mediante los sentidos, aunque también otros de carácter extrasensorial como son los iones de aire y los microorganismos. Pero el bosque encierra más secretos y enigmas maravillosos que nos proporcionan felicidad y salud. Déjame que te los desvele.

Los árboles y las plantas aparecieron en la Tierra hace quinientos millones de años, por lo que nos llevan una ventaja evolutiva de cientos de millones de años. Al no poseer mandíbulas para morder ni patas para huir corriendo, han recurrido, como te conté en capítulos anteriores, a la utilización de sustancias químicas para defenderse de posibles depredadores como insectos, bacterias, e incluso animales herbívoros. No creas que estas sustancias no son potentes; por ejemplo, las que emite el cerezo son capaces de matar a una rata. Al conjunto de estas sustancias químicas, gaseosas y volátiles se lo conoce con el nombre de fitóncidas —exterminado por la planta— y existen más de cinco mil tipos distintos.

Cuando paseas por un monte o un parque lleno de arboleda, estas sustancias volátiles impregnan tu piel y, junto con el aire que respiras, pasan a la sangre y alcanzan todas y cada una de tus células. No pienses que la concentración de fitóncidas en un bosque es baja y algo que no tiene mucha relevancia. Un día de verano, un bosque caducifolio libera unos dos kilos de fitóncidas; un pinar, cinco; y uno de enebros, treinta kilos. La media es de unos cincuenta miligramos por metro cúbico. Por si esto fuera poco, hay árboles que además de emitir fitóncidas absorben sustancias dañinas para la salud, como el CO_2 o el benceno. A estos árboles se los conoce como los *antismog* —antipolución—, como le ocurre al arce, el abedul, el roble, el tilo o el ginkgo biloba. Estas sustancias volátiles también están presentes en los aceites esenciales, factor que justifica, como constatan los estudios científicos, la eficacia de la aromaterapia.

Igual estás pensando que es una lata tener que ir al monte para encontrar estas maravillosas moléculas. Realmente, es en el bosque donde encontramos la conjunción de todos los factores que generan esta sopa vital, pero en la cocina de tu casa tienes plantas que también emiten fitóncidas como son el ajo, la cebolla y casi todas las especias. Si haces una papilla con cebolla picada y ajo machacado, habrás creado un antibiótico capaz de fulminar a los estreptococos, la *Escherichia coli*, los bacilos tifoideos e, incluso, los de la tuberculosis.

Un paseo por el bosque

Fueron los japoneses los primeros en percatarse de los beneficios de zambullirse en el bosque, y en la década de los ochenta del siglo pasado acuñaron el término «baño de bosque» (*Shinrin-yoku*). Cerca de cinco millones de japoneses lo practican hoy en cuarenta y ocho centros designados por la Agencia Forestal de Japón, agrupación actual que promovieron la doctora Hiroko Ochiai —cirujana del Tokio Medical Center— y su marido, Toshiya Ochiai, director actual de una «sucursal» creada en Estados Unidos, la Asociación de Naturaleza y Baño del Bosque, que integra ya a más de trescientos terapeutas entre los que hay médicos, enfermeras y psicoterapeutas.

Se calcula que el 80 % de la población coreana adulta —trece millones— visita los bosques al menos una vez al año. Igual te está pasando lo que me ocurrió a mí hace años, cuando me dediqué a estudiar a fondo los beneficios de los baños de bosque. Yo me preguntaba si realmente es tan beneficioso pasear por el monte debajo de los árboles. Me costaba creer en el potente efecto terapéutico de los ecosistemas, pero cuando comencé a leer multitud de estudios científicos publicados sobre el tema, se me despejaron todas las dudas.

El primer trabajo científico que confirmó los efectos de los bosques en el sistema inmunitario lo realizó un numeroso grupo de investigadores de varias universidades, coordinado por el doctor Qing Li, del Nippon Medical School de Tokio. Dicho estudio se publicó en 2007 en la *International Journal of Immunopatholgy and Pharmacology* y la traducción de su título es «El baño de bosque potencia la actividad de las células NK humanas, imprescindibles para la lucha contra el cáncer, y la expresión de otras proteínas anticancerígenas».

Quedó demostrada que la acción que generan las fitóncidas en nuestro organismo es muy variada: desde la estimulación y modulación del sistema inmune hasta la regulación en la segregación de hormonas y neurotransmisores. El avance tecnológico en neurobiología nos ha permitido confirmar que pasear o, simplemente, permanecer en un bosque, disminuye la actividad del córtex prefrontal, donde se ejecutan las funciones cognitivas como planificar, resolver problemas y tomar decisiones. En contraposición a esto, se acentúa la actividad en otras partes del cerebro relacionadas con la emoción, el placer y la empatía. Este es uno de los motivos por los que la comida en el campo sabe mejor.

Un estudio publicado en 2019 por la Universidad de Michigan concluyó que dedicar al menos veinte minutos al día para pasear o sentarse en un lugar que nos haga sentir en contacto con la naturaleza reducirá significativamente los niveles de cortisol, una de las principales hormonas del estrés. Te resumo los efectos científicamente demostrados que te aporta sumergirte en un baño de bosque:

- — Reducción de la frecuencia cardiaca y de la tensión arterial.
- — Relajación del sistema nervioso.
- — Disminución de las hormonas del estrés (adrenalina y cortisol, principalmente).
- — Descenso de los niveles de glucosa en sangre.
- — Aumento significativo del número de células defensivas, en especial, las *natural killers*.
- — Disminución de los marcadores de inflamación.
- — Mejora notable de la sensación de calma, positividad, paz interior y vitalidad.
- — Disminución de la ansiedad, el insomnio, la ira y la depresión.
- — El cerebro requiere de menos oxígeno para funcionar.

Si tuviésemos la sana costumbre de permanecer en contacto con la naturaleza de manera habitual, todos estos efectos se traducirían en un riesgo menor de sufrir trastornos emocionales y psicológicos, enfermedades cardiovasculares, musculoesqueléticas, neurológicas, mentales, respiratorias, obesidad, diabetes y cáncer, entre otras.

Y aquí estamos los seres humanos, los supuestos *sapiens*, dándole la espalda a la naturaleza, destruyéndola con nuestra codicia y visión proximal de la vida. Espero que las generaciones venideras sean menos cromañones y más verdaderos *sapiens*.

Para realizar un baño de bosque en España puedes hacerlo en cualquier lugar con arboleda, pero si quieres rizar el rizo, busca bosques donde predominen los árboles centenarios y, aunque en cualquier estación del año es aconsejable el contacto con la naturaleza, quizás finales de primavera y el verano sean las mejores épocas. El calor y la sequedad son factores estresantes para los árboles, que los inducen a la liberación de terpenos. Estos terpenos son sustancias volátiles con olor y se calcula que existen unos cuarenta mil tipos distintos que pueden ser absorbidos por la piel, la boca, el sistema digestivo y los pulmones. Los más estudiados por sus numerosos efectos terapéuticos son cuatro: el isopreno, el alfa y beta pineno, el d-limoneno y el cineol. Los terpenos abundan en los aceites esenciales como los de lavanda, limón, salvia, romero, etc. Sus propiedades son realmente increíbles según numerosos estudios científicos como los de Masatoshi Kusuhara, G. H. Seol y K. Y. Kim. Entre los efectos terapéuticos que nos ofrecen estos terpenos destacan los broncodilatadores, antiinflamatorios, antitumorales, protectores cardiovasculares, antioxidantes, antimicrobianos, relajantes del sistema nervioso, antihipertensivos…

Espero que después de conocer las bondades de los bosques te hayas animado a realizar al menos una breve escapada al más cercano que tengas. Si vives en España, te aconsejo alguno de estos:

- Hayedo de Montejo (Madrid).
- Bosque de Peloño (Asturias).
- Bosque de Muniellos (Asturias).
- Faedo de Ciñera (León).
- Bosque de Can Fornaca, Caldes de Malavella (Girona).
- Bosque del Pla de la Barraca, Planoles (Girona).
- Reserva de la Biosfera de Urdaibai (Vizcaya, País Vasco).
- Parque Natural Monte Aloia (Galicia).
- Parque Natural de Cazorla, Segura y las Villas (Andalucía).
- Sierra de Grazalema (Andalucía).

Ahora no puedo evitar contarte lo que yo hago personalmente cuando voy a un bosque. Lee y decide por ti mismo.

«Qué gusto llegar a casa y quitarse los zapatos». Estoy seguro de que has pronunciado o pensado esta frase mil veces. Pues quiero que sepas que si tú sientes placer cuando te descalzas al llegar a casa, ni te imaginas el chute de vida que le das a tu organismo cuando te descalzas en el bosque o en la playa o en cualquier sitio que te conecte con la tierra. Es realmente asombroso.

Suena el despertador, te levantas, te aseas, desayunas, te calzas tus lindos zapatos o zapatillas y sales a la calle a comerte el mundo. ¿Sí? Pregúntale a tu cuerpecito a ver qué opina de esos zapatos con suela aislante que llevas, que te desconectan de la tierra, impiden que los receptores de presión y estiramiento que hay en la planta de tus pies informen continuamente a tu cerebro de las desigualdades del terreno, de las piedrecitas, de los agujeros, impidiendo que tus cadenas musculares se organicen correctamente para que tu postura sea la correcta. Pero este es el menor de los problemas. Si te duele la espalda, sufres escoliosis, hernias de disco, etc, puedes vivir... ¡¡mal, pero se vive!! Sin embargo, cuando la tierra deja de suministrarnos electrones es cuando realmente sufrimos los estragos de la oxidación y el desajuste eléctrico. El término descrito como «síndrome de deficiencia de electrones» está detrás del cansancio, el insomnio, la inflamación, el dolor...

Como ya hemos visto, producimos vitamina D gracias a la energía y las frecuencias generadas por el sol. La tierra que se encuentra justo debajo de nuestros pies también proporciona energía y frecuencias únicas que influyen directamente en el cuerpo.

Todos los sistemas eléctricos modernos (grandes redes y centrales eléctricas, las casas, los edificios, las fábricas, la maquinaria y los aparatos) que funcionan con electricidad, todos están conectados a la tierra por motivos de estabilidad y seguridad. Se podría decir que los sistemas eléctricos son «más saludables» precisamente por presentar una conexión con la tierra. ¿Acaso no somos los seres humanos eléctricos? Las pruebas diagnósticas que nos hacen en el hospital —electrocardiograma, electromiografía, electroencefalografía...—, miden la actividad eléctrica. Somos energía. Somos pura electricidad. Sin embargo, ¿cómo es posible que hayamos llegado a un punto en que la lavadora o el secador de pelo cuenten con más mecanismos de seguridad que nosotros?

Creo que ha llegado el momento de que el mundo médico entienda de una vez por todas que un cuerpo conectado a la tierra es más estable y saludable.

La superficie de nuestro planeta se ve afectada eléctricamente por innumerables rayos, radiación solar y otras dinámicas atmosféricas. Estos fenómenos dotan a nuestras masas de agua y de tierra de un continuo y renovado suministro de partículas subatómicas llamadas electrones libres, que le dan a nuestro planeta una carga eléctrica negativa natural.

La investigación sobre la toma de tierra biológica sugiere que la transferencia de electrones por parte de la tierra constituye una forma de «nutrición eléctrica» para los seres humanos, el reino animal y el vegetal. Los hallazgos de las investigaciones respaldan la hipótesis de que la puesta a tierra facilita una transferencia significativa de electrones libres a nuestro organismo, lo que genera una serie de cambios fisiológicos rápidos. A veces, instantáneos. La conexión a tierra restaura y mantiene un entorno eléctrico interno natural.

El científico y médico polaco Sokal realizó una serie de experimentos y concluyó que conectarse a la tierra repercute fuertemente en los procesos bioquímicos, bioenergéticos y bioeléctricos, y tiene un efecto modulador muy significativo sobre las enfermedades crónicas y agudas. Los efectos beneficiosos mejor estudiados de la toma a tierra, conocida como *grounding* o *earthing*, son estos:

- Después de veinte años de investigación, podemos afirmar que caminar descalzo o estar en contacto directo con la tierra tiene un efecto antiinflamatorio y analgésico. Nos duele la cabeza y nos tomamos un paracetamol de un gramo con sus efectos secundarios correspondientes, y tenemos un paracetamol de $5{,}973 \times 10^{24}$ kilos bajo nuestros pies y no somos conscientes de ello.
- Los radicales libres (también conocidos como especies reactivas de oxígeno, ROS) son moléculas cargadas posi-

tivamente que extraen electrones del tejido sano y lo dañan. Estos radicales libres se producen en la bioquímica normal por el hecho de estar vivos. Cada célula produce miles de millones de radicales libres todos los días. Pero cuando dormimos poco, estamos expuestos a tóxicos, en lugares con mucha exposición a ondas electromagnéticas artificiales, o cuando nuestro sistema inmune está permanentemente activo (como ocurre en las patologías crónicas), su producción se ve exponencialmente aumentada y su exceso provoca inflamación por la activación del complejo NFk-b (entre otros). La conexión a tierra permite que una gran cantidad de electrones libres ingresen en el cuerpo, y neutralicen entonces los radicales libres. Estos radicales libres son uno de los factores más importantes de envejecimiento.

— Esta terapia fácil y barata es aplicable también a los bebés. En 2017, un estudio llevado a cabo por médicos de la Unidad de Cuidados Intensivos Neonatales del Hospital Infantil de la Universidad Estatal de Pensilvania, en Hershey, puso de relieve que conectar a tierra a los bebés prematuros producía mejoras inmediatas y significativas en las mediciones del funcionamiento del sistema nervioso autónomo, con su repercusión inmediata en la regulación de las respuestas inflamatorias y de estrés.

— Poner a tierra a los bebés aumentó significativamente la variabilidad de la frecuencia cardiaca (VFC), lo que indica una mejora del tono vagal. Esto hace referencia a las alteraciones de latido a latido en la frecuencia cardiaca y está influenciado por las ramas simpáticas y parasimpáticas del sistema nervioso autónomo. El nervio vago —el encargado del tono vagal— es el responsable de disminuir la inflamación, de la cicatrización de los tejidos, de serenar a nuestro corazón cuando tenemos taquicardias, etc.

— Estar en contacto con la tierra mejora el flujo sanguíneo mediante la recuperación del potencial Z de los glóbulos rojos. Este potencial Z no es otra cosa que la carga eléctrica negativa que presentan las superficies de sus membranas. Las cargas eléctricas iguales se repelen. Cuando todos los glóbulos rojos tienen carga negativa, esto impide que se peguen unos a otros y así la sangre fluye libremente. Así pues, la transferencia continua de electrones (carga eléctrica negativa) por parte de la tierra nos asegura que los glóbulos rojos fluyan libremente. La tierra es nuestro anticoagulante natural. Tanto es así que, si tomas algún tipo de antiagregante debes informar a tu médico de que caminas descalzo en el campo o en la playa porque quizás necesites menos dosis de fármaco. Ya ha habido varios casos reportados.

En resumen, te enumero lo que nos proporciona la toma de tierra:

- Mejora la calidad del sueño.
- Disminuye la tensión arterial.
- Alivia y mejora los problemas gastrointestinales.
- Mejora los estados depresivos.
- Disminuye los niveles de cortisol.
- Favorece la recuperación de la dermatitis atópica.
- Mejora los síntomas de las enfermedades autoinmunes.
- Mejora el perfil lipídico.
- Disminuye el ácido úrico.

No quiero cansarte con los beneficios de caminar descalzo o de estar piel con piel con la madre tierra. Pero te aseguro que cuando, a mediados de 1950, comenzamos a sustituir los zapatos de cuero por materiales sintéticos no conductores, nos condenamos a enfermar casi igual que cuando Edison encendió la primera bombilla. Hoy día el 95 % del calzado es no conductor.

Podría seguir escribiendo sobre esta maravillosa costumbre de estar en contacto con nuestra tierra, pero tan solo te puedo aconsejar que cada día dediques unos minutos a caminar descalzo sobre la hierba, la tierra, la arena de la playa o cualquier material no aislante, o bien que te dirijas a algún centro especializado en este tema y te hagas con alfombrillas, calcetines, sábanas, fundas de almohada, etc., que tengan conexión a tierra.

Con este capítulo he pretendido hacerte ver que el acercamiento continuo a la naturaleza es la mejor vacuna, la mejor medicina que existe para gozar de una vida saludable. Acercarte a la naturaleza es acercarte a ti mismo. Por desgracia, cada día estamos más alejados de ella, y no solo eso, sino que la agredimos y la envenenamos por tierra, aire y agua.

Algún día nos daremos cuenta los *sapiens* de que la naturaleza no es un lugar para visitar.

Algún día nos daremos cuenta de que es nuestro hogar.

Epílogo

Llegamos al final del viaje. Espero que hayas tomado buenas fotos y te confecciones un álbum bien saludable.

Como siempre, gracias. Gracias por acompañarme en este recorrido de hábitos probióticos —que promueven vida—. No puedo despedirme sin pedirte disculpas por haber intentado ser disruptivo con tus arquetipos conductuales y creencias preestablecidas. Deseo de todo corazón que tras la lectura de este libro te hayan al menos surgido dudas e inquietudes. Espero que continúes en la búsqueda de aquello que más te acerque a una vida saludable, una vida que te proporcione energía, motivación y calma, que te haga sentir vivo, consciente de cada momento, enraizado al aquí y ahora y sin miedo al mañana. Que disfrutes de ti y valores la suerte que tienes de vivir contigo y en ti, de tener la oportunidad de disfrutar de esta vida llena de estímulos maravillosos que nos hacen vibrar cuando vivimos en armonía con ella, cuando vivimos en consonancia y resonancia con la naturaleza de la que formamos parte.

Quizás te has visto un poco desbordado por la gran cantidad de cambios que te planteo hacer para promover y mantener tu salud. Créeme que este es el peaje que tenemos que pagar por habernos alejado, o incluso haberle dado la espalda a la naturaleza.

La máquina de vapor, la electricidad y la tecnología en general nos han traído comodidad y obesidad, ahorro energético corporal y despilfarro de recursos naturales, telecomunicaciones y menos comunicación personal, luz artificial e insomnio, nos ha sumergido en un mundo material y nos ha alejado del espiritual… Realmente como especie, la re-*in*-volución industrial nos ha aportado muy poco. Repito: como especie y pensando en términos de evolución y sin ser reduccionistas y de pensamiento proximal. En los países desarrollados tenemos de todo lo necesario, pero más aún tenemos mucho innecesario. Tenemos luz pero no vemos el sol, tenemos relojes pero no tiempo, tenemos médicos y hospitales pero no salud, tenemos conocimientos pero no sabiduría, tenemos miles de amigos en redes pero casi el 25 % de la población se siente muy frecuentemente sola —estudio sobre la percepción de la soledad no deseada. Una iniciativa de la Fundación ONCE. Observatorio Estatal de la Soledad no Deseada—. Sin duda necesitamos aligerar equipaje.

Como te habrás percatado, con este manual lo que pretendo es que intentes recuperar aquellos hábitos que más se acercan o recrean una vida ancestral. Quiero hacerte consciente de que la ciudad donde vives, con su iluminación urbana, redes de metro subterráneo, autobuses, calles de cemento y asfalto, centros comerciales, supermercados, cientos o miles de vehículos rodando, patinetes eléctricos, ruido incesante, bosques de antenas, conexión a Internet en cada rincón, etc., te puede resultar atractiva por la cantidad de servicios y comodidades que te ofrece, pero no es el mejor de los escenarios donde vivir, no es el contexto de vida para el que has sido creado. No es tu hábitat.

La modificación drástica del entorno y el abuso y uso inapropiado de la tecnología nos aleja cada día y a una velocidad feroz de los hábitos que promueven una vida saludable. El gran problema radica en que lo frecuente y masivo lo empoderamos y le otorgamos veracidad sin someterlo a juicio. La mente adoctrinada está supeditada a la temporalidad de nuestra vida media como especie y, sumergida desde que nacemos en esta debacle antibiótica —antivida— que marca las sociedades occidentalizadas, en las que prevalece el materialismo y el consumo como dogma de fe, ha aceptado, permitido e integrado hábitos de vida suicidas desde que somos pequeños. Si no fuese así, ¿cómo podríamos permitir que nuestros hijos tuvieran acceso —o lo que es peor, que se los compremos los adultos— a productos que promueven la enfermedad como las golosinas, la bollería industrial, los refrescos, los alimentos cargados de colorantes, las hamburguesas industriales, los precocinados…? ¿Cómo es posible que aceptemos y normalicemos que se venda alcohol y tabaco si ambas sustancias se encuentran en todos los manuales de patología médica como los dos factores de riesgo presentes en todas las enfermedades conocidas? ¿Cómo hemos normalizado que nuestros hijos jueguen o hagamos deporte en espacios donde el aire que se respira está repleto de tóxicos procedentes de la circulación y la industria? ¿Cómo hemos normalizado que la principal fuente de vida que es el sol desaparezca de nuestro escenario? ¿Cómo hemos podido acuñar el término «ocio nocturno»? ¿Cómo es posible que el grueso de la población relacione la disciplina, la responsabilidad y el compromiso con que una persona duerma cinco o seis horas como fruto de su ritmo laboral? ¿Cómo consentimos que un niño pequeño pase horas con su mirada fijada en un móvil o en una *tablet* cuando debería estar explorando su entorno?

El día que el *Homo sapiens* dejó de caminar con sutileza y respeto sobre la madre tierra y decidió pisotearla, comenzó a transgredir las leyes fundamentales de la salud y de la vida.

Evidentemente, soy consciente de que vivimos inmersos en un sistema donde necesitaríamos un cambio de paradigma durante varias generaciones para volver a vivir en equilibrio y armonía con nuestro bio-código civil. Como dije al comienzo de este libro, siempre podemos hacer pequeños gestos, modificar hábitos y tener buena conducta que nos permita al menos reducir la condena, o incluso nos permita disfrutar de libertad condicional.

No pretendo que te comportes como una persona prehistórica, solo pretendo que dentro de tus posibilidades respetes las leyes de tu cuerpo y de tu mente.

El precio que debes pagar por tener todas esas cosas que quizás tú llamas comodidades es que tienes que implementar muchos cambios en el día a día para intentar recrear esa vida que nos unía a la naturaleza y que nos otorgaba una vida plena y saludable. No estoy diciendo que esa vida fuese fácil y llevadera. Por supuesto que no. Has tenido la suerte de nacer en una época en la que te puedes beneficiar de los dos mundos, no la desperdicies. Puedes respetar las leyes fundamentales del organismo sin renunciar a la comodidad, eso sí, deberás dedicarte tiempo y tener siempre presente que lo más importante eres tú.

En la antigüedad, cuando lo natural y lo ecológico no eran excepción y lujo, cuando despertábamos con la luz natural y la oscuridad ponía fin al día, cuando el sedentarismo no había nacido y la contracción muscular y el ingenio era el medio de encontrar sustento, cuando la vida intermitente de frío, sed, calor y hambre era la única vida que existía, cuando el ritmo de la existencia lo imponían las estaciones del año y el discurrir de la propia vida, cuando la familia era nuestra tribu y los intereses eran comunes, cuando había presión evolutiva... todos, absolutamente todos los consejos que te he dado en este libro constituían el día a día. O lo hacías o morías. En aquella época este libro sería el hazmerreír de la librería.

Pero estamos en este siglo, en las antípodas de aquel modo de vivir, así que será mejor que me permitas que te establezca una jerarquía de buenos hábitos, que ordene tu vida y que te marque un plan de recuperación o prevención de tu salud. En este libro te he mencionado algunos de los preceptos que deberías tener siempre presentes y respetar, pero hay muchos más que sin duda también revisten importancia, como son la sexualidad, las relaciones sociales, la política, la espiritualidad, etc. Me he centrado en lo que considero que es básico y más o menos rápido —en términos de biología— para restablecer el equilibrio. Evidentemente esta clasificación y consejos que te describo aquí siempre se deben adaptar a cada individuo, a su contexto, situación personal y de salud. Nunca sustituirán a una prescripción médica ni de ningún profesional de la salud.

Bajo mi criterio, el hábito sobre el cual no existe negociación alguna y que considero que tiene la mayor repercusión sobre la salud es respetar el sueño. Este ocupa el primer puesto en el podio.

El biorritmo y, por tanto, el sueño, constituyen los cimientos sobre los que se asientan el resto de premisas. No gastes tiempo ni dinero en gimnasios, comida ecológica, cosméticos orgánicos, filtros para el agua, etc., si no respetas las siete/nueve horas de sueño nocturno.

Dormir cuatro o cinco horas por noche tiene una repercusión nefasta en el sistema nervioso, cardiovascular, musculoesquelético, endocrino, inmunológico... exponencialmente mayor que el sedentarismo o no comer saludable. Si sueles dormir cinco horas, debes saber que en siete/diez días tus niveles de glucosa pueden alcanzar cifras de una persona prediabética. ¡Ándate con ojo! El sueño perdido no se recupera. Por tanto, sé metódico y hazle caso a Morfeo.

En segundo lugar, en el *ranking* de buenas costumbres, posiblemente se encuentre la exposición a la luz solar y el contacto con la naturaleza —no subestimes el poder terapéutico del contacto con la naturaleza—. Los rayos solares le dan cuerda a tu reloj biológico. Cuando Dios, la evolución o como quieras denominarlo fundó las leyes de la vida en la Tierra, tomó como eje aquello que nunca falla, que siempre existe, que no se ve influido por nada y que pase lo que pase siempre estará. No podía ser otra cosa que el alba y el ocaso. Las mareas, los vientos, las tormentas, los ríos, etc., son fluctuantes, no servían para establecer una fiel referencia, para marcar un ritmo. Lo único que no ha variado es el ciclo solar y el campo magnético —o lo han hecho muy muy despacio—. Es por ello que toda nuestra biología gira en torno a estos ejes. Eres un ser vivo diurno y como tal te debes comportar. Si te gusta el ocio nocturno, reza para que en la siguiente vida seas un zorro o un murciélago, pero por ahora te ha tocado ser lo que eres. Respétalo. No caigas en el error de considerar la luz artificial como algo normal, porque no lo es. Es normal para los seres humanos de esta época. Eso desde un punto de vista evolutivo es un milisegundo —¿pero qué digo?... ¡Mucho menos!— en la historia de la humanidad. Todo lo que alargue el día y acorte la noche es puro atrezo. Es un altavoz llamando a la de la guadaña. No estoy diciendo que te acuestes cuando se vaya el sol —que sería lo ideal— ni que no enciendas la luz, te estoy sugiriendo que al caer el sol uses luces anaranjadas, rojas o al menos cálidas y que establezcas una hora límite de irte a dormir y que no sea tan tarde que no te permita dormir siete/nueve horas —procurando que el grueso de ellas sean nocturnas—. Recuerda que lo esporádico no te hace daño, el día a día es lo que debes considerar.

El bronce se lo lleva la evitación de tóxicos. Sé que es tarea difícil, quizás la más difícil de todas las que te propongo. Elegir el lugar donde vivimos quizás puede ser el primer paso. Si tienes oportunidad de ello ni lo dudes. Vivir en un lugar rodeado de contaminación química y/o electromagnética hace que tus dos principales viviendas —tú y tu casa material— quizás te condenen a mudarte al hospital como primera residencia. Aléjate y protégete lo que puedas de las ondas electromagnéticas y elige bien lo que tomas, bebes, respiras y te pones en la piel porque te recuerdo que nuestra especie no tiene ni plan ni estrategia eficaz para eliminar correctamente los tóxicos artificiales que nos hacen tan cómoda la vida pero tan insostenible.

En cuarto lugar me inclino por tener en calma la mente, dedica unos minutos a la meditación o la atención plena y cultiva al menos un poco tu vida espiritual. Procura no ser un rumiante de pensamientos negativos, tristes o que te mantengan en alerta. Al igual que en el supermercado tendemos a desechar la fruta y los productos que están muy «manoseados», es hora de que dejes de «manosear» tus pensamientos. No olvides que el presente es la ausencia del pasado y del futuro y que la única vida está en el presente. No debes permitir que tu mente te domine, de lo contrario estarás perdido. Los pensamientos pueden llegar a ser tan poderosos que arruinarán o mermarán potencia al resto de buenos hábitos adquiridos. O ¿puedes dormir cuando tu cabeza va a mil? Huye todo lo que puedas del estrés, los procesos vitales fluyen a un ritmo. No intentes marcarle el ritmo a la naturaleza porque acortarás tu vida. Los acontecimientos pasan cuando tienen que pasar y a la velocidad que tienen que pasar. No los fuerces.

En quinto lugar invierte tiempo en el deporte. Procura provocar la liberación de esos seiscientos cincuenta péptidos que a modo de nanopíldoras van restaurando y reparando todos tus desequilibrios físicos y psíquicos. Te recuerdo que para ello hay que contraer la musculatura y realizar un mínimo de esfuerzo. Sin deporte es difícil encontrar el equilibrio y el bienestar. Si puedes hazlo a diario o al menos incorpora los *sitting breaks* en tu día a día. ¿No lo recuerdas?, pues ve al capítulo del deporte y búscalo. Se acabó que las cosas sean fáciles y se te dé todo hecho. Recuerda que el confort está reñido con la salud.

El puesto número seis de esta jerarquía lo ocupa la nutrición y la frecuencia de ingestas. Se ha derramado tanta tinta sobre la mal llamada dieta ideal que creo que como lector debes de estar saturado de este tema. Tan solo te aconsejo que no comas más de tres veces al día y que elijas alimentos «humanos» y, si es posible, que sean orgánicos.

Ni que decir tengo que por encima de estas seis consideraciones está el hecho de vivir acorde a tus principios y siendo coherente con lo que crees o promueves y con tu manera de vivir; de lo contrario vivirás en eterno conflicto interno que posiblemente tarde o temprano te hará enfermar.

Por supuesto somos seres tribales como he comentado, por lo que no te aísles. Relaciónate. Si haces deporte en grupo mejor aún.

Al igual que hablamos del efecto cóctel y te informé de que algunos tóxicos aislados y en pequeñas cantidades no hacen mucho efecto pero que cuando se combinan se vuelven extremadamente potentes, con estos hábitos ocurre lo mismo. Recuerda que el todo es la suma de las partes. Mete en la coctelera todos estos hábitos y agítala. En un periodo de tiempo no muy largo tendrás preparado un cóctel pro-biótico que te hará sentir vivo y pleno. No te obsesiones con un hábito de manera aislada. Eso no conduce a nada. Bueno, sí, a la frustración.

Si me lo permites te especifico aquí cómo debes de ordenar las fotos del viaje en tu ábum:

— Duerme de noche entre siete y nueve horas. Atiende al matiz «de noche».
— Mantente en contacto con el sol y la naturaleza.
— Huye de las fuentes de contaminación química y electromagnética.
— Huye del estrés crónico físico o psicoemocional.

— Dedica cada día un poquito de tiempo a meditar.
— Ten una vida activa, haz deporte a diario, si es posible en ayunas y en ambiente fresco o caluroso. Comienza poco a poco si no tienes hábito.
— No emplees muchas horas sentado al día sin levantarte, al menos cada treinta-cuarenta minutos.
— Camina descalzo sobre la tierra, la arena de la playa o en la hierba de un parque.
— Pasa un poco de sed, de hambre, de frío y de calor de vez en cuando.
— No comas más de tres veces al día.
— Consume alimentos ricos en nutrientes y con pocos azúcares. Evita los refinados, envasados y basa tu dieta en pescado, marisco, carne, huevos, frutas y vegetales. Si son ecológicos, mejor. Observa que no he introducido lácteos, cereales ni legumbres.

Este tipo de vida que yo te propongo es la que nos vino impuesta de serie por Dios, la evolución o por lo que tú creas. Este modo de afrontar el día a día nos aleja del caos, del desorden, de la entropía de nuestro sistema molecular y nos acerca a la armonía, el equilibrio, el orden y la neguentropía.

Es hora de que seas amable contigo.

Gracias por leerme y por tu atención. Nos volveremos a encontrar.

Agradecimientos

Gracias a mis padres y a mi familia, por darme la oportunidad de existir, marcarme un camino y brindarme su apoyo incondicional.

A Isa, la mejor madre y compañera para mi alma, la mujer que me calma con su sonrisa y su mirada, la que con un abrazo consigue que un día difícil se olvide para siempre.

A Hugo y Marcos, los niños que, sin ellos saberlo, me han dado tanto y me han enseñado a crecer.

Gracias también a los que considero mi segunda familia o mi familia escogida, a Pedro Martínez, por su eterno cariño y compartir conmigo su inquietud por la medicina respetuosa y honesta. A Ángela Cabrera, por su amor incondicional y sus inquebrantables abrazos. A Luis Palomeque, Rafael Calvente, Antonio Gómez, José M. García, Cristóbal Agüera y Pepe García, mis compañeros de batallas, risas, lágrimas, interminables conversaciones y pensamientos en voz alta.

A mi querido José Luis López, amigo y socio, gracias por creer en mí y compartir tanto.

A Pedro R. y Pilar, por ser como sois, por vuestra desinteresada amistad, hospitalidad, generosidad y vuestras maravillosas cenas y celebraciones.

A mi familia riojana Aguado Hernáiz, por su cariño, bondad y ternura.

A Julia P., por nuestras largas charlas sobre la medicina de estilo de vida, por tu cariño, tu ayuda y tu maravillosa amistad.

A Flow, por su humildad, cariño, bondad y dar voz a mis palabras.

A todo mi equipo, porque sin vosotros sería imposible transmitir y materializar nuestro proyecto de medicina de estilo de vida.

Y, por supuesto, a mis alumnos y pacientes por confiar en mí y enseñarme tanto durante todos estos años.

A todos vosotros un eterno gracias. Os quiero.

Índice onomástico

Bibliografía

Introducción

Tala, Á. (2019). «Gracias por todo: una revisión sobre la gratitud desde la neurobiología a la clínica» («Thanks for everything: a review on gratitude from neurobiology to clinic»). *Revista Médica de Chile,* 147(6), 755-761.

«Localización y transmisión del dolor (rápido y lento): visceral y cefaleas». (13 de mayo de 2021). *Elsevier.* https://www.elsevier.com/es-es/connect/medicina/edu-fisiologia-localizacion-y-transmision-del-dolor-visceral-cefaleas

Capítulo 1

«Prevención y riesgos del cáncer» (s. f.). *American Cancer Society.* https://www.cancer.org/es/cancer/prevencion-del-riesgo.html

Iniesta, R. *et al.* (2005). «Análisis estadístico de polimorfismos genéticos en estudios epidemiológicos». *Gaceta Sanitaria.* https://scielo.isciii.es/scielo.php?script=sci_arttext&pid=S0213-91112005000400011&lng=es&nrm=iso&tlng=es

Jouve de la Barreda, N. (2020). «La epigenética. Sus mecanismos y significado en la regulación génica». Cuadernos de Bioética. *Revista oficial de la Asociación Española de Bioética y Ética Médica,* 31(103), 405-419. https://doi.org/10.30444/CB.79

Marioni, R. E. *et al.* (30 de enero de 2015). «DNA methylation age of blood predicts all-cause mortality in later life». *Genome Biology,* 16(1), 1-12. https://genomebiology.biomedcentral.com/articles/10.1186/s13059-015-0584-6

Arima, Y. y Fukuoka, H. (2020). «Developmental origins of health and disease theory in cardiology». *Journal of cardiology,* 76(1), 14-17. https://doi.org/10.1016/j.jjcc.2020.02.003

Moreno-Villares, J. M. *et al.* (2018). «Los primeros 1000 días: una oportunidad para reducir la carga de las enfermedades no transmisibles». *Nutrición hospitalaria: órgano oficial de la Sociedad Española de Nutrición Parenteral y Enteral.* https://doi.org/10.20960/nh.02453

López Tricas, J. M. (8 de febrero de 2018). «La hambruna de Holanda (1944-1945) pervive en los genes de los descendientes». *Info-farmacia.com.* http://www.info-farmacia.com/historia/la-hambruna-de-holanda-1944-1945-pervive-en-los-genes-de-los-descendientes

Tobi, E. W. *et al.* (31 de enero de 2018). «DNA methylation as a mediator of the association between prenatal adversity and risk factors for metabolic disease in adulthood». *Sciences Advances.* Doi:10.1126/sciadv.aao4364

Capítulo 2

McLaughlin, K. A. *et al.* (20 de abril de 2015). «Causal effects of the early caregiving environment on development of stress response systems in children». *PNAS,* 112(18), 5637-5642. https://www.pnas.org/doi/abs/10.1073/pnas.1423363112

Leppert, B. *et al.* (30 de octubre de 2018). «Early maternal perceived stress and children's BMI: Longitudinal impact and influencing factors». *BMC Public Health,* 18(1). https://bmcpublichealth.biomedcentral.com/articles/10.1186/s12889-018-6110-5

Suárez López, E. (24 de octubre de 2022). «La delincuencia es el cáncer de la sociedad». *Infograma.net.* https://infograma.net/la-delincuencia-es-el-cancer-de-la-sociedad/

«Microambiente tumoral» (s. f.). *Diccionario de cáncer del NCI.* https://www.cancer.gov/espanol/publicaciones/diccionarios/diccionario-cancer/def/microambiente-tumoral

«Metabolismo» (s. f.). *CancerQuest.* https://www.cancerquest.org/es/biologia-del-cancer/metabolismo

Capítulo 3

Kahneman, D. (coautor) (2016). «Ruido: cómo superar el alto costo oculto de la toma de decisiones inconsistentes». *Harvard Business Review*. https://hbr.org/2016/10/noise

Díaz, R. (12 de septiembre de 2021). «La contaminación atmosférica causa casi siete millones de muertes al año». *Verde y Azul*. https://verdeyazul.diarioinformacion.com/la-contaminacion-atmosferica-causa-casi-siete-millones-de-muertes-al-ano.html

Agencia Española del Medicamento (2015). Oficina Estadística de la Organización para la Cooperación Económica y el Desarrollo (2018).

McIlvain, G. *et al.* (15 de julio de 2020). «Viscoelasticity of reward and control systems in adolescent risk taking». *Neuroimage,* 215, 116850. https://pubmed.ncbi.nlm.nih.gov/32298793/

Zweiker, D. *et al.* (2017). «Association between subjective risk perception and objective risk estimation in patients with atrial fibrillation: a cross-sectional study». *BMJ Open*. 7:e018242. Doi: 10.1136/bmjopen-2017-018242

Capítulo 4

«Fuerza histérica: ¿cómo se explica que una persona pueda levantar un auto?». *BBC News Mundo*. https://www.bbc.com/mundo/especial/vert_fut/2016/06/160519_vert_ciencia_fuerza_histerica_yv

«Tools to manage dopamine and improve motivation & drive». (6 de octubre de 2022). *Huberman Lab*. https://hubermanlab.com/tools-to-manage-dopamine-and-improve-motivation-and-drive/

Capítulo 5

Calabrese, E. J. *et al.* (2007). «Biological stress response terminology: Integrating the concepts of adaptive response and preconditioning stress within a hormetic dose-response framework». *Toxicology and applied pharmacology,* 222(1), 122-128. https://doi.org/10.1016/j.taap.2007.02.015

Cornelius, C. *et al.* (25 de abril de 2015). «Stress responses, vitagenes and hormesis as critical determinants in aging and longevity: Mitochondria as a "chi"». *Immunity & Ageing,* 10(1), 15. Doi: 10.1186/1742-4933-10-15.

PINCHES, I. J. L. *et al.* (julio-agosto de 2022). «Could "cellular exercise" be the missing ingredient in a healthy life? Diets, caloric restriction, and exercise-induced hormesis». *Nutrition,* 99-100, 111629. Doi: 10.1016/j.nut.2022.111629.

FLORES BALCÁZAR, C. H. *et al.* (2015). «Nutrientes de la dieta y apoptosis como mecanismos reguladores del cáncer». *Archivos de Medicina,* 1. https://dialnet.unirioja.es/servlet/articulo?codigo=5015295

ÁLVAREZ HERMS, J. (junio de 2014). «Potenciales aplicaciones de la hipoxia intermitente: individualización del entrenamiento anaeróbico TDX». (Tesis doctorals en Xarxa). Universitat de Barcelona. http:// www.tdx.cat

WEST, J. B. (6 de julio de 2004). «Highest permanent human habitation». *Liebertpub,* 3(4), 401-407. https://www.liebertpub.com/doi/10.1089/152702902605l2882

CAPÍTULO 6

«Porcentaje de agua en el cuerpo humano». (20 de febrero de 2022). *Fundación Aquae.* https://www.fundacionaquae.org/wiki/porcentaje-agua-cuerpo-humano/

CAPÍTULO 7

OLEA SERRANO, N. (2019). *Libérate de tóxicos. Guía para evitar los disruptores endocrinos. (Divulgación).* RBA Libros.

LARSON, C. *et al.* (2020). «Respuestas específicas de isoformas de ARNm de PGC-1α humanas inducidas por el ejercicio y el frío». *Revista internacional de investigación ambiental y salud pública,* 17(16), 5740. https://doi.org/10.3390/ijerph17165740

CAPÍTULO 8

American Academy of Neurology: Neurology resources (s. f.). Aan.com. Recuperado: 27 de agosto de 2023. https://www.aan.com/PressRoom/Home/PressRelease/1440

LANGE, T. *et al.* (2011). «Sleep after vaccination boosts immunological memory». *The Journal of Immunology,* 187(1), 283-290. https://doi.org/10.4049/jimmunol.1100015

PRATHER, A. A. *et al.* (2012). «Sleep and antibody response to hepatitis B vaccination». *Sleep,* 35(8). https://doi.org/10.5665/sleep.1990

MASON, I. C. *et al.* (2022). «Light exposure during sleep impairs cardiometabolic function». *Proceedings of the National Academy of Sciences of the United States of America,* 119(12). https://doi.org/10.1073/pnas.2113290119

GOLDSTEIN, A. N. y WALKER, M. P. (2014). «The role of sleep in emotional brain function». *Annual Review of Clinical Psychology,* 10(1), 679-708. https://doi.org/10.1146/annurev-clinpsy-032813-153716

ORIA, I. (s. f.). *Dormir es nuestro súper poder*. Executive Excellence - Management para directivos. Recuperado; 27 de agosto de 2023. https://www.eexcellence.es/expertos/dormir-poder-walker-ted-sueno

ROMAR, R. (15 de noviembre de 2019). «El cambio de hora aumenta en un 24 % los casos de infarto entre las mujeres». *La Voz de Galicia.* https://www.lavozdegalicia.es/noticia/sociedad/2019/11/15/cambio-hora-aumenta-24-casos-infarto-mujeres/0003_201911G15P25993.htm

CONCISE READING. (2020). *Summary of why we sleep*. Editorial independiente.

ADDICOTT, M. A. (2014). «Caffeine use disorder: A review of the evidence and future implications». *Current Addiction Reports,* 1(3), 186-192. https://doi.org/10.1007/s40429-014-0024-9

LOZANO, R. P. *et al.* (2007). «Cafeína: un nutriente, un fármaco, o una droga de abuso». *Adicciones,* 19(3), 225-238. https://www.adicciones.es/index.php/adicciones/article/view/303/303

CAPÍTULO 9

«Un adolescente nepalí inventa un panel solar a base de cabello humano». (21 de septiembre de 2009). *Ecogaia.* https://www.ecogaia.com/un-adolescente-nepali-inventa-un-panel-solar-a-base-de-cabello-humano.html

«España es la décima "potencia" mundial en consumo de antidepresivos» (s. f.). *Redacción médica.* https://www.redaccionmedica.com/secciones/psiquiatria/espana-es-la-decima-potencia-mundial-en-consumo-de-antidepresivos-4230

CAPÍTULO 10

«Construyen un ordenador que trabaja con gotas de agua». (10 de junio de 2015). *Ideal.* https://www.ideal.es/tecnologia/201506/10/construyen-ordenador-trabaja-gotas-20150610100212.html

«El ADN se mantiene unido por fuerzas hidrofóbicas». (2019). *Europa Press.* https://www.europapress.es/ciencia/laboratorio/noticia-adn-mantiene-unido-fuerzas-hidrofobicas-20190924103102.html

Capítulo 11

«Cada año mueren 12,6 millones de personas a causa de la insalubridad del medioambiente». (15 de marzo de 2016). *Organización Mundial de la Salud.* https://www.who.int/es/news/item/15-03-2016-an-estimated-12-6-million-deaths-each-year-are-attributable-to-unhealthy-environments

Persson, L. *et al.* (1 de febrero de 2022). «Outside the safe operating space of the planetary boundary for novel entities». *Environmental Science & Technology,* 56(3), 1510-1521. /pmc/articles/PMC8811958/

«¿Vivimos expuestos a un cóctel tóxico?». (11 de septiembre de 2007). *IntraMed.* https://www.intramed.net/contenidover.asp?contenidoid=48892

Mughal, B. B. *et al.* (2018). «Thyroid-disrupting chemicals and brain development: an update». *Endocrine Connections,* 7(4). https://doi.org/10.1530/EC-18-0029

Gálvez-Ontiveros, Y. *et al.* (2020). «Endocrine disruptors in food: impact on gut microbiota and metabolic diseases». *Nutrients,* 12(4), 1158. https://doi.org/10.3390/nu12041158/

«Investigadores UdeC hallan preocupante nivel de metales pesados en la Antártica». (s. f.). *Panorama UdeC.* http://www.udec.cl/panoramaweb2016/content/investigadores-udec-hallan-preocupante-nivel-de-metales-pesados-en-la-ant%C3%A1rtica

Lidya, T. C. y Paris, E. (2008). «Impacto de los tóxicos en el neurodesarrollo». *Revista chilena de pediatría,* 79(1), 55-63. https://www.scielo.cl/scielo.php?script=sci_arttext&pid=S0370-41062008000700010

Silvestre, S. (2014). «Aportación al estudio de las tintas para tatuar». *Revisión bibliográfica.* (Máster Universitario en Técnicas Avanzadas de Estética y Láser). Universidad Cardenal Herrera (Valencia).

Schreiver, I. *et al.* (12 de septiembre de 2017). «Synchrotron-based ν-XRF mapping and μ-FTIR microscopy enable to look into the fate and effects of tattoo pigments in human skin». *Scientific Reports,* 7, 11395. https://doi.org/10.1038/s41598-017-11721-z

De Miguel, M. (13 de septiembre de 2017). «La tinta de los tatuajes afecta al sistema inmune». *El mundo.* https://www.elmundo.es/ciencia-y-salud/salud/2017/09/13/59b7cb2f22601db5068b4634.html

«Los errores médicos, tercera causa de muerte en EE. UU.». (4 de mayo de 2016). *El Mundo*. https://www.elmundo.es/salud/2016/05/04/5729a802e5fdeaad468c0428.html

BOE-A-2014-11444. Orden SSI/2065/2014, de 31 de octubre, por la que se modifican los anexos I, II y III del Real Decreto 1030/2006, de 15 de septiembre, por el que se establece la cartera de servicios comunes del Sistema Nacional de Salud y el procedimiento para su actualización. *Boletín Oficial del Estado,* n.º 269, de 6 de noviembre de 2014. https://www.boe.es/eli/es/o/2014/10/31/ssi2065

«The aim of EDC-MIxRisk is to promote use of safer chemicals for the next generation» (s. f.). *EDC-MixRisk*. https://edcmixrisk.ki.se/

De Pender, K. y Pruimboom, L. (12 de marzo de 2013). «The dietary intake of wheat and other cereal grains and their role in inflammation». *Nutrients,* 5(3), 771-787. https://www.mdpi.com/2072-6643/5/3/771/htm

Drago, S. *et al.* (2006). «Gliadin, zonulin and gut permeability: effects on celiac and non-celiac intestinal mucosa and intestinal cell lines». *Scandinavian journal of gastroenterology,* 41(4), 408-419. https://doi.org/10.1080/00365520500235334

Song, Y. *et al.* (2009). «Exposure to nanoparticles is related to pleural effusion, pulmonary fibrosis and granuloma». *The European respiratory journal,* 34(3), 559-567. https://doi.org/10.1183/09031936.00178308

Gilbert, N. (2009). «Nanoparticle safety in doubt». *Nature,* 460, 937. https://doi.org/10.1038/460937a

Lamas, B. *et al.* (2020). «Impacts of foodborne inorganic nanoparticles on the gut microbiota-immune axis: potential consequences for host health». *Particle and fibre toxicology,* 17(1), 19. https://doi.org/10.1186/s12989-020-00349-z

Díaz R. (3 de septiembre de 2018). «Por qué tu código postal influye más en tu salud que la genética». *El Mundo*. https://www.elmundo.es/papel/historias/2018/09/03/5b8bcd9d468aeb576c8b4696.html

Rodríguez, M. L. (4 de enero de 2023). «Cuánto dinero se gasta en comida al mes en España». *Money 24*. https://money24.es/cuanto-gasta-una-persona-en-comida-al-mes/

«Qué comíamos hace medio siglo y cómo lo hacemos ahora, según pasaron los años». (26 de marzo de 2017). *La información*. https://www.lainformacion.com/asuntos-sociales/comiamos-espanoles-hacemos-ahora-pasaron_0_1011499407/

MORTAZAVI, S. M. J. *et al.* (mayo de 2007). «Prevalence of subjective poor health symptoms associated with exposure to electromagnetic fields among university students». *Bioelectromagnetics,* 28(4), 326-330. Doi: 10.1002/bem.20305

MARSHALL, T. G. y HEIL T. J. R. (1 de febrero de 2017). «Electrosmog and autoimmune disease». *Immunol Res.* 65(1). 129-135. https://pubmed.ncbi.nlm.nih.gov/27412293/

The Forgiveness Project (s. f.). https://www.theforgivenessproject.com/

CAPÍTULO 14

«El hombre prehistórico hubiera batido todos los récords». (26 de octubre de 2009). *Libertad Digital.* https://www.libertaddigital.com/ciencia/el-hombre-prehistorico-hubiera-batido-todos-los-records-1276374284/

FOLEY, R. A. y LEWIN R. (2003). *Human Evolution*. Wiley-Blackwell.

LEES, S. J. y BOOTH, F. W. (2004). «Sedentary death syndrome». *Canadian Journal of Applied Physiology,* 29(4), 447-446. https://doi.org/10.1139/h04-029

MAYO, X. *et al.* (2017). «Termómetro del sedentarismo en España». Fundación España Activa. https://espanaactiva.es/wp-content/uploads/2017/06/Informe-observatorio_web.pdf

«La inactividad física causa más de 150 muertes al día en España». (21 de junio de 2017). *CMD Sport.* https://www.cmdsport.com/fitness/actualidad-fitness/la-inactividad-fisica-causa-mas-de-150-muertes-al-dia-en-espana/

SCHRAM, M. T. *et al.* (23 de abril de 2014). «The Maastricht Study: an extensive phenotyping study on determinants of type 2 diabetes, its complications and its comorbidities». *European Journal of Epidemiology,* 29, 439-451. https://doi.org/10.1007/s10654-014-9889-0

«1 minuto y 40 segundos de actividad física cada media hora tiene efectos positivos para la salud» (s. f.). *Correo Farmacéutico.* https://www.diariomedico.com/farmacia/profesion/1-minuto-y-40-segundos-de-actividad-fisica-cada-media-hora-tiene-efectos-positivos-para-la-salud.html

FIUZA-LUCES, C. *et al.* (2013). «Exercise is the real polypill». *Physiology,* 28(5), 330-358. https://doi.org/10.1152/physiol.00019.2013

SRIKANTHAN, P. *et al.* (2014). «Muscle mass index as a predictor of longevity in older adults». *The American Journal of Medicine,* 127(6), 547-553. https://doi.org/10.1016/j.amjmed.2014.02.007

LIU, Y. *et al.* (2019). «Associations of resistance exercise with cardiovascular disease morbidity and mortality». *Medicine and Science in Sports and Exercis,* 51(3), 499-508. https://doi.org/10.1249/MSS.0000000000001822

PÉREZ MIGUELSANZ, M. J. *et al.* (2010). «Distribución regional de la grasa corporal. Uso de técnicas de imagen como herramienta de diagnóstico nutricional». *Nutrición Hospitalaria,* 25(2), 207-223. https://scielo.isciii.es/scielo.php?script=sci_arttext&pid=S0212-16112010000200003

SÁNCHEZ ORTEGA, A. M. y ORTÍN MONTERO, F. J. (22 de diciembre de 2021). «Relación entre resiliencia y rendimiento en deportistas. Revisión sistemática». *Revista de Psicología Aplicada al Deporte y el Ejercicio Físico,* 6(2). https://www.revistapsicologiaaplicadadeporteyejercicio.org/art/rpadef2021a16

PEDERSEN, B. K. y FEBBRAIO, M. A. (2008). «Muscle as an endocrine organ: focus on muscle-derived interleukin-6». *Physiological reviews,* 88(4), 1379-1406. https://doi.org/10.1152/physrev.90100.2007

HARRIS, M. P. *et al.* (2023). «Myokine musclin is critical for exercise-induced cardiac conditioning». *International journal of molecular sciences,* 24(7), 6525. https://doi.org/10.3390/ijms24076525

DE VOOGD, L. D. *et al.* (3 de octubre de 2018). «Eye-movement intervention enhances extinction via amygdala deactivation». *The Journal of Neuroscience,* 38(40), 8694-8706. https://doi.org/10.1523/jneurosci.0703-18.2018

WARREN, W. H. y HANNON, D. J. (1990). «Eye movements and optical flow». *Journal of the Optical Society of America.*7(1),160-169. https://doi.org/10.1364/josaa.7.000160

CAPÍTULO 15

«Forest bathing enhances human natural killer activity and expression of anti-cancer proteins». *International Journal of Immunopathology and Pharmacology*, vol. 20, n.º 2, 3-8. (2007). https://journals.sagepub.com/doi/pdf/10.1177/03946320070200S202